本书的出版得到河南省科技发展计划项目"高校教师创业促进产学研结合的机理及相应制度生态建设研究"（编号：182400410485）和河南省教育厅人文社会科学研究项目"大中小学一体化创业教育生态模式初步研究"（编号：2015 – ZD – 061）的资助

学校创业教育 30年

基本理论与主体转换

张务农 著

中国社会科学出版社

图书在版编目(CIP)数据

学校创业教育 30 年:基本理论与主体转换 / 张务农著.—北京:中国社会科学出版社,2018.12
ISBN 978-7-5203-3815-8

Ⅰ.①学… Ⅱ.①张… Ⅲ.①高等学校—创造教育—研究—中国 Ⅳ.①G640

中国版本图书馆 CIP 数据核字(2018)第 289971 号

出 版 人	赵剑英
责任编辑	孙铁楠
责任校对	邓晓春
责任印制	张雪娇

出 版	中国社会科学出版社
社 址	北京鼓楼西大街甲 158 号
邮 编	100720
网 址	http://www.csspw.cn
发 行 部	010-84083685
门 市 部	010-84029450
经 销	新华书店及其他书店
印刷装订	北京君升印刷有限公司
版 次	2018 年 12 月第 1 版
印 次	2018 年 12 月第 1 次印刷
开 本	710×1000 1/16
印 张	15.5
插 页	2
字 数	268 千字
定 价	68.00 元

凡购买中国社会科学出版社图书,如有质量问题请与本社营销中心联系调换
电话:010-84083683
版权所有 侵权必究

目 录

导 论 学校创业教育基本理论问题描述与研究方案 ……… (1)
  一 本研究的理论和实际应用价值 ……………………… (1)
  二 本研究的主要成果内容、研究方法、创新之处 ………… (4)

第一部分
我国学校创业教育基本理论研究描述

第一章 从谋生到素质：我国学校创业教育概念内涵的演变 …… (15)
  第一节 "梳"与"理"：创业教育概念演进脉络
     "素描" ………………………………………… (15)
  第二节 "争"与"议"：创业教育概念阐释中的
     "分" …………………………………………… (17)
  第三节 "辨"与"构建"：创业教育概念理解之
     "合" …………………………………………… (22)

第二章 从学生到教师：我国学校创业教育主体的突破 ………… (28)
  第一节 教师的"身份"问题与教师创业的身份合法性
     基础 …………………………………………… (28)
  第二节 在学生与教师之间：我国学校创业教育政策的
     冷热转换 ……………………………………… (36)

第三章 我国学校创业教育的文化发展逻辑：排斥—接纳—融合 (45)
- 第一节 大学精神视野中的大学目标和学生职业目标、创业教育目标之间的关系分析 (46)
- 第二节 高等教育发展历程中大学目标与职业目标的关系及趋势 (47)
- 第三节 我国大学目标与职业目标结合中存在的问题 (52)
- 第四节 大学目标与职业目标整合的可能路径 (57)
- 第五节 本章结语 (61)

第四章 我国学校创业教育的政策选择逻辑：草根—精英—大众 (63)
- 第一节 历史演进视野中我国学校创业教育的发展形态 (63)
- 第二节 现阶段我国学校创业教育中存在的问题分析 (68)
- 第三节 完善我国学校创业教育的路径选择 (72)

第五章 我国学校创业教育的制度建设逻辑：大中小学衔接 (78)
- 第一节 大中小学创业教育衔接的理念、问题与思路 (78)
- 第二节 大中小学一体化创业教育生态系统中的大学创业教育发展思路 (93)

第二部分
教师作为创业行为主体的理论与实践

第六章 高校教师参与创业的理论依据与合法性基础 (111)
- 第一节 教师创业的理论研究与实践现状 (112)
- 第二节 教师创业的理论基础 (115)

第七章 教师创业的能力构成、影响因素及提升路径 (140)
- 第一节 教师的创业能力 (141)

第二节　我国大学教师创业能力提升的路径 …………… (152)

第八章　教师创业的制度环境、政策措施与实践路径 ……… (165)
　　第一节　我国高校教师学术创业的宏观政策环境 ……… (165)
　　第二节　我国高校教师创业的中观制度环境 …………… (174)
　　第三节　我国高校层面机制环境对教师创业的影响 …… (180)
　　第四节　促进我国高校教师创业的政策改进措施 ……… (184)
　　第五节　教师如何成为创业者——个人的因素 ………… (194)

第三部分
创业教育学学科发展框架与认识基础

第九章　创业教育学作为未来学校创业教育的总指导 ……… (201)
　　第一节　全校性创业教育的开启与"创业教育学"
　　　　　　基本理论问题研究的凸显 ……………………… (202)
　　第二节　溯源与梳理：国内外创业教育基本理论
　　　　　　研究素描 ………………………………………… (203)
　　第三节　"创业教育学"基本理论问题研究的
　　　　　　维度分析 ………………………………………… (206)

第十章　大职业教育观作为未来创业教育的认识基础 ……… (216)
　　第一节　大职业教育：历史语境中的演变及提出 ……… (216)
　　第二节　大职业教育：认识螺旋中的两次突破 ………… (218)
　　第三节　大职业教育：概念界定的困境与重构 ………… (220)

参考文献 ………………………………………………………… (225)

后记 ……………………………………………………………… (242)

导论　学校创业教育基本理论问题描述与研究方案

一　本研究的理论和实际应用价值

我国创业教育研究与实验始于 1990 年前后，旨在对落后地区的儿童以及发达地区的弱势群体进行创业教育，以解决他们的就业生计问题，该阶段的创业教育可以被认为是"弱势群体创业教育"阶段。1999 年 1 月，教育部《面向 21 世纪教育振兴行动计划》中提出"加强对教师和学生的创业教育，鼓励他们积极创业"，同年，团中央推出全国大学生创业计划大赛，2002 年教育部确定清华大学等 9 所高校为创业教育试点高校。该阶段的创业教育带有试点性和大赛性，突出了参与对象的精英化特点，该阶段可以被认为是"精英群体创业教育"阶段。2012 年 8 月，教育部《普通本科学校创业教育教学基本要求（试行）》要求全国各高校开设"创业基础"必修课。以此为标志，我国创业教育进入了"全校性创业教育"阶段。随着"全校性创业教育"阶段的开启，"学校创业教育"的理论构建无论从理论诉求还是实践诉求来看都成了一个更为迫切的课题。本研究旨在解决"学校创业教育"教育学理论构建的基本问题，同时为创业教育相关工作者提供教育学"理论工具"。

（一）国内研究现状

从创业教育学的学科发展来看，20世纪90年代初创业教育研究与实验课题组曾出版了国内第一套创业教育系列丛书。第一部采用教育学体系的创业教育类著作是1995年出版的彭钢著《创业教育学》。我国研究者在1990年的创业教育研究与实验中就对创业教育学的概念体系、理论框架、目标构成、课程模式、评价模式等进行过探索，并提出了基础教育领域、职业教育领域和成人教育领域的三种教育模式，依次为：渗透模式、辐射模式和融合模式（毛家瑞等）。1995年，彭钢的《创业教育学》对创业教育的"框架与模型、微观过程与内部规律、宏观运行与基本性质"等内容进行了探讨。关于创业教育学"首要的基本的理论问题"即创业教育的本体论意义，国内学者有不同侧重的界定：一是就业说，"创业教育包括求职（为自己创造就业机会）和创造新的就业岗位"两个方面的内容（唐德海，2001）；二是素质说，"创业教育是素质教育最高层次的目标"（侯定凯，2000）；三是筛选说，这类观点支持创业教育的普及性基础，但是最终的目的是优秀创业项目的筛选和孵化；四是变革说，"创业教育不仅意味着高等教育从'守成教育'到'创业教育'模式的转变，更新学习理念、变革教学方法，也涉及整个大学课程、实践与管理的变革"（周秋江，2009）。从文献分析看，我国创业教育学基本理论研究涉及创业教育的目标与功能、创业者素质模型与培养、大学生创业支持体系、创业教育课程体系、创业教育模式等方面，但也存在不足之处：第一，创业教育模式研究基于理论分析的研究多（从中国知网通过关键词检索到620篇），基于实践提炼的研究偏少（只有40余篇，而且大多数没有代表性）。第二，关于创业教师专业发展的研究偏少（用以上方法只检索到30篇文献），且缺乏深入系统的研究。第三，近年来的创业教育研究主要指向了高等教育领域和职业教育领域，关于中小学创业教育的研究成果，比例不到1%。

（二）国外研究现状

在美国，对创业教育的认识经历了聚焦理论→磁石理论→辐射理论的路线，在这一过程中，创业教育的对象由商学院精英走向了全校，创业课教师的来源也从商学院教师扩展到了全校。但在实践领域，美国的创业教育仍然保持着"聚焦模式""磁石模式"和"辐射模式"共存的实践生态，体现了精英与大众互为依存的创业教育理念：哈佛商学院依然强调创业者的创业特质，百步森商学院则一如既往地为年轻一代设定"创业遗传代码"，康奈尔大学的创业教育"不仅要面向所有学生，而且要求所有院系老师的参与"。从教育学的视角来看，国外相关研究在创业教育的概念、支持网络、课程开发、师资培养、教学方法、教学评价等方面的进展值得关注。比如，关于创业教育的概念，Jamieson（1994）认为创业教育包括培养创业意识的教育、帮助学生创业的教育和帮助学生成功创业的教育三个层面的含义。在创业教育的支持网络上，主要研究学校和企业界、社会组织、政府职能机构整合机制，以及研究"创业型"大学建设。课程研究涉及课程的系统化和各类课程的整合，并着重开发实践课程（工作坊等）来学习商业技能、面对风险和发展批判思维（Jeff Kee，2012）。在创业导师培养上，主张改变教师的思考和行为方式，教师要"以创业的方式来教学""主动与同行合作"（Marja Laurikainen，2012）。在创业教育的方法论上，主张避免纯粹的讲授，理论教学也要通过"以理论为基础的实践活动培养能力"（Jameso Fiet，2000）。在创业教育的评价上，有学者主张创业教育应包括微观评价（创业者运营公司的质量）和宏观评价（创业学生的比例）两个层面，并阐述了该评价策略的缺陷（Sameeksha Desai，2009）。总的来看，西方创业教育始于商学院，并发展为全校性的创业教育。创业教育理论被认为肇始于迈尔斯·梅斯的课程"新创企业管理"和杰弗里·蒂蒙的课程"新创企业"等，也可说是源自"企业管理学"，因而西方创业教育理论也缺乏教育学专著式的表达，但有关创业教育的研究文献并不缺乏教育学元素，里面所涉及的教育基本理论问题都将为本研究提供丰富的理论原料。

二 本研究的主要成果内容、研究方法、创新之处

(一) 本研究的内容和目的

1. 学校创业教育基本理论问题研究

我国学校创业教育的基本理论问题研究主要从以下几个方面展开：我国学校创业教育概念的演变；我国学校创业教育主体的突破；我国学校创业教育的文化发展逻辑；我国学校创业教育的政策选择逻辑；我国学校创业教育的制度建设逻辑等方面。

(1) 我国学校创业教育概念的演变

从相关的研究文献分析来看，"创业教育"是使用最混乱的概念之一。比如，创业教育是一个管理学的概念还是一个教育学的概念？学生的创业活动（主要是高校学生的创业活动）应该仅限于孵化创业还是包括其他商业模式？等等。从历史溯源来看，创业教育始于管理学，是一个管理学、经济学概念，并不直接是一个教育学概念。这需要对"创业教育"这一管理学、经济学命题进行教育学处理。就我国教育实践来看，创业教育首先是作为"扶贫教育"提出的，具有特定的历史内涵。之后，创业教育逐步被作为一个"经济学"命题加以重视，学校创业教育成为国家制定经济政策的重要考量。再后来，创业教育被作为一项国民素质教育进行推进。上述概念演进过程中的复杂历史进程需要详细揭示，并对其教育学意义进行详细阐述。但总的来看，本部分研究展开的认识基础包括：创业教育本质上是素质教育，不能把创业教育等同于"职业指导""科技孵化""财富创造""企业管理"等，创业教育与人的"人格发展""心理历练""能力提升""精神升华""自我实现"等密切相关。在创业教育的实践过程中要处理好"素质培养"和"职业指导""创业指导"的关系，也要平衡好创业教育的通识性和专业性关系、创业教育的基础性和系统性关系，以及创业教育的大众性和精英性关系。上述观点，也

是本部分研究展开的主要线索。

(2) 我国学校创业教育主体的突破

本部分主要分析我国学校创业教育的相关政策是如何在鼓励学生创业和鼓励教师创业之间摇摆，并最终走向统一的。教师参与创业活动是学校创业教育的重要组成部分，也是构建学校创业教育生态环境的关键环节，但由于历史的种种原因，教师参与产学研活动一直存在重重障碍，这关乎我国政策环境对教师身份的种种限定。目前，我国社会结构的转型使我国教师的权利和义务面临重新定位。教师作为社会结构中一个特殊的群体，他们在社会结构中的阶层特点、被结构化的角色也决定着教师的权利和义务。随着社会主义市场经济体制的逐步确立，我国由政府、市场和市民社会组成的三元社会构架逐步清晰。在这样的社会构架中，教师与政府、市场和市民社会之间如何互动？他们之间存在着怎样的权利和义务？教师参与产学研活动有何依据？障碍何在？改革开放以后国家在鼓励教师创业方面的政策是如何演变的？教师参与创业对学生创业教育有何意义？本研究正是从我国相关政策、法律对教师的职业身份定位入手，分析教师参与创业活动的合法性基础，并尝试回答上述问题。

(3) 我国学校创业教育的文化发展逻辑

创业教育的文化发展逻辑体现在反映大学精神的大学目标的演进之中。大学目标和职业目标的融合与背离状况反映了大学文化对"世俗化"教学目标的包容程度，一定程度上揭示了学校创业教育发展的文化逻辑基础。由于基础教育并不直接指向职业，因此，本部分主要从大学阶段教学目标和职业目标的关系来分析学校文化对职业目标的接纳程度，并以此来揭示我国创业教育推进的学校精神文化基础。从高等教育历史发展来看，大学目标和职业目标呈现出不同表现形式的分裂甚至冲突状态。随着职业专业化和专业职业化进程，职业和专业之间的界限日益弥合，但是大学目标与职业目标之间的排斥力依然存在。传统职业观念的影响以及职业教育概念的歧义，加之我国深受行政体制影响的大学分类体系和缺失的评价制度是我国大学目标与职业目标整合的主要症结所在。以现代大职业教育观为指导不仅可以消除对"职业教育"的偏见，重塑大学的分类体系和评价体系，也可以指导大学职业教育目标与专业教育目标和理性教育目标的融合。这种融合为大学教师和学生的创业行为奠定了文化合理性基础。本部分研究主要从历史的梳理开始，分析大学文化对创业等职业行为的排斥和接纳问题，最后从大学文化层面上提出改进策略，以促进创业等职业精神的发展。

（4）我国学校创业教育的政策选择逻辑

我国学校创业教育的发展具有明显的政策驱动痕迹，政府的推动在我国学校创业教育发展过程中起到了至关重要的作用。但在政府政策推动的过程中，自上而下的学校创业教育推进路线与自下而上的创业教育力量之间互相作用，成为分析我国学校创业教育发展的重要线索。从这个视角分析，我国20年来的创业教育大致可以区分为：由国际非政府组织和国内教育行政部门合作推动实施的"弱势群体创业教育"发展形态；由政府主导的"精英创业教育"和市场推动的"就业创业教育"交融发展形态；由教育发展战略和经济转型历史任务双重驱动的"全体性创业教育"发展形态。这一发展过程呈现了我国学校创业教育发展的政策选择逻辑。但政策的选择和具体教育实践之间往往存在一定的缝隙。例如，从合理性的角度审视，当下的创业教育实践仍存在着"排他化""片段化""孤岛化""悬浮化"等问题。从合理性的角度展望，我国未来创业教育的形态建构包括"全纳性""全息式""专业化"和"生态化"四个努力的维度。本部分研究，主要揭示学校创业教育实践中"排他化""片段化""孤岛化""悬浮化"等问题产生的根源和主要表现，然后分析建构包括"全纳性""全息式""专业化"和"生态化"学校创业教育生态体系的基本路径。

（5）我国学校创业教育的制度建设逻辑

从教育系统论的角度来看，创业教育是一个系统工程。大、中、小学校以及成人创业教育的连贯性、衔接性问题也是"创业教育学"拟解决的基本理论问题之一。David Mcclelland，Busenitz 和 Lau 等人研究发现，早期教育对个体后期的创业行为具有预测力。但学校创业教育领域的功利化取向、政策缺位、课程缺失以及师资专业化发展滞后是阻碍我国大中小学创业教育系统性发展的主要原因。总体来看，我国的创业教育在曲折与碎片化的型构中有逐步走向系统性创业教育的趋向，但该过程中仍存在着种种问题和不确定性。如何深化对上述问题的认识，并把已有的研究成果运用到改进大中小学的创业教育实践中去，建立起大中小学有机衔接的创业教育体系？比如，如何确定大中小学创业教育的层级化目标，以及如何达成这些目标？需要什么样的外部条件和教育方法？等等。本部分研究就这些问题展开分析，试图为我国大中小学创业教育的一体化设计和推进澄清一些理论与事实依据，主要通过对上述问题的机理进行剖析，解释问题的症结，尝试论述通过"对相关人员进行创业理念教育""完善创业教育政策""厘定大中小学层级化创业教育目标""建立创业教师专业化发展的相关制度"等措施，改善我国学校创业教育系统性发展的可能性、可行性。

2. 教师作为创业行为主体的理论与实践

2015年，国务院印发《关于进一步做好新形势下就业创业工作的意见》，鼓励高校、科研院所等事业单位专业技术人员在职创业、离岗创业。我国各高校也相继出台了鼓励高校教师创业的一系列政策措施。从当前来看，高校教师参与创业促进产学研结合，政府的政策支持是充足的，但高校教师参与创业的具体机制机理则需要进一步梳理和探究，并在此基础上进一步完善促进高校教师参与创新创业的制度生态。本部分研究具体内容包括：在已有法规、政策、理论的基础之上，研究教师创业的动机、条件、影响因素、合作方式和具体收益等；澄清大学教师参与创业的身份及相应的管理方式问题。通过大学精神和大学目标的视角就"教师作为创业者"引起的角色冲突进行理论探讨和制度调适，为政府和高校管理教师的创业活动提供必要的理论指导和操作方案；在政府—高校—社会的三维框架内探讨进一步优化高校教师创业的制度生态的具体路径，以及激发教师创业的动机、提升教师创业能力的具体策略。尽管目前政府、社会、高校对教师从事创业活动具有一致性认同，但是三者之间的协调机制需要探索，特别是社会、企业方面如何为高校教师创业提供具体制度支持亟待解决。本部分研究包括理论研究和实践研究两个方面：

(1) 理论研究方面

高校教师参与创业的理论探讨是产学研合作理论研究的重要组成部分，也是政府鼓励高校教师创业政策的实践理论化。产学研合作的相关理论，比如"知识生产模式""学术资本主义""后学院科学""三螺旋理论"和"创业型大学理论"等，均为教师参与创业的策略、途径、方式提供了有益的启示。但是，直接用产学研合作的相关理论表述去指导高校教师的创业活动仍然有诸多不足，需要从微观层面聚焦高校教师创业问题，探索高校教师参与创业活动的具体机理，并在微观分析的基础上完善相应的制度生态。

(2) 实践研究方面

教师参与社会创业的多样性和复杂性说明，教师会受到不同因素的影响而选择不同的创业合作方式，面向所有教师的单一的创业政策很难起到最佳的激励效果。因而，有必要对现有的具体政策安排进行重新审视。首先，本研究将通过对教师参与创业的影响因素、方式和收益及其之间关系的研究，深入挖掘教师参与创业的差异性，为政府和大学提供差异化的教师创业政策提供有益的指导，从而达到更好的激励效果。其次，当前高校教师创业的制度生态并不完善，需要在吸收国内外经验的基础上，探索政府、高校和社会协同的创业制度生态环境。最后，在大学"学院"传统中熏陶出来的大学教师和科研人员，在创业意识、创业动机、创业能力等方面都存在不足。本研究不仅将为教师的创业能力提升策略提供建议，还将为教师在创业过程中自我定位提供依据，帮助教师选择合适的创业方式，取得预期结果。

3. 对本研究进行总体反思，提出学校创业教育发展的总体指导思想

(1) "创业教育学"基本理论问题研究的反思与展望

学校创业教育的健康发展需要"创业教育学"系统理论作为指导，而学校创业教育基本理论问题的研究为"创业教育学"的推出进一步奠定了基础。本部分研究将在前期研究的基础上提出"创业教

育学"构建的基本思路，主要从五个维度构建"创业教育学"的基本理论问题：以基本概念研究为起点，对创业教育学本体论、价值论与方法论进行澄清；以创业者素质结构为逻辑起点，重构创业教育课程体系；以创业教师素质结构为逻辑起点，阐述创业师资的供给和专业化发展；以创业教育实践结构构建为目标，进行创业教育实践模式探索；以创业教育体系结构建设为目标，进行大中小学一体化创业教育生态模式研究。本部分研究将在上述五个维度上进行适当展开，并为"创业教育学"的构建提供一些思想基础。此外，一直以来，我国"创业教育学"的发展并不理想，自20世纪90年代彭钢的《创业教育学》以后，就再也没有"创业教育学"的新书推出，不能不说是一大遗憾。因为无论是社会的结构、政策的精神还是教育的实践，在过去20余年里都发生了深刻的变化，"创业教育学"也要与时俱进，本部分研究也将在此方面尽一些微薄之力。

（2）从"大职业教育观"的视角理解学校创业教育的发展

学校创业教育的发展与职业教育精神不可分割，然而无论是在东方还是西方的教育史中，职业教育和专业教育都存在着一定程度上的文化分裂，职业教育被认为是低端的教育，这阻碍了职业教育（包括近年来兴起的创业教育）的纵深发展。但我国教育史上的"大职业教育观"为解决这一问题提供了思路，"一切教育皆职业"。分析我国职业教育思想的发展史，对职业教育的认识经历了从"实业教育"到"职业教育"以及从"职业教育"到"大职业主义"的两次突破。然而，在从"实业教育"到"职业教育"再到"大职业主义"的认识螺旋中，"职业教育"的概念因为泛化而消失于无形。问题就在于对"职业教育"的理解，没有提取其本质属性，而是包含了一般意义上"教育"的属性。解决的办法就是剥离一般意义上"教育"的属性，提取"职业教育"的本质属性。这一本质属性的提取过程和提取的机理，将在本部分研究中得以阐释。另外，既然教育本质上是职业的，创业又是职业工作的最好"胜任模式"，那么，大职业教育观就为学校创业教育奠定了教育的本质论基础，这对于深化学校创新创业教育具有重要意义。

(二）本研究的研究方法、创新之处

1. 研究方法

本研究总体上以历史唯物主义为指导，坚持历史与逻辑相统一、事实与价值相结合的方法论原则，同时借鉴教育学、管理学、经济学等相关学科的理论与方法，进行跨学科的综合性研究。本研究所使用的具体研究方法，主要包括文献分析法、比较分析法、规范分析法。

（1）文献分析法。通过国内外相关文献的梳理和文献评述，准确描述课题研究的理论发展基础和实践基础，准确界定课题研究的着力点。同时，通过文献分析，拓展研究的广度和深度，增加研究的可信度和说服力。

（2）比较分析法。国外一些发达国家在大中小学创业教育国家标准建设、课程体系建设、教材开发、政策立法建设等方面，都取得了丰富的经验。通过借鉴国外创业教育经验，为我国大中小学创业教育生态模式构建提供一些针对性和操作性的路径选择。

（3）规范分析法。使用规范分析法，分析本研究所涉及的问题与事实，对研究对象的运行状态做出主观价值判断，力求回答研究对象的本质"应该是什么"的问题。

2. 创新之处

由于创业教育源自企业管理，因此，对创业教育的理解缺乏系统的教育理论表达。本研究初步建构了创业教育学基本理论体系，为推进创业教育学研究的深入开展、规范前行奠定学理基础，廓清研究。其一，国内近20年无教育学意义上的《创业教育学》，对学校创新创业教育基本理论问题缺乏系统的分析，因此本研究本身就在从事系统性理论建构的创新性工作。基本理论问题研究涉及下列问题：首先，概念研究。从相关的研究文献分析来看，"创业教育"是使用最混乱的概念之一。比如，创业教育是一个管理学的概念还是一个教育学的概念？学生的创业活动（主要是高校学生的创业活动）应该仅限于孵化创业还是包括其他商业模式？等等。从历史溯源来看，创业教育始于管理学，但已逐步被视为国民教育的重要组成部分，因此它必然进入教育学基本理论研究的范畴。其二，创业教育学的基本理论如何界定？本研究从创业教育实践的基本要素及其关系入手，把创业教育学的基本理论问题界定为五个并依次研究。其三，在五个基本理论问题中，以下三个方面的研究成果相对缺乏，关键是要进行原创性研究：创业教师的专业准入标准构建和专业化发展策略研究；我国创业教育实践模式的研究与理论提炼；以创业教育体系结构建设为目标，加强大中小学创业教育连贯性、衔接性研究。本研究从以上几个方面丰富了创业教育学的基本理论。

第一部分
我国学校创业教育基本
理论研究描述

第一章 从谋生到素质：我国学校创业教育概念内涵的演变

从相关的研究文献分析来看，"创业教育"是使用最混乱的概念之一。比如，创业教育是一个管理学的概念还是一个教育学的概念？学生的创业活动（主要是高校学生的创业活动）应该仅限于孵化创业还是包括其他商业模式？等等。从历史溯源来看，创业教育始于管理学，但已逐步被视为国民教育的重要组成部分，因此它必然进入教育学基本理论研究的范畴。本部分研究尝试从教育学的角度对创业教育的概念进行研究，以清思路，以供商榷。

第一节 "梳"与"理"：创业教育概念演进脉络"素描"

从世界范围来看，创业教育肇始于企业组织的变革和管理的需要。1947年迈尔斯在哈佛大学开设的"新创企业管理"被认为是学校创业教育的开端，而20世纪60年代到90年代的科技进步和创新以及由此带来的创业企业的巨大成功成了创业教育发展的最大动力。1989年，联合国教科文组织在北京召开会议，明确把"创业能力""学术能力"和"职业能力"并称为"学习的三本护照"，创业教育逐步由"精英教育"转变为"全校性教育""全民性教育"[①]。当创

---

① 毛家瑞、彭钢：《创业教育的理论与实验研究报告》，《教育研究》1996年第5期。

业教育成为学校教育必然的、普遍的现象之后，对创业教育的概念进行教育学的阐释就是必然的课题。目前，关于创业教育研究的文献不乏经济学、管理学、社会学、心理学等学科的视角，在这些取向中，管理学、经济学的研究取向尤其明显，企业家教育、企业管理教育备受关注。然而从教育学的视角对"创业教育"概念的阐述并不充分，导致对"创业教育"理解的分歧与争议。

我国创业教育研究与实验始于联合国教科文组织北京会议之后，虽然北京会议已经把创业教育列为"学习的第三本护照"，但是从我国创业教育的实际发展脉络来看，我国的教育实验和实践赋予了创业教育不同的时代内涵，且可以梳理出明显的阶段性特征：弱势群体创业教育阶段、精英群体创业教育阶段和全校性创业教育阶段（全民创业教育阶段）。我国始于1990年的创业教育研究与实验项目受联合国教科文组织委托，由国家教委基础教育司劳动技术教育处牵头在北京、江苏等地开展，旨在对落后地区的儿童以及发达地区的弱势群体进行创业教育，以解决他们的就业问题，因此该阶段的创业教育可以被认为是"弱势群体创业教育"阶段。此次教育实验规模浩大，跨越数省，但是从选取的实验对象来看，局限于县级以下的教育单位，重点在农村。具体的推进策略是：培养农村儿童的创业素质；以点带面提升农业青年的创业能力；推进职业教育和创业教育有机结合的农村职业教育办学路子①。我国创业教育发展的第二个阶段带有明显的"精英群体创业教育"特色：1999年1月教育部《面向21世纪教育振兴行动计划》中提出"加强对教师和学生的创业教育，鼓励他们积极创业"，同年，团中央推出全国大学生创业计划大赛，2002年教育部确定清华大学等9所高校为创业教育试点高校。"全校性创业教育"阶段的开启是2012年8月教育部《普通本科学校创业教育教学基本要求（试行）》（以下简称《试行》）的颁布，《试行》要求全国各高校开设"创业基础"必修课，创业教育正式成为学校素质教育的重要组成部分，旨在培养具有创业意识、创业精神和创业能力的国民。

---

① 毛家瑞、彭钢：《创业教育的理论与实验研究报告》，《教育研究》1996年第5期。

此举赋予了创业教育普通教育的内涵。

　　国外的创业教育开始的较早，但总体看来走了一条从"精英"到"全体"的演进路线。美国创业教育通过聚焦模式、磁石模式和辐射模式把创业教育的对象由商学院精英扩展到了全校，创业教育的教师来源也从商学院教师扩展到了全校[1]。但在实践领域，美国的创业教育仍然保持着"聚焦模式""磁石模式"和"辐射模式"共存的实践生态，体现了精英与大众互为依存的创业教育理念：哈佛商学院依然强调创业者的创业特质，百步森商学院则一如既往地为年轻一代设定"创业遗传代码"，康奈尔大学的创业教育"不仅要面向所有学生，而且要求所有院系老师的参与"。日本的创业教育在20世纪60年代强调为产业部门提供"高级技术人才"，70年代则面向所有企业人员开设创业类课程，90年代后则强调"培养学生的创业家精神、生存能力和思维方式"[2]。2006年欧盟出台创业教育相关政策，倡导在全欧盟范围内构建高校创业教育整体发展框架，并将创业技能培养整合进欧洲终生学习框架。目前，荷兰、芬兰等国已把创业教育上升为国家战略，并将创业教育纳入各级各类教育之中[3]。在这一过程中创业教育的内涵以"企业家教育"为起点被赋予了"人格教育""素质教育""国民教育"等更多的内涵。

第二节　"争"与"议"：创业教育概念阐释中的"分"

　　从世界各国的经验来看，创业教育概念内涵演进的脉络有一定的规律可循，但在实践领域，即便是在同一时代，人们对创业教育的理解各取所需，对创业教育阐释的着重点仍存在不少分歧：

---

[1] 梅伟慧：《美国高校创业教育模式研究》，《比较教育研究》2008年第5期。
[2] 李志永：《日本大学创业教育发展特点》，《比较教育研究》2009年第3期。
[3] 梅伟慧：《欧盟高校创业教育政策分析》，《教育发展研究》2012年第10期。

一 职业指导视野中的"创业教育",其着眼点是"以大学生为主体的就业与职业分途教育"

黄炎培先生曾经说过,教育要担负起使无业者有业、有业者乐业的使命。职业指导视野中的"创业教育"基本沿袭了这一内涵。首先,职业指导论下的创业教育主要是为了解决就业问题,"高等教育大众化带来了大学毕业生就业难问题,开展创业教育是解决就业的重要途径,也是实现我国高等教育可持续发展的必然选择"。[①②③] 其逻辑是:高等教育的大众化与普及化推动了创业教育的发展,创业教育的概念也需要在高等教育大众化时代进行更新:首先,创业教育的精英化时代被改变。也就是说,创业教育不再把主要目标集中在精英经理层的培养,大众化时代的创业教育更加关注人的生存技能的培养。从这个含义上讲,高等教育大众化时代的创业教育也应当是大众化的就业创业教育。其次,创业教育可以促使大学生的就业能力的提升:创业教育可以促进学生的择业观念的转变、提高大学生的综合素质、培养敬业精神和抗挫折心理,因而促进大学生就业竞争力的提高[④]。最后,大学生创业教育应当是一个职业规划的过程。大学生能不能创业以及要不要创业要通过职业指导去确定。职业指导的根本目的是实现人职匹配,因而对大学生来说是:适合创业者创业、不适合创业者就业,因而创业教育应当是一个筛选与职业分途的过程。天津商业大学的"两平台、三层次"创业型人才培养模式从某种程度上反映了这一理念:学校对100%的学生进行普及性创业教育(KAB教育),对10%—15%的创业团队进行培育,最后只为3%—5%的自主创业者进

---

① 杨剑:《高等教育大众化背景下的创业教育》,《中国成人教育》2007年第11期。
② 欧阳山尧:《实现从就业教育到创业教育的转变》,《中国高等教育研究》2004年第6期。
③ 杨冠英:《高等教育大众化与大学创业教育问题研究》,《河南师范大学学报》(哲社版)2004年第4期。
④ 刘东菊:《创业教育与大学生就业》,《东北大学学报》(社会科学版)2006年第7期。

行实际的创业指导（SYB 教育）①。

二 创业型大学组织建设视角的"创业教育"，其着眼点为"以大学自身为主体的创业活动"

创业型大学组织建设视角的"创业教育"，其着眼点为"以大学自身为主体的创业活动"而非"以大学生为主体的创业教育"。相当多的研究者从创业型大学组织的角度阐释大学的创业活动。创业型大学组织是指在竞争的环境当中，大学学术群体通过提供教学、科研、技术咨询和其他知识应用的服务来发展学术资本的倾向，大学教师们的学术研究取向也从好奇与探索奥秘为导向的学术研究转向了更为实际的工业研究②。从创业型大学组织建设的视角看，创业是资本主义经济世界的市场规则与知识世界的学术规则对大学的共同要求：第一，大学组织自身成为一个创业者的新型高等教育机构。"大学组织对于教师群体来说，既是学术组织，又是功利性组织。"③ 大学靠自身所提供的服务、知识、技术和培养人才的资本化获取大学发展的资本以及满足教师群体对物质资本的需要。第二，创业型大学组织只是大学的一种选择。"当前大学组织的特点是类型不断多样化、内部组织日益复杂化、课程专业日益市场化、学术人员日益专业化，在这样日益复杂的大学生态下，不同的大学只能在某些方面的独特性上为社会贡献力量，创业型大学主要是为教育的经济功能而存在的。"④ 尤其是那些在高等教育政府资助体系中处于不利地位的学校，更倾向于通过"创业"来获得学校发展所需要的资本。

---

① 李秀娟：《"两平台、三层次"创业型人才培养模式研究》，《黑龙江高教》2007 年第 11 期。

② Rosemary Deen, "Globalization, New Managerialism, Academic Capitalism and Entrepreneurialism in Universities: Is the Local Dimention Still Important?", *Comparative Education*, 2001, Vol. 37, No. 1, June, 2001.

③ 温正胞、谢芳芳：《学术资本主义：创业型大学的组织特性》，《教育发展研究》2009 年第 5 期。

④ 同上。

一些研究型大学一开始就孕育了学术创业精神①。这些研究型大学在技术转移和经济服务方面的巨大成功进一步推动了大学创业行为，大学产学研结合的做法通过组织建设、法案的颁布得到了巩固。这些大学的创业活动是通过大学研究中心、孵化器、R&D 联合体和技术研究中心的设立来体现的。创业主要是以大学自身为主体的活动，是大学在竞争时代功利性特征的体现，是大学以其所拥有的专业服务、培养的人才以及科技知识等获取资本的行为，这与以大学生为创业主体、以培养学生从事商务综合能力的"创业教育"相去甚远。由于大多数创业型大学是从研究型大学孕育出来的，这些创业型大学在社会服务、研发等方面具有独特的优势，因而创业型大学的创业活动具有"精英群体创业活动"的特点。

三 素质构建视域中的"创业教育"：着眼点是"为学生设置开拓创新精神的遗传代码"

素质构建视域中的创业教育是一种面向全体的创业教育。美国百步森商学院的创业教育理念以"为新一代设定创业遗传代码"著称。百步森商学院本科生创业教育项目分为循序渐进的三个等级：管理和创业基础项目、创业精神培养强化课程项目及创业学习项目。其中管理和创业基础项目是面向全体本科生开设的，其目的是培养所有学生开拓创新的品质。1987 年英国政府发起"高等教育创业计划"，旨在培养大学生的可迁移性创业能力，要求将工作相关的能力纳入课程教学之中，并把创业作为一种思维模式和行为模式渗透到生活的各个领域。

我国早就有研究者将创造教育、创新教育和创业教育相提并论，认为三者是互相统一、互为表里、相互促进的统一整体②。也有研究者把创业教育界定为企业家精神教育，是教育实现从"守成教育"向"创业教育"模式的转变，"创业教育"不仅仅是为培养创业人

---

① *Stanford Entrepreneurship Network*（http：//sen.stanford.edu/overview）．
② 黄进、胡甲刚：《三创教育论纲》，《武汉大学学报》（社科版）2003 年第 7 期。

才，更是希望学生学会如何主动地获取新知、创造新知[①]。创业教育是创新教育的一种发展，是大创新教育观的重要组成部分[②]。范桂萍把创新创业素质归结为大学生重要的智商素质之一[③]。从以上意义上说，创业教育是一种真正的主体性教育，它可以发展学生的创造性思维能力、实践能力、克服困难的能力、抗压能力，培养学生的工程意识、动手能力、综合能力、合作精神、创新品质、自学能力等，是一种真正的素质教育。

从素质教育的角度开展创业教育预示着学校教育方法的改进甚至是整个教育体系的改进，创业教育本是一种人格塑造的教育，涉及创业个人知识结构调整、思维和行事风格改变、决策风格的形成、信息整合能力和实践管理能力的培养、抗压心理的形成，等等。这些素质都是新世纪竞争环境下人才的必备素质。

四 系统论视域中的"创业教育"：着眼点是"各级各类教育机构的必然属性和协同教育"

该种观点从提升国民素质和为新一代设置"创新、创造、创业"遗传代码的角度看创业教育，创业教育必须从基础教育阶段抓起。即便是从培养精英企业家和创业型人才的角度看，创业教育也要扎根于宽广的基础教育。国际上的经验显示，美国、日本、法国等均把创业兴趣培养和创业技能教育纳入小学、初中和高中教育阶段。美国于1998年开启"金融扫盲计划"，向中学生普及金融、投资、理财、商务和营销方面的知识和技能。日本则通过"早起计划"让中小学生通过勤工俭学活动学习商业技能。法国通过"在中学里办企业""教中学生办企业"等活动在中学阶段开展创业教育。2004年，我国也在河北省曲周县通过对学生提供创业基础理论、制订长远系统的创业

---

① 侯定凯：《创业教育：大学致力于培养企业家精神》，《高等教育研究》2001年第9期。
② 肖云龙：《创新教育论》，中南大学出版社2000年版，第6—9页。
③ 范桂萍：《也谈大学生素质的内涵》，《中国高等教育》2002年第2期。

规划的途径探索农村中小学创业教育①。从理论研究的成果看，也有相关研究者从系统论的角度对创业教育进行阐述，认为"应该在中小学开展创业文化教育"，并认为创业文化教育具有"文化教育、非学科性教育和素质教育的特征"②。也有研究者从素质教育的高度主张在中小学阶段开展创业启蒙相关教育③④。

但不论从实践领域还是从理论研究领域看，"系统论的创业教育"略显不足。我国20世纪90年代初强调弱势群体的创业生存技能教育，90年代中后期至21世纪前十年主要是推动试点院校的创业活动以培育商业精英，2012年又开启了面向全体大学生的创业教育，缺乏从大、中、小学教育系统的角度规划创业教育的理论和实践。通过对近年来创业教育相关的研究文献分析也发现，目前创业教育的研究对象主要指向了高等教育和各类职业教育，基础教育领域的创业教育问题很少受到关注，基础教育阶段创业教育的研究论文比例不到总体的1%。主要原因是：一方面，在对创业教育进行规划时，都把大学生的就业问题看作重要的推动因素，"以创业教育带动就业"成为政策规划的重要逻辑起点。另一方面，从学术资本主义的视角看，创业是大学自身为主体的创业活动，主要涉及大学提供的社会服务、知识、技术等的资本化，也只有高校拥有无可匹敌的"学术资本"。

第三节 "辨"与"构建"：创业教育概念理解之"合"

从以上四个视角的分析看，就业指导的视角以人的就业问题的解决为焦点，强调的是个体就业能力的提升和职业发展的规划，其实讨论的是创业教育的功能问题。创业型大学的视角体现的是大学这个组织整体的功能转型和资本转化能力，强调的侧重点并不是"人的教育"问题，而是大学的功能问题。系统论的视角精髓在于主张人们从

---

① 张淑清：《关于农村中小学创业教育的思考》，《中国教育学刊》2007年第6期。
② 张国宏：《浅论中小学创业文化教育》，《教育探索》2008年第11期。
③ 赵清福：《关于在农村实施创业教育的思考》，《教育探索》2005年第7期。
④ 廖连生、曾明生：《创业教育要从小抓起》，《江西教育》2005年第10期。

系统培养的教育实施创业教育,其实讨论的是创业教育的方法论问题。"创业教育"这一概念的本质属性应当不能超越"人的培养"这一框架,"素质教育说"应当最接近创业教育的本体论含义。结合以上分析关于创业教育的论述主要涉及以下几个关键词。本研究将借助这些关键词来揭示创业教育的概念内涵。

一 创业教育是"素质教育"和"职业指导"互为表里,互相渗透的教育

创业教育的本质应是"素质教育"。从语义分析的角度看,"创业教育"这一概念的中心词是"教育","创业"只是限定词,因而创业教育首要的使命是人的教育的问题,学校的主要任务是对学生进行创新、创造等创业品质的教育,以培养具有开拓创新精神的新一代。从创业教育在国内外的发展脉络也可以看出,创业教育逐步从解决个人的就业问题、生计问题以及国家的经济发展问题逐步转向"培养开拓创新精神国民"的教育。然而当下的教育理论和实践界很容易将"创业教育"与"企业管理教育""企业家教育"等概念等同起来。实则"创业教育"以培养人的素质为己任,"企业管理教育"以培养企业管理人才为标的,"企业家教育"以培养精英营企业家为鹄的。当前很少有人从纯粹教育学的角度研究创业问题,而是从创业学、企业管理学的角度研究创业教育,也说明了这个问题。一些精英派人士则倾向于把大学的创业教育活动等同于"科技孵化",并认为只有依靠大学的"知识生产"进行的创业活动才是大学创业教育的应有之义,"低层次的商业技巧活动是大学教育的失败"。这些均是对创业教育本体论含义的背离。

创业教育的目的则是"职业教育"。首先,"创业教育包括求职(为自己创造就业机会)和创造新的就业岗位"两方面的内容(唐德海,2001)。其次,创业教育通过改变人的思维方式和行事能力从而使人能够创造性地完成自己的工作。最后,创业教育不仅能让人更好地为别人工作,还能使人开拓、创立自己的"事业"。因而职业指导论领域的创业教育至少部分地揭示了创业教育的含义。但总的来看,素质教育是创业教育的本体论意义,是创业教育的"里",职业指导

是创业教育的"表",二者互相渗透。

二 创业教育是"通识教育"和"专业教育"互为依托、互相带动的教育

通识教育强调教育的非专业性和非职业性,培养具有独立人格和独立思考的人格品质才是通识教育的终极追求,因而通识教育是一种超越功利化和实用主义的人文教育。这与创业教育的本体论含义是契合的。从通识教育的内容看,"通识教育是一种使学生熟悉知识主要领域内的事实的思想的教育类型",是所有人需要共享的知识。在经济市场化、投资全民化的时代,人人都是经济活动的主体,对国民进行投资教育、理财教育以及商务技巧的培养必然成为通识教育的重要组成部分。从某种意义上说,创业教育应当成为当代文化的基因。把创业教育作为通识教育、国民教育,正在逐步成为世界的教育潮流。创业教育是一门正在被通识化的课程,以至于企业管理、创业流程、资本市场、财务管理、营销技巧、商务技巧等相关的知识正被大众所熟知和消费。

但是创业教育的源起是"商学院的专业教育"。创业教育被认为肇始于迈尔斯·梅斯的"新创企业管理"和杰弗里·蒂蒙的"新创企业"等,也可说是源自"企业管理学"。比如在美国,创业教育本属于商学院"精英教育",后通过"磁石模式"和"辐射模式"逐步把创业教育推广到了普通教育和素质教育领域。即便是现在,商学院的创业教育仍然是学校创业教育的焦点。毋庸置疑,创业教育具有很强的专业性,一个只懂得教育学原理的人仍无法胜任创业教育工作,他必须具备创业学和企业管理学等"创业教育"的专业基础。商学院具有一流的学术资源,因而在创业教育的理论创新和实践创新中都走在前列,因而商学院精英的创业教育仍将是创业教育进步的核心推动力量[1]。

---

[1] 张会亮:《牛津大学塞得商学院创业教育探析》,《外国教育研究》2008年第11期。

三 创业教育是"基础教育"和"高等教育"互相贯通、互相协同的教育

美国早在进步教育运动肇始的时候,就开始对中小学生进行创业意识教育。1919年,美国教育家华虚朋在芝加哥文纳特卡镇公立中学进行教育实验,实行二部制教学:一部分按照学科进行,学习各学科的知识、技能;另一部分通过各种社会活动包括开办商店、组织自治会等来培养和发展学生的"社会意识"。美国也是较早在小学、初中、高中乃至研究生阶段普遍开设就业与创业教育课程的国家,美国的经济腾飞和创业型经济的蓬勃发展得益于这种源远流长的"系统化创业教育"。比尔·盖茨和他所创办的微软的成功,就与他在中学时代与人合作开办过软件公司的经历密切相关[①]。近年来,日本、法国、印度等世界主要经济体国家都制订了中小学生的"创业教育计划"。从国际经验来看,美国中小学的创业教育着重培养学生的"社会意识",日本1988年开始的创业计划则强调中小学生的创业准备和体验以及养成创业相关的心理品质,法国的中学创业教育鼓励学生进行创业探索并培养相关的兴趣和能力,印度政府1986年的《国家教育政策》中明确要求培养学生"自我就业所需的态度、知识和技能"[②]。

我国早在1991年开始的"创业教育研究与实验"的项目中就包括基础教育领域,但是实验的背景和指导思想决定了该项目是针对"弱势群体"的创业教育,基本目的是解决这些弱势群体的生存能力问题,导致该项目未能上升到国民素质提升的高度,也未能推广和坚持下去。我国也有研究者主张对中小学生进行创业文化(精神文化、行为文化、制度文化、物质文化)教育[③]。中外研究者和实践者探索的共通之处是:中小学创业教育主要是一种创业准备教育,包括创业意识、创业认知、创业体验、创业兴趣培养以及创业精神和创业心理

[①] 蔡克勇:《教育发展的新趋势:加强创业教育》,《求是》2001年第18期。
[②] 叶之红、罗汉书:《国外创业教育经验对我国基础教育改革的启示》,《基础教育参考》2003年第3期。
[③] 张国宏:《浅论中小学创业文化教育》,《教育探索》2008年第11期。

品质的培养。其中高中阶段的学生可以进行开办企业的尝试,但目的仍然是创业准备。大学和研究生阶段的学生需要对自己的职业生涯进行更为明确的规划并决定是否进行真实的创业活动。

四 创业教育是"精英教育"与"大众教育"互为依存、和谐共生的教育

创业教育作为"素质教育"的必然逻辑结果是"大众化的教育"。一个组织的发展离不开创业精神、文化、策略和资源的运筹和把握,一个人的成功与失败也取决于他的创业意识、知识储备和对机会的把握[1]。把创业教育作为大众化的教育是个人和组织乃至国家成功发展的战略性需要。因此,发达国家从资金支持、创业教育组织建设、师资建设、创业教育中心培育等方面进行政策和法律建设支持,目标是让大学生创业者占社会创业者的比例达到20%—30%的底线。2005年英国政府发起一项针对中学生的创业教育计划,要求凡是年龄在12—18岁之间的中学生必须学习规定时间段的创业培训相关课程,为英国培养具有开拓创新品质的国民奠定基础。美国创业教育是"为每个学生的自由发展"服务的,美国的斯坦福大学、任斯里尔理工大学和百步森商学院都是把培养学生的创业精神作为创业教育的使命。2011年奥巴马政府推出新一轮的经济刺激政策方案"创业美国行动计划",旨在促进美国具有创新能力的初创企业快速成长,在一定程度上促进美国经济复苏和缓解就业压力。

发达国家一方面把创业教育作为国家人才培养和国家经济发展具有战略意义的大众教育,另一方面丝毫没有削弱精英商学院和精英大学的创业教育。美国高等学校的创业教育通过"磁石策略"和"聚焦策略"逐步演变成了全校性的创业教育,但是一些精英商学院仍然以商界精英企业家的培养作为学校的主要目标,比如哈佛大学仍将学生的"创业特质"作为学校学生的重要准入标准。目前,以精英商学院和创业型大学为主要平台的精英创业教育和各类以国民创业素质

---

[1] 徐小洲:《国外中学创业教育》,浙江教育出版社2010年版,第1—5页。

提升为目的的大众教育共同构成了发达国家创业教育的生态系统。结合国际上的经验，我国过去十余年时间里在一些重点研究型大学和创业型大学搞创业教育试点，具有明显的精英化特点。2012年教育部关于创业教育文件的出台，预示着我国创业教育即将进入全校性和全民性的阶段。今后，精英创业教育的进一步提升和大众化创业教育的进一步推广以及二者之间的良性互动，是我国今后创业教育发展的应有方向。

第二章 从学生到教师：我国学校创业教育主体的突破

第一节 教师的"身份"问题与教师创业的身份合法性基础

社会结构的转型使我国教师的权利和义务面临重新定位。教师作为社会结构中的一个特殊群体，他们在社会结构中的阶层特点、被结构化的角色也决定着教师的权利和义务。随着社会主义市场经济体制的逐步确立，我国由政府、市场和市民社会组成的三元社会构架逐步清晰。在这样的社会构架中，教师与政府、市场和市民社会之间如何互动？他们之间存在着怎样的权利和义务？这些复杂关系的厘清有助于理解教师创业活动的合法性基础。

一 教师身份的变化对教师参与社会经济活动的影响
（一）国内外对教师身份的界定
1. 国际上对教师身份的界定及其对教师参与创业活动的影响

国际上对教师身份的几种界定：职业公务员；教会公务员；公职雇员（公立学校）、雇员（私立学校）；雇员兼公务员。英、美、法、德、日等国都非常重视用法律手段解决教师身份问题，但在依法规定政府、学校、社会、市场和法院等的教师管理权限的时候，突出教师法律身份的公务性，健全教师权利保障机制，确保教师资格和工资待遇，保证教师具有一定程度的教学自由和建立完备的教师法律救济制度。但是因各国国家体制的差异、所属法系的不同以及文化的多样性，上述各方面的法律规定又不尽一致。

总体看，国外发达国家为了保障教师的经济政治地位，尽可能确立教师的国家公职人员身份。而作为国家公职人员，在西方完备的法治环境下，从事经济生产活动（创业活动）需要接受严格的审核和监管。但是，西方国家教育体系中的学校主体办学类型多样，并不能一言以概之。西方多数发达国家私立教育体系发达，私立学校教师的身份确定相对灵活。另外，就是中小学教师的法律地位和高等教育教师身份地位存在差异。在基础义务教育阶段，中小学教师主要是国家公职人员身份，而且由于基础教育阶段的公共属性，中小学教师从事创业活动不仅相对缺乏知识基础，也缺乏制度基础。但这并不说明，西方发达国家中小学教师缺乏创业机会。在美、日、德等国家，创业教育启蒙活动在中小学就要展开，而且有比较成熟的做法，这与这些国家拥有一定创业基础的师资力量密不可分。中小学的创业教师可以是本校教师，也可以是企业兼职人员。中小学教师群体的上述构成和学校与企业间的交流制度，也为中小学教师从事创业相关活动提供了一定基础。

尽管如此，中小学阶段教师的创业活动并不是从事创业活动教师中的主体力量，主体力量存在于具有浓厚资本主义精神的西方大学机构中。一方面，大学知识从追求高深学问到解决世俗问题的演进促进了知识资本主义的发生和发展。另一方面，知识经济时代的核心竞争力被归结为科技实力的竞争，大学研究机构参与其中，而且把大学教师这一知识生产者直接纳入知识转化群体之中，教师创业不仅无碍于当今大学之精神，而且正是大学精神之体现。例如，身处硅谷的斯坦福大学就是上述发展洪流中成功的范例，诸多斯坦福大学的研究型教授本身就是企业家兼具学者的双重身份。这种身份的双重性，不仅为教师自身创造了财富，也推动了一些世界知名企业的诞生。而且这种财富创造活动，反哺了大学的教育，使斯坦福大学成为令人向往的创新型、创业型大学之一。

2. 我国教师身份的法律、政策界定及其对教师从事创业活动的影响

（1）我国《教师法》颁布前后教师身份的变化

在《教师法》颁布之前，我国有关教育的法律条文对教师的身份定位是"国家干部"，教师享有国家干部相应的权利和义务，虽然教师在国家干部的序列中处于较低的地位，但是权利和义务相对明确。在《教师法》等法律颁布之后，我国教师兼具准公务员、雇员、专业人员的身份。我国对于教师身份的法律界定或明确或隐含地包含在宪法、教育基本法和教师法之中。宪法中规定的教育的社会主义办学方向，以及国务院对教育的"领导"和"管理"权，说明了教师的身份并不能完全脱离国家"公职人员"的身份。在《中华人民共和国教育法》中，更明确地规定了教育是培养"社会主义事业的建设者和接班人"。教师要贯彻执行党和国家的教育路线和方针政策，教师就应该具有某些国家"公职人员"的权利和义务，《教师法》中对此也有相应规定。《教师法》中关于"教师是履行教育教学职责的专业人员"这一规定，强调了教师的"专业身份"。

（2）相关政策法律对于教师身份的规制

我国高校教师和学校之间存在着劳动聘任关系，该关系规定了教师的身份，也从劳动关系上制约着教师的经济身份和参与经济活动的可能性。聘任制下高校与教师间法律关系之认定，大体有以下几种认识：一是行政合同关系；二是劳动合同法律关系；三是独立聘任关系。

首先，行政合同易形成权利、义务不对等的情形，行政合同主要用以规范、代替行政处分，其体现为一种不对等的行政法律关系。正是由于我国对高校的行政化管理，使教师的身份转化变得更为复杂，也使教师的创业活动面临着"行政力量"的制约。虽然，我国也出台过政策鼓励事业单位人员停薪留职，但行政力量一直紧紧制约着教师参与经济活动的规模。不过近年来，相关行政文件密集出台，鼓励教师创业，可以看作是行政力量对教师参与经济活动束缚的放松。加上我国一直在进行教育行政体制改革，扩大高校办学自主权，行政关

系对教师自由创业活动的掣肘进一步缩小。

其次,我国高校对于大学教师的管理目前虽然还存在着编制内和编制外的双轨制,但合同化管理已经全面推开,至少从形式上确立了高校教师和学校之间平等的劳动合同法律关系。高校教师和高校之间的聘用合同就相当于劳动合同,学校与聘用教师间是劳动关系。与行政合同关系相比,这种观点更接近教师聘用关系的本质。客观上看,高校全面推广劳动合同聘用制,在一定程度上确立了高校和教师之间更为灵活也更为平等的关系。另外,我国高校以公立高校为主体,学校与教师的聘用合同因教育的公益性、公共性而与私立教育不同,算不上独立聘任关系。因此,政府层面出台相关政策对高校教师从事创业活动的支持显得尤为重要。事实上,也正是在国家政策的推动下,高校教师创业成为政策研究和实践领域的重要内容。

(3) 教师的专业身份与行政身份

从中观层面来看,教师"专业身份"的凸显使原有的教师权利义务观遇到了挑战。教师"行政身份"的式微和教师"专业身份"的凸显,使我们有必要从"教师专业"的视角研究教师的"专业权利"和"专业义务"。教师职业从经验化、随意化到专业化,经历了一个发展的过程。20世纪60年代中期,许多国家对教师"量"的急需逐渐被提高教师"质"的需求所代替,对教师素质的关注达到了前所未有的程度。80年代以来,教师专业化则形成了世界性的潮流。要求高质量的教师不仅是有知识、有学问的人,而且是有道德、有理想、有专业追求的人;不仅是高起点的人,而且是终身学习、不断自我更新的人;不仅是学科的专家,而且是教育的专家,具有像医生、律师一样的专业不可替代性。教师专业集团的"利益追求"和"专业发展追求"的实现要求必要的法律制度保障。这就要求从"专业"的角度重新定位教师的权利和义务,要求国家的教师管理保障制度,都实现相应的重大变革。

同时,知识转型对原有教师权利义务观带来了挑战。总的来说,人类知识型经历了"形而上学知识型""科学知识型"和"文化知识型"的发展阶段,不过,在现代社会条件下,知识的获得既可作为一种"政治资本"和"人力资本"的积聚,也可作为一种"社会资本"的积聚。但无论如何,知识一词一旦被带上"资本"的词缀都意味着知识和资本利益之间的纠葛。随着人们对知识内涵认识的深入和对知识外延认识的不断扩大,逐步影响到了教师教学的方方面面,从而从教学的内部要求教师相应权利和义务的调整。另外,从教师参与经济活动的合理性基础看,教师是专业人员,同医生和律师是一样的,那么教师就可以像医生一样到医院去兼职,开设私人诊所,也可以像律师一样到各类法律机构去兼职,也可以开设自己的律师事务所。专业人员的身份赋予教师靠专业吃饭的"权利"。因此,我国教育行政体制改革的推进,以及高校去行政化的管理,推动了教师"专业身份"的凸显和"行政身份"的式微,也使教师参与创业活动的政策环境日益适宜。

基于认识的不断进展,我国有关教育的法律被进行了修整,对教师的身份进行了重新定位。特别是20世纪90年代以来实施的《教师法》,把教师规定为"履行教育教学职责的专业人员"。新中国成立后到1993年《教师法》之前,教师一直是国家工作人员(即干部)的身份。虽然在国家工作人员系列中,教师处于一个地位相对较低的位置,但是其身份和权利义务比较明确。"履行教育教学职责的专业人员"是对当前我国教师身份的一个明确的法律规定,这一规定直接影响了教师的社会经济地位;直接影响到教师与国家、与学校、与学生的法律关系,并进一步制约着教师的权利和义务。但总体上来说,法律法规对教师身份的调适体现了行政力量不断地为教师松绑,使他们更能在社会上发挥更广义上的专业人员的作用,包括参与社会经济活动。

二 学术资本主义的兴起对教师身份转变的影响

如果说我国法律法规和政策规制对教师身份的影响只是外在的制度性因素,那么,学术资本主义则体现为一种文化制度的影响。学术资本主义是院校和教授为获取外部资金而进行的市场或者类似市场的活动,"是一种市场导向的知识生产与转化方式,是一种基于专业化理念的大学组织与管理模式,是一个影响大学及其成员身份定位的文化系统"①。首先,学术资本主义是20世纪中后期以来高等教育在面对外部环境变化所采取的市场或类似市场的行为,主要是因为政府拨款的减少和高等教育开支的日益增加,逼迫大学开始转向市场寻找新的资金来源。其次,也是现代组织管理理念和方法变革的必然结果,比如管理文化中的绩效至上、自由竞争理念,以及大学自身在全球化时代经济组织转型导致的大学组织变革等因素,共同促成了学术资本主义的生成。学术资本主义对大学的理念产生了深远影响,也深刻影响了教师在大学中的角色定位。

市场导向的知识生产方式导致大学知识生产方式从"重视基础研究"向"基础研究"和"应用研究"并重的方式转变②。19世纪,柏林大学确立了大学的崭新理念,在洪堡大学理念的影响下,教学和科研是教师的两大天职,教师要专注于学生和高深学问。以高深学问为特点的大学知识生产主要是基础性科研知识的生产,它们是非功利性的,是关于"真"的知识,它以揭示人类和自然界的普遍规律为目的,强调知识的原创性。但是随着实用主义思潮的兴起和20世纪60年代以来高校办学经费的日趋紧张,洪堡的大学理念逐渐转变,大学开始转向经世致用的知识,学术资本主义逐步抬头。在学术资本主义语境下,象牙塔里纯学术的基础研究将难以维持,应用性研究和应用型知识的生产成为大学新的使命。但是纵观高等教育发展的历史,上述转型并不意味着高校不再承担高深学问的天职,而是在教学和科研的基础上增加了新的"天职"。第二次学术革命发生后,学术研究转化为产品和应用于企业已成为大学一项新的使命。应用研究意味着大学教师必须直接参与到社会实践当中,促进知识的生产和转化。英国学者迈克尔·吉本斯(Michael Gibbons)等人研究了全球化背景下大学知识生产模式的转变,认为知识生产已经从牛顿开创的自

---

① 王正青、徐辉:《论学术资本主义的生成逻辑与价值冲突》,《高等教育研究》2009年第8期。
② 孙冬梅、梅红娟:《从"学者"到"创业者"——论学术资本主义背景下高校教师角色的转变》,《江苏高教》2010年第2期。

然科学的专业分科知识生产模式转变为以现实问题为导向的超越学科界限的综合性知识生产①。

教授像其他专业人员一样渐渐更多地卷入市场②，大学中的学术科研人员、学术支持人员和管理人员，通过直接的市场行为或类似于市场行为参与到学术资本化过程中。大学教授可以直接从事营利活动，包括专利申请以及随之而来的版权税和许可协议、创立公司、知识入股、出售教育产品和服务等创收活动。类似市场行为指院校和教师为获得外部资金而展开的竞争，包括争取来自外部的拨款和项目合同、捐款、大学产业伙伴关系等。学术资本主义体现的知识市场精神在文化上影响了大学及其成员对自身的定位，从而使大学呈现出一种截然不同的组织形式，重塑了学校、市场和社会之间的关系。首先，政府越来越像对待企业的方式来管理大学，大学也越来越像企业一样为"赚钱"而积极融入生产环节和其他商业活动中，努力通过专业化的教学、知识生产和转化获取资本利益。因此，高校也越来越像企业对待员工那样对待教师。其次，大学教师的价值观也发生了深刻变化。大学校长不仅是单位的管理人员，而且是大学的经营者，需要考虑大学如何创收。一部分人员成为大学产学研结合的专职负责人员，他们从某种程度上具有了职业经理人的角色。专业教师和科研人员把自己的知识看作是某种形式的商品和资本。而学生更是把教育看作是人力资本的集聚和某种形式的投资，甚至师生关系也受到了冲击，从某种程度上变成了服务者和消费者之间的关系。

三 教育的创新本质的凸显对教师身份与角色转变的影响

事实上，学术资本主义只能为教师创业行为做一种颇为庸俗化的解释。教育内在的创新诉求才是当代教师创业的根本推动力量。纯粹的"教学"和"高深学问"都不能说是真正的创新，真正的创新不

---

① H. Nowotny, P. Scott and M. Gibbons, *Introduction*: "*Mode 2*" *Revisited*: *The New Production of Knowledge*, Minerva, 2003, pp. 179 – 194.

② 孙冬梅、梅红娟：《从"学者"到"创业者"——论学术资本主义背景下高校教师角色的转变》，《江苏高教》2010 年第 2 期。

是理解世界（类似高深学问），而是在实践中改变世界。而纯粹用学术资本主义为我国高校产学研结合以及教师的身份转型进行辩护不仅是偏颇的，而且是危险的。对学术资本主义持批评态度的人认为，"当大学更密切地与市场结合时，大学教师和院校会失去其自主权，由于免费拨给院校以支持基础研究的资金被削减，研发经费更多地用于商业研究，因而受好奇心驱动的研究将大大减少，学术人员不再出于对学术事业的责任和兴趣献身学术，物质上的刺激成为他们在实验室里创造知识的最大动力"①。而且学术资本主义的路线可能打破学科之间的良好的生态，那些易于产学研结合的理工类学科备受重视，而人文社科类学科将被边缘化。这种情况在追求高深学问的大学精神中是不存在的，因为在高深学问的追求里，哲学的问题比理工科（制造的问题、生存的问题）更为重要，因为人的问题比自然的问题更为重要，关于人的理性的知识也远远比关于人的躯体的知识更为重要。也正是基于这种知识理念，无论是在东方还是西方的知识体系里，都保持了一种相对合理的知识生态体系。

但是，知识资本主义不仅打破了这一合理的知识生态，而且可能使知识体系向另一个极端反转，"学术资本主义的盛行可能会导致大学内部的学科分裂，不同学科之间的等级序列鸿沟将会加大，那些与市场联系不太紧密的学科，比如基础研究与学理性质研究、哲学与人文社会艺术思想等领域，所能争取到的资源将愈加稀少，而工程技术、健康科学、计算机和信息科学、法律及商务等学科同市场的联系更为紧密，因而服务于这些学科领域的学术人员会更倾向于支持学术资本主义体制"，更为关键的问题是"学术人员在市场化的过程中能否继续坚持学术原则"②。不过，也正如包括伯顿·克拉克在内的学者所认为的那样，日益增多的创业活动与传统的学术文化并不对立，有统一的基础，那就是创业活动和科学研究一样都是创新性的活动，

---

① 王正青、徐辉：《论学术资本主义的生成逻辑与价值冲突》，《高等教育研究》2009年第8期。
② 同上。

只有在这一基础上,传统的学术性目标才不会减弱,才不会导致一个唯利是图的大学组织和大学系统。学术资本主义只是大学教师创业活动功利性的一个维度,而且对大学科研人员来说根本不是最重要的维度。获得学术共同体的认可仍然是科研人员的首要追求,同产业部门的合作有利于研究人员了解最新的信息和技术变革,进而开展更具前沿性的研究。更重要的是创业活动本身促进的知识转化也是大学教师科研声望的重要组成部分。这才应当是对国家推动学校产学研结合、出台激励教师创业政策的正确理念。

第二节 在学生与教师之间:我国学校创业教育政策的冷热转换

我国的学校创业教育政策并没有对教师的创业活动和学生的创业活动进行统一规划,相关学校创业教育政策在教师与学生两个方面特立独行。负责推动教师和学生创业的责任部门并不统一,政策行为表现出相对的独立性。纵观我国学校创业教育的促进政策,也具有较为明显地在教师和学生之间冷热转换的特点。

一 教师创业政策的来临与学生创业政策的缄默

如果从国家政策层面分析,新中国提出鼓励教师创业的政策要早于鼓励学生创业的政策。1983年我国经济体制改革刚刚开始,企事业单位面临着"富余劳动力"无法安置的窘境,因而出台了鼓励企事业单位人员自谋职业(创业)的政策,尽管这种政策是被动的,但它毕竟提供了机遇。政策提出的背景主要是精简事业单位,提高事业单位的办事效率,并不直接指向国家的经济发展战略和经济创新活动。这一点,可以从1983年《劳动人事部、国家经济委员会关于企业职工要求"停薪留职"问题的通知》及《补充通知》的集体精神中得知:

1983年《劳动人事部、国家经济委员会关于企业职工要求

"停薪留职"问题的通知》及《补充通知》:

一、企业的固定职工要求"停薪留职"去从事政策上允许的个体经营,对于发挥富余职工的积极性,克服企业人浮于事的现象,有一定好处。但是,鉴于要求"停薪留职"的多数是有一技之长或年富力强的人员,他们离开企业对职工队伍的稳定和生产的正常进行会带来不良影响,因此,必须根据工作是否需要,严加控制,区别对待。

二、凡是企业不需要的富余职工,可以允许"停薪留职"。凡是企业生产和工作需要而本人要求"停薪留职"的职工,要做好思想工作,使他们安心于现任的工作。对于未经批准而擅自离职的职工,按自动离职处理。企业职工要求"停薪留职"去农村从事技术开发和各种经营工作的,只要生产、工作离得开,应积极予以支持。

三、"停薪留职"的时间一般不超过二年。"停薪留职"期间,不升级,不享受各种津贴、补贴和劳保福利待遇;因病、残而基本丧失劳动能力的,可按退职办法处理;从事非法活动,符合《企业职工奖惩条例》规定的开除条件的,原单位有权按开除处理。

四、"停薪留职"人员在从事其他有收入的劳动时,原则上应按月向原单位缴纳劳动保险基金,其数额一般不低于本人原标准工资的百分之二十。"停薪留职"期间计算工龄。

五、职工要求"停薪留职",由本人提出书面申请,经单位行政领导批准后签订"停薪留职"的协议书,并报企业主管部门和当地劳动人事部门备案。要求从事个体经营的"停薪留职"人员,必须凭"停薪留职"协议书到当地工商行政管理部门办理登记手续。

六、"停薪留职"期满,本人愿意回原单位工作的,需在期满前一个月向原单位提出申请,原单位应给予安排适当的工作(已关停的企业由原企业的主管部门负责安排);本人要求辞职的,经单位行政领导同意,可以按辞职处理。"停薪留职"期满后的一个月以内，本人既未要求回原单位工作，又未办理辞职手续的，原单位有权按自动离职处理。

七、对于不符合退休、退职条件，又不能坚持正常生产劳动的老弱病残人员和为了复习功课参加升学考试的青年职工要求"停薪留职"的，仍按国家经委、劳动人事部劳人计〔1983〕42号文转发的《全国整顿企业劳动组织工作座谈会纪要》的有关规定办理。

八、各省、市、自治区可根据上述原则，作出具体规定。已办理的"停薪留职"手续与上述原则有抵触的，应予改正。

但无论如何，企业人员"停薪留职"政策开了我国体制内在职人员兼职的先河，为我国高校制定教师兼职创业、科研成果转化等相关政策提供了范本，而且事实上也成为学校制定类似政策以及政策实践的依据，可以看作是关涉我国学校教师从事创业活动的最早政策文本。

但该时期，有关促进学生创业的政策还没有到来。此时的中国，仍然是典型的农业国。大部分中小学毕业生没有进一步升学的机会，辍学或者毕业后直接从事农业生产。而我国当时的农业生产模式正在推行个体承包责任制，农业生产知识口耳相传即可，不需要太高的专业化水平。商品经济不发达，沿海制造业尚未发展，也不需要大量的农村劳动力。因此，当时在学校推进创业教育无论是在文化意识还是在物质基础方面都相当缺乏。而那些能够继续进入各类中专、大学进行深造的幸运学生，也不需要创业，他们是"天之骄子"，工作包分配，不存在自谋职业、自我创业的个体化需求。这种情况一直持续到1990年前后，在这一段时间里，教师下岗安置、自谋职业的相关政策是有关学校创业教育政策的唯一领域。

不过，这一阶段也有值得注意的现象，那就是校办工厂的发展。我国校办工厂，萌芽于20世纪50年代，在80年代得到了较大发展。但当时校办工厂的管理模式与教学活动相对独立，工厂的生产经营和一般的知识生产者关系并不密切，即校办工厂只是作为学校主体的经营行为，而不是教师个体的创新经营行为。当时，各种私营经济政策刚刚解冻，乍暖还寒，教师独立从事知识转化和生产经营活动仍然存在重重体制障碍。学生与当时校办企业的经营活动相距则更远，学生的主要天职是学习活动，从事营利性活动甚至会被认为"不务正业"。事实也证明，这种观念的转换经历了一个相当长的过程。

二 学生创业政策的出台与教师创业政策的沉默

（一）我国学校学生创业教育的肇始

1. 我国学校学生创业教育起始于公益扶贫项目

国家有关学生创业政策的展开始于20世纪90年代初期。此时的中国，改革开放逐步深入发展，经济社会结构发生了明显变化，重商主义逐渐抬头。对于农村的学生而言，若不能进一步进入大中专院校深造，回家务农已经不是合理的选择。尤其是在农业落后的偏远地区，世代务农已经成为贫困的象征。从事低水平农业人口的增加意味着国家贫困人口的增加。在这种背景下，当时的中国教育管理部门与联合国教科文组织合作推出了鼓励学生创业的项目。值得注意的是，创业教育项目选取的对象是农村落后地区的辍学儿童，具有明显的扶贫性质。该项目对项目促进的双方（当时的中国教育部——国家教委和联合国教科文组织）具有不同的意义。对于中国教育管理部门而言，该项目不仅是教育项目也是国家消除贫困人口的战略工程，而对于联合国教科文组织而言，则是一个公益、慈善项目。但无论如何，已经风行于西方发达国家校园的"学生创业教育"进入中国了。

2. 我国学校学生创业教育肇始特殊性的意义

这样的教育扶贫工程具有多重意义。一方面，促进了我国学校创业教育理论研究和实践的推进。该创业教育项目也可以看作是我国学校创业教育的一次大规模实验研究，在总结经验的基础上形成了大量有价值的研究资料。在这一时期，我国第一本研究学校创业教育的理论专著《创业教育学》出版，就学校创业教育的理论基础、模式、方法、内部控制与外部环境各方面、层面的问题进行了探讨，而且出版了创业教育的系列丛书。可以说，我国学校创业教育来得虽晚，但气势、规模大,理论研究和实践研究起点并不低。另一方面,虽然研究对象的选择具有特殊性,但并不妨碍我国学校创业教育理论经验的积累,而且"创生"作为创业教育的一个特色也被保留了下来。由于我国幅员辽阔,各个地方发展差异大,基于扶贫目的的创业教育总是需要的。虽然,目前我们更多提创客教育,但"创生"的教育并没有过时,并不是每个学生创业者都是创客,更多的学生创业者的起点还是从谋生开始的,但这并不阻碍他们将来也能成为真正的创客。而且根据马斯洛的需要层次理论,人的需求需要从低层次开始。因此,在学校创业教育不断转型升级的背景下,一些基本的东西仍无法改变,让学生"学会生存"仍然是学校创业教育的首要任务。

(二)我国学校教师创业教育的相对静默

我国学校创业教育起点规模大,理论研究成果丰富,实践资料也很多。从此,学生创业教育成为我国教育研究和实践的一大主线,成为教育管理部门和社会各界关注的焦点。但是与学生创业教育逐步深入的喧嚣相比,此时关于教师创业的政策行为较为稀少。教师创业政策的缺位存在一定客观基础,其中最为关键的是20世纪90年代以后,我国高校处于加速扩招时期,师资力量紧张。在这种情况下,政府和高校都没有理由让教师分散精力从事兼职创业活动,或者直接被分流到企业领域去。概括起来,当时的情况是:高校扩招导致学生就业困难,却造成教师紧缺,教师部门不能满足教育教学领域出现的新需求。而还没有做到身份彻底转正的"学生创业教育"自然也不可能得到师资政策的优待。

1. 学生创业教师的极度缺乏

推进学生创业教育需要相应的师资力量,但在我国教师教育的规划中并没有将对创业教育教师的培养纳入进去。具体原因是多方面的,一是原有的师范教育体系并没有相应的学科,不可能直接提供学生创业教育的师资力量。二是观念仍然没有彻底转变,学生的创业活动仍然被看作是学生的副业,属于课外活动和素质拓展的内容,并没有真正的学科归属,不可能受到与分科课程同等待遇。三是历史沉疴导致我国高校相对封闭,用人机制不够灵活,校企之间的教师交流存在一定困难,无论是学校教师交流到企业,还是企业从业者进入高校都存在各种障碍。这些原因都与我国缺乏教师参与创业活动的政策规定相关。教师参与创业教育活动没有相应的政策法规可依,没有必要的激励措施,甚至没有教师参与创业活动的权益保障措施。但另一方面,学生的创业教育又不可回避,高校的扩招使得我们的市场已经很难吸收所有的毕业生就业者,学生必须自己在市场空间创造机会。在这种背景下,学校的创业课教师都是临时拼凑的,从事创业教育的教师要么缺乏必要的兴趣,要么缺乏必要的专业知识,要么缺乏必要的实际经历。

2. 通过教师知识创新科技转化活动裹足不前

没有明确的政策,教师对从事科技转化活动难免有所顾忌。首先,知识产权问题难以厘清,学校和教师个体的权益如何划分?教师并不是独立的个体,其知识生产活动依赖学校提供的物质平台。另外,教师和学校之间也存在着错综复杂的法律关系,因而教师创新知识的产权并不完全属于教师个体。其次,教师的专业发展和职务晋升渠道是否继续畅通?学校对教师的职务晋升实行严格行政控制,任职年限、成果类型是教师职务晋升的重要依据。若教师参与知识转化型创业活动,转化成果能否作为职务晋升依据?任职年限怎么算?当时并没有明确的政策依据。如果这些事关教师切身利益的问题不能解决,教师就无法放心从事创业活动。而这一切恰恰由于本阶段师资力量的日益紧张没有能够纳入相关管理部门的政策日程。

(三)指向师生双方创业政策的密集出台与学校创业教育全面铺开

1. 20世纪90年代学生创业促进政策的推进与产学研政策的改变

整个20世纪90年代学校创业教育的焦点都集中于如何促进学生的创业活动方面。但在这十年之间促进学生创业活动的政策也发生了不少变化。我国学生创业活动始于联合国教科文组织和我国教育部门共同推进的公益慈善项目,但该项目结束后,各级各类学校的创业活动迅速蔓延开来。虽然在该阶段政府的导向是促进精英学生的创业活动,即在"985"高校中的理工类大学中大力推进学生创业活动,以培育一批高科技创业公司以及一批年轻的大学生企业家,但一些应用型大中专院校凭借敏锐的市场感知力,推动了灵活多样的大学生创业活动,当然这些学校的创业活动主要是生存型创业,直接指向学生的就业和谋生问题。唯一遗憾的是,在大学分层体系中处于中间位置的高校,创业活动不够积极。尽管如此,这一时期,各级各类高校都开始参与创业活动,形成了形式灵活、生态丰富的高校创业活动。另一方面,这一时期国家政策导向开始重视高校的科技转化活动,密集出台了一系列鼓励高校参与科技转化的政策文件。政策推出的主要背景是在以美国为代表的西方发达国家兴起了新一轮互联网革命,涌现出了一大批高科技创业公司,推动美国的科技竞争力和经济总值实现了新的飞跃。在日益严峻的国际竞争背景下,我们国家迫切需要通过政策改变释放国内各行各业的创新活力。此时,作为科技创新最有活力的高校就成为国家科技竞争政策制定的重要考量。这一时期,虽然罕见有直接指向教师创业活动的政策,但客观上促进了教师参与产学研活动,在政策空间上实现了前所未有的松动。

2. 21世纪初促进学生创业活动政策的日益完善

促进学生创业政策日益完善的标志是"全校性创业教育"的提出与实施。所谓全校性创业教育,是面向全体学生的创业教育,也是面向各级各类学校的创业教育。即把教育作为一项基础的国民教育工程来抓,把创业素质作为学生必须发展的一种基本素质。这一举措看上去是在对20世纪90年代创业教育经验总结的基础上提出的,事实上也是我国学校创业教育发展的必然逻辑的和历史的结果,即学校创业教育从谋生教育到精英教育再到全面创业教育的必然发展进程。这一进程的标志性事件是2012年教育部出台文件,要求所有高校开设创业类课程,并在教学计划中将其纳入必修学分课程。几乎在同一时期,国家教育行政部门开始对各级各类学校的创业教育现状进行考核,评选优胜单位,就如同本科教学评估一样。

应当说,国家通过一系列教育政策的制定和运作,给学校学生的创业教育发放了"身份证"。但也有不足的地方,高校的创业教育教师组织比较松散,大部分高校的创业教研组织是拼凑的。松散的教研组织说明，创业教育教师队伍建设仍有很长的路要走，其中涉及的教研经费拨付和管理都难以恰当落实，教育质量也因此难以保障。为了凝聚创业教师队伍，也为了给有创业特长的学生提供恰当的教育，教育部相关部门鼓励各高校成立"创业学院"，并将其作为年度创业50强学校评选的必备条件。但教育行政监督部门并没有对创业学院的形式做硬性或者标准化要求，创业学院形式可以灵活，因此大多数创业学院实为有名无实的松散机构。教育行政部门政策的另一规定是，学生创业教育的推进需要以"产业聚集区"或者"众创空间"作为依托，但学校在选择"产业聚集区"或者"众创空间"时，往往名不副实，只停留在一纸协议上，并没有实质性的举措。

尽管仍然存在这样那样的问题，但一系列政策的推出无疑促进了学生创业教育的规范化发展。更让人欣喜的是，高校全要素参与创业活动也开始推进，这进一步推进了"全校性"创业教育的发展。高校全要素参与创业活动至少有两层含义：一方面，产学研结合政策的进一步推进，高校愈发强调大学的科研转化等社会服务职能。另一方面，作为学校重要主体之一的教师创业政策在这一时期开始密集出台。特别是2015年，国务院印发《关于进一步做好新形势下就业创业工作的意见》，鼓励高校、科研院所等事业单位专业技术人员在职创业、离岗创业。我国各高校也相继出台了鼓励高校教师创业的一系列政策措施。这一政策的出台，弥补了此前单方面推动学生创业教育的缺陷。把教师创业纳入政策支持的范围，彻底解决了推进"全校性创业教育"过程中的短板，有利于形成良好的学校创业教育生态。

3. 教师创业政策的出台及其对学校创业教育推进的意义

首先，在学生创业教育推进的过程中，一个明显的短板就是创业教育师资的缺乏，尤其是缺乏有实际创业经验的创业教师。教师参与创业活动，将能够从很大程度上解决这一问题。在高校，师生是某种程度上的命运共同体，在政策鼓励师生双方参与创业的条件下，这种命运共同体将延伸至师生创业的领域。学生的老师很可能就是企业家，因此教师既是学业导师也是创业导师。其次，教师参与创业活动后，与企业界熟悉，也会将校外的创业教师有效引进高校，为学生提供创业咨询和指导。另外，创业教师也可能为学生搭建创业平台，学生可以到教师的创业公司进行职业体验，也可以和教师一起创业，师生通过不同合作形式共同创业。国外在此方面有非常成功的例子（虽然是特例），1998年，斯坦福大学教授大卫出资20万美元，资助一名创业的斯坦福大学学生，从而成了谷歌的第一个天使投资人。如今，谷歌市值5000亿美元，大卫也获得了20亿美元的投资回报，成为世界上最富有的教授之一。而斯坦福大学能出这样的传奇人物并不是纯粹的偶然，斯坦福大学的教授大都亦学亦商，一位教授担任几家公司的独立董事并不奇怪，而学生们整天高谈阔论的也是乔布斯的那句名言"如何改变世界"。也可说，斯坦福大学之于硅谷或者硅谷之于斯坦福，很难说清是斯坦福大学位于硅谷还是硅谷位于斯坦福大学。教师的身份、学生的身份、斯坦福大学的名片都与"创办企业"融为了一体。斯坦福大学的案例也能够很好地说明，在我国推进产学研合作的大背景下，出台教师创业的相关政策措施对学校创业教育的深远意义。教师参与创业活动不仅是深化产学研合作的关键，也是促进学生创业教育质量提升的关键举措。

第三章 我国学校创业教育的文化发展逻辑：排斥—接纳—融合

大学目标和职业目标的融合与背离状况反映了大学文化对"世俗化"教学目标的包容程度，一定程度上揭示了学校创业教育发展的文化逻辑基础。由于基础教育并不直接指向职业，因此，本部分主要从大学阶段教学目标和职业目标的关系来分析学校文化对职业目标的接纳程度，并以此来揭示我国创业教育推进的学校精神文化基础。从高等教育历史发展来看，大学目标和职业目标呈现出不同表现形式的分裂甚至冲突状态，但是随着职业专业化和专业职业化进程，职业和专业之间的界限日益弥合，但是大学目标与职业目标之间的排斥力量依然存在。传统职业观念的影响以及职业教育概念的歧义，加之我国深受行政体制影响的大学分类体系和缺失的评价制度是我国大学目标与职业目标整合的主要症结所在。以现代大职业教育观为指导不仅可以消除对"职业教育"的偏见，重塑大学的分类体系和评价体系，也可以指导大学职业教育目标与专业教育目标和理性教育目标的融合。这种融合为大学教师和学生的创业行为奠定了文化合理性基础。本部分研究主要从历史的梳理开始，分析大学文化对创业等职业行为排斥和接纳问题，最后从大学文化层面上提出改进策略，以促进创业等职业精神的发展。

第一节 大学精神视野中的大学目标和学生职业目标、创业教育目标之间的关系分析

一 分析大学目标和学生职业发展目标之间关系的意义

大学目标是大学组织存在的依据,引导着大学的发展方向。就分类而言,大学目标有一般长期的目标和具体短期的目标。具体的和短期的目标大致属于教学论的范畴,是大学教学和管理层面的具体设计;长期的一般的目标则更多体现为对大学存在价值的哲学之思[①]。本书的讨论属于后者,是对大学终极目标构成的哲学之思和理论探讨。另外,但凡存在职业分工的社会,职业目标都会是社会教育的目标之一。职业目标关乎社会的职业分途和理想社会的架构,也关乎个人知识技能的结构、职业的选择、发展和幸福。职业目标的构成一方面是知识技能的掌握,另一方面是职业生涯的顺利发展和人生的完善。因此,职业目标不能被窄化为特定行业、职业的教育目标,比如"职业技术教育"的目标。职业目标应当是所有教育的目标之一,尤其是大学阶段教育的重要教育目标。但在历史上"职业教育"不仅区别于普通教育,还有别于专业教育,它是低等职业教育或者说是体力劳动职业的代名词。在这种认识论下,普通教育的目标和职业教育目标往往呈现出互相冲突、难以兼容的关系。在高等教育发展的历程中,大学目标与职业目标具体呈现出怎样的关系?在国家日益重视职业教育,在高等教育组织与社会组织日益融合的背景下,弄清楚这个问题将为发展现代职业教育、构建现代职业教育体系厘清一些思路。

二 大学目标、学生职业发展目标和学生创业教育目标之间的关系

职业教育的概念已经不能仅仅局限于"就业教育",而应当扩展到"创业教育",因为现代职业发展的特点是需要能在工作岗位上做

[①] 陈民:《有关大学目标观念的哲学渊源》,《比较教育研究》1992年第2期。

第三章　我国学校创业教育的文化发展逻辑：排斥—接纳—融合

出创新型成就的人。创业的概念和职业的概念也在互相融合。首先，在当代经济社会中，大学生就业的主要去向是进入各种创业公司（大型公司也是由创业型公司成长而来的，或者说企业经营的过程就是一个不断创业的过程），因此大学生职业生涯的真正开端就是融入创业公司各种形式的创业活动中。其次，在企业的经营过程中，为了达到拓展业务和开拓市场的目的，往往会鼓励有创新能力的员工实行内部创业。内部创业对于经营公司而言，可以极大释放员工的创造力，有效开拓市场，往往是公司扩张的战略选择。对于员工而言，则是难得的机会，也是员工必备的素质，没有创新能力的员工往往是整个员工群体中暗淡的部分。总之，可以说在现代的企业精神中，职业和创业的概念已经深深地互相嵌入，难以区分，职业追求里面包含着创业的追求，创业追求本身也是好的职业追求。下文就在这种分析的意义上讨论我国大学职业目标和大学目标结合的一些问题，为学校创业教育问题的解决提供一些参考。

第二节　高等教育发展历程中大学目标与职业目标的关系及趋势

由于现代大学主要是源于西方中世纪的大学，西方大学的发展脉络能较为充分地反映大学发展的历程、观念基础和理想，因此，我们主要从西方大学的发展过程来探索大学目标和职业目标的关系问题。从西方高等教育发展史来看，无论是高等教育哲学思想的孕育，还是后来高等教育发展的主要思想路线斗争，都显示出大学目标与职业目标兼容过程中的矛盾和冲突。在中国古代，"职业教育目标"体现在一种社会本位论的教育思想，即以孔子为代表的"促进个体社会化、社会和谐"的教育思想。而以道家为代表的教育思想则主张学生的自由发展，提高学生对"道"的把握能力，进而实现教育的最高目标，这种教育目标是不包含职业目标的。而柏拉图《理想国》中的国家主义教育思想和亚里士多德"追求真理、智慧游戏、闲暇"的教育思想的对立则体现了西方大学启蒙思想中大学目标和职业目标的对立和矛盾。这些西方的古典教育思想，即这些在后来作为启蒙思想渊源的教育思想中大学教育目标和职业目标的争斗一直被后来大学发展的路线斗争所不断印证。西方大学自启蒙时代以来，沿袭着理性大学、研究型大学和创业型大学的发展路线。但在这个过程中，始终伴随着"自由教育"理想和"职业教育"思想的冲突，具体体现为"专业化教育"和"人的全面发展教育"之间的争论、"教学与科研"关系的争论以及"专业教育与普通教育"之间关系的争论等。而这些争论一直影响着职业教育目标在大学目标构成中的地位和作用。

一 理性大学发展理念下大学目标与学生职业发展目标的结合状况

在理性大学发展的时代，理性被作为大学的最高目标，职业目标被贬低甚至被忽视。首先，"理性"在中世纪的基督教世界是一种基于神学观照下的理性，在这种理性观念下，大学是培养信仰、追求神学理性的场所，高等教育的目标是通过培养学生的慈善意识和能力追求"灵魂解放"。这种教育与世俗的职业技能是无涉的。但这种情况从文艺复兴开始之后逐渐改观，一方面，是人文主义运动的驱动，人文主义者认为除了应该对学生进行心智训练之外，还应教授给他们必要的职业技能；另一方面，是宗教改革的驱动，世俗的力量得到了释放，高等教育开始关注世俗职业的需求。但是总体来看，大学被认为是"追求高深学问和训练学者的场所"，在相当长一段时间内，这种世俗的职业教育始终与社会分层和等级挂钩：理性和自由教育被认为是培养国家领导人和精英的教育，职业教育则是培养社会下层人士的工具[1]。总之，从教学目标看，不管是宗教神学时期的理性大学还是民族国家日益发展时期的理性大学，它们的课程体系都是围绕人的理性的养成设计的，就是要培养具有心智自由、灵魂完善、品行高尚的"理想人格"。正是因为"理性大学的目标是促进人的理智修养或者心灵塑造"，因而"理性大学是理性的产物和发展理性的场所，它

---

[1] 陈民：《有关大学目标观念的哲学渊源》，《比较教育研究》1992年第2期。

第三章　我国学校创业教育的文化发展逻辑：排斥—接纳—融合

们对于真理的探索出自不计功利的纯粹的理性冲动而且拒斥外部利益的诱惑"①。因此，在理性大学时代，大学理念既排斥边沁和穆勒的功利主义也排斥科学研究，必然的结果就是对大学的职业教育目标的排斥。

二　近现代研究型大学兴起背景下大学目标与学生职业发展目标的结合状况

近现代研究型大学的兴起一方面继承了理性大学的高深学问场所和学术探究之风，但同时把探索的焦点指向了经世致用的科学知识。另一方面，又把传授知识作为大学的重要使命，并在教学与科研关系中孰轻孰重的问题上产生了严重分歧。比如，在《大学的理想》中，纽曼就认为教学应该是大学的中心任务，奥特加·Y. 加塞特也持相同的观点；而德国的卡尔·贾斯帕斯在《大学的观念》中则提出了科研第一的原则，但他的伟大之处在于他同时指出，大学也是"一所职业学校""一个文化中心"。在学术资本主义时代，在知识经济日益发展的今天，虽然大学里纯粹的理性探索和自由教育的理想不断受到质疑，但是"高深学问""学术自由""非功利主义"仍然是众多教育家的理想和心目中大学的净土。但另一方面，功利主义、知识资本化已经在高校里势不可当：知识的公共属性被削弱、私人属性和资本属性被不断放大；研究高深学问的大学甚至成了名利场所；成就自由教育理想的人文学科逐步被边缘化甚至被剔除。在这种背景下，虽然教育与职业的关系日益紧密，职业和专业的关系日益模糊，但是这种过度夸大教育社会职业功能的取向有矫枉过正的嫌疑——在强调大学职业目标的同时弱化甚至丧失了大学"自由""理性"的教育理想——研究型大学已经开始用"创业型大学"的理想为自己更名。另外，在当今已经不是精英大学时代庞杂的大学群落里，精英大学依然秉承着对传统职业教育观念的傲慢，而普通的大学依然表现着对职业

---

① 吴洪富：《理性大学·学术资本大学·民主大学》，《高等教育研究》2012年第12期。

· 49 ·

教育目标的种种不适[①]。这在我们国家当今的教育实践中表现得尤为明显：大学一味追求学科的齐全，都把精英大学作为办学模式的标杆，但又缺乏精英大学的科研实力。传统办学体制的影响加上高校评价模式多元化发展滞后，导致就业结构与产业结构失调。

三 创业型大学兴起背景下大学目标与学生职业发展目标的结合

尽管创业型大学的兴起与研究型大学的发展关系密切，但二者之间还是存在诸多不同之处。创业型大学是那些勇于冒险、富于创新的研究型大学，也被人们称为"Entrepreneurial University"，亨利·埃兹科维茨教授认为，创业型大学的兴起得益于政府的促进，部分原因是政府政策鼓励大学及其组成人员从知识中收获资金的结果。伯顿·克拉克对创业型大学的描述则体现为更为广泛的意义，即创业型大学是"凭它自己的力量，积极地探索大学事业中的创新"，即创业型大学是能够不断地通过自身的组织变革变得更好的大学。斯拉特和斯米伦的理解较为直接，认为创业型大学是指"高校在变化的形势下采取一些企业的运作方式，展示出市场化的行为，特别是对外部资金的竞争"，是"大学直接参与研究商业化的行为"[②]。与研究型大学不同，创业型大学拥有"强有力的驾驭核心""扩宽的发展周边""多元的经费来源""激活的学术中心地带"和"整合的创业文化"[③]。总之，创业型大学具有强烈的创业精神和丰富的创新研究成果，与传统大学相比，具有更强的科研实力、团队合作精神、应对外界环境变化和资源获取的能力、教学与研究更注重面向实际问题和更为有效的知识转移运作机制。它们与政府和企业有着十分紧密的联系，更直接地参与研究成果商业化活动，是推动经济与社会发展的不竭动力。

上述大学精神文化的改变要求重新审视大学目标与学生职业发展

---

① 潘懋元：《高等教育大众化面临的困难》，《光明日报》2014年9月23日第3版。
② 王雁、李晓强：《创业型大学的典型特征和基本标准》，《科学学研究》2011年第2期。
③ 同上。

第三章 我国学校创业教育的文化发展逻辑：排斥—接纳—融合

目标之间的关系。大学已经不是纯粹的追求高深学问的场所。或者说，就教学与科研的关系而言，研究型大学虽然并不排斥知识转化，但科学研究始终是第一位的，而创业型大学把这种状况翻转过来，知识转化才是第一位的。毋宁说，在创业型大学的理念中，知识的创新很大程度上是资本利益驱动的，或者说是企业行为驱动的，纯粹的高深学问在创业型大学的理念里面并不受待见。因此，创业型大学时代，大学的教育目标与学生的职业目标以及学生创业目标是高度一致的。也正是在创业型大学日渐兴起的背景下，大学目标与学生职业目标、创业教育目标的整合成为迫切课题。只不过，在这个时代需要防范的是，职业目标和创业目标的过度膨胀会不会挤压大学追求高深学问这一纯粹知识性的、非功利性的大学目标。

总之，通过对大学发展的历史经验总结和对社会、对大学的现实诉求考察可以看出，自由理性、探究创造和职业发展本应是大学教育目标的不同方面，但无论是从大学发展的历史轨迹来看，还是站在现时代的角度对大学理念中"自由""学术""资本""职业"复杂关系进行审视，大学目标与职业目标都未有呈现出完整的结合状态。不过，创业型大学的兴起是一个改变的信号，经济社会结构的调整要求重塑大学目标，要求大学目标和学生的职业发展目标、创业教育目标密切结合。事实上，在既有的大学分类结构中，为数众多的高职高专一直将大学目标和学生的职业发展目标和创业目标较好结合。只是在那些相对清高的"一流大学"或者比较正统的"教学型"大学里，一直对职业教育讳莫如深，因为职业教育似乎与"低办学水平"或者"低水平的大学"相互关联。这些大学曾经也不屑于"物质财富"这一世俗的目标。但这些情况都正在学术资本主义兴起的大背景下逐渐隐退，这也是本书理论叙述的重要物质现实基础。下面就将在上述分析的基础上，首先对一些历史的观念进行梳理，细致论述各种传统文化对大学目标的影响，然后结合现实文化背景，论述我国大学目标与职业目标、创业教育目标结合中存在的问题和可能出路。

第三节　我国大学目标与职业目标结合中存在的问题

一　职业分层的固有观念抑制了普通大学职业教育目标的凸显

职业分层和等级的固有观念受几个方面的影响：借鉴西方的办学传统，我国的社会文化传统以及当前我国职业分类现状。西方教育的发展历程中带有明显的双轨制印记，这个问题至今尚未克服。西方的现代大学经历了中世纪的神学理性发展时期和培养资本主义完美人格的近现代理性教育发展时期以及研究性大学的孕育和发展时期。职业教育体系的发展则历经了自下而上的发展逻辑：现代工业的兴起对劳动力的需求推动了义务教育的普及——满足社会对各种职业的需求，而随着社会对人才规格质量要求的不断提升，职业教育逐步从初等教育向中等教育和高等教育阶段渗透。但在该过程中，英国等西方发达国家始终没有完全摆脱教育的双轨体制：始终存在着教育理论界的职业教育、自由教育、普通教育、专业教育的概念之争和教育实践领域中职业教育与普通教育的对立和发展。在我国当前职教改革的标尺更多转向借鉴西方的时候，难免会受到影响——比如正在酝酿中的"未来高考将按技术技能人才和学术型人才分类高考"的计划是否与一些大学进行"一二年级不分专业"的改革尝试背道而驰？在英法等国家教育双轨制日益弥合的今天，单纯用人才分流的方式推进职业教育的发展是否有助于职业分层的等级观念的消除？而且中国的文化传统历来是轻视职业教育的，在封建文化的影响下，职业分为劳心的职业和劳力的职业，劳心者治人、劳力者治于人的观念可谓根深蒂固——"习儒家书为正道""习技艺器为下贱"[①]。然而，即便是经历过"实业救国"洗礼的现代社会文化也不能完全摆脱固有文化传统的影响，劳心的职业仍然是就业群体成员的首选：在当前"大学生择业偏好"

---

① 邵力：《我国文化传统与职业技术教育》，硕士学位论文，河北大学，2004 年。

排行榜上,国企、外企、政府部门/事业单位排在了前三位①。故言之,固有文化传统仍然影响着当今大学的理念,加固着普通大学的身份区分于职业技术学院的理念——普通大学是培养领导阶层或者高级精英人才的场所,这种人才是基于"专业"的,而非"职业"的。即便是在职业和专业的边缘日益模糊化的今天,大学也不能尽快适应自身身份的变化而对办学目标做出适时调整。

二 职业教育概念的模糊导致高校突出职业目标缺乏坚实的理论根基

职业教育中所谓的"职业"具有丰富和复杂的文化内涵和社会学意义。职业教育的概念内涵不论是在从西方引进"职业教育"概念和办学模式的文化传输过程中,还是在国内历史发展的过程中都呈现出概念的歧义和混乱。在西方的传统文化中,vacation是指培训的职业,体现了职业分层中较低的地位;profession是指经过长期专业化培养从事的职业,体现的是复杂的、高层次的职业。这种"职业"与"专业"的区别并没有体现在汉语词汇"专业"和"职业"的意义区分中,却在文化翻译的传输中造就了汉语中"职业"和"专业"的区分,这在印证中国职业分层现实的同时造就了汉语中对"职业教育"理解的分歧②。不过从西方职业教育发展的脉络看,职业的宗教性、等级性认知符号正在被人文的、民主的职业理念所置换,职业专业化、专业职业化的互相交融正在弥合职业和专业的间隙。但是尽管如此,这种人文的民主的职业理念并没有在我国职业教育界达成共识。虽然1973年的《詹尼报告》中"在任何层次,现在都已经没有任何好的职业教育不包括一个合理的普通训练,也已经没有任何好的普通训练是和具体的操作以及实地的工作没有任何联系的"论断引起了越来越多国内学者的共鸣,但职业教育仍被当作一种特殊的教育

---

① 萧鸣政:《大学生就业观念、就业趋势的新发展》,《中国大学生就业》2010年第9期。

② 孟景舟:《职业教育基础概念的历史渊源》,博士学位论文,河北大学,2012年。

形式。

而自我国开始引进职业教育以来，职业教育的概念在中国的文化语境中也是历经变迁。在我国教育史上，最早的职业教育形式实为"实业教育"。"实业教育"源自清末的"实业救国"思潮，其基本目的是为国家开办各种实业服务，实业教育的内容则是以"农、工、商"为代表的"西学"。因此，"实业教育"并非真正的"职业教育"，实为现代意义上的"普通教育"，由于实业教育没有突出职业教育的特点，导致实业教育成了"失业教育"，对于教育"失效"的反思导致了"实业教育"向"职业教育"的转变——突出教育的职业属性，培养技能形成一技之长。1926年1月，黄炎培又提出了"大职业教育主义"的概念，所谓的大职业教育即广义的职业教育："凡教育皆含职业之意味。盖教育云者，固授人以学识、技能而使之能生存于世界也。"中华人民共和国成立后，随着国内经济政治形势的发展，职业教育的概念内涵也不断变化。一种观点认为应对职业教育和技术教育进行区分，即技术教育比职业教育更加突出技能和技术的获得；同时把专业教育和技术教育进行区分，即专业教育培养技术干部，职业教育培养熟练工人。但是职业教育的目标似乎并未涉及本科以上的教育[①]。目前由于我国职业分层的事实性存在，职业教育与专业教育的分野也是事实性存在。但另一方面，我国经济的转型升级导致的社会职业需求结构不断变化，客观上要求消除职业和专业的鸿沟。因此，职业教育究竟是指传统的技能教育还是现代高等教育的共有属性，尚无法达成一致。这种概念的分歧必然导致职业教育改革理论根基的摇摆而影响职业教育的发展。

三 当前大学自身的分类逻辑导致大学办学理念与职业目标错位

根据我国大学生态的发展现实，以武书连为代表的学者将我国的大学分为四种类型：教学型大学、教学研究型大学、研究教学型

[①] 顾明远：《区分职业教育与技术教育异同 推动中专教育发展》，《中国高等教育》1986年第11期。

大学和研究型大学。刘献君则从大学定位层次高度将我国大学分为研究型大学、教学+科研型大学和职业技术型大学三型。胡瑞华、卜中和则认为大学包括：研究型大学、教学型大学（包括本科和专科）和高等职业技术学院。王义遒、马陆亭等人将我国大学分为研究型大学、教学科研型大学、教学型大学（教学型本科院校）和高职高专院校（高等专科学校和高等职业学校）。以上对我国大学最具代表性的几种分类反映了我国大学发展的基本现状和发展的理想。除了武书连分类法没有明确职业技术学院的地位以外，其余分类都将职业技术学院单列，显示出职业教育在大学教育体系中的特殊身份。另外，由于历史的原因，我国大学的分类结果有较明显的政府影响的痕迹，而不完全是大学自由竞争的结果。研究型大学地位显赫，属于政府重点扶持院校，享有经费政策优先支持的优势，职业技术学院则处于大学体系的末端，虽然国家持续加大对该类高校的支持力度，但它们的生源质量、身份地位无法与研究型大学甚至是普通本科院校相比较。在这种环境下，职业学院想转变为普通大学、普通大学想转变为研究型大学就成了大学发展的重要内在动力。在大学办学理念上，教学型大学重教学，但由于固守传统的专业分科和系别模式而难以对社会的职业变化做出灵敏反应；研究型大学重科研，把科研项目、人才标准作为办学的金指标，不仅轻视了学校的职业发展目标，而且削弱了学校教学目标的达成。而创业型大学（实为具有显著创业偏好的或者特征的研究型大学）注重应用科技的生产和财富的转化，鼓励教授、科研团队甚至拥有技术产权的学生团队的创业行为，应该说是重视职业发展目标的。但这种功利化的趋向会削弱基础研究，而且会因为忽视大学的理性原则而影响学生的职业价值观。

四 大学评价标准构成的缺失导致高等教育职业化改革难以突破

我国自1993年开始用系统的评价指标体系对大学进行评价，后来指标体系虽多次修订，但并没有突出大学职业教育目标的内容。《2001年中国大学评价》评价指标体系的一级指标是"人才培养"与

"科学研究"。2007中国网大学排行榜则把一级指标细化为"学术成果""学术资源""教师资源""声誉""学生情况""学术资源"。中国校友网2008中国大学排行榜则使用了"科学研究""人才培养""学术声誉"三个指标体系[1]。从一级指标的设计来看,与"职业目标"关系最密切的"社会服务"并没有被列入。在一级指标体系中与"职业目标"关联性最大的"人才培养"的子指标涉及博士生、硕士生、本科生和专科生培养。但以2005年为分界线,之前主要评价学生的数量,之后才开始对质量进行评估。而且对学生质量进行评价的路径具有局限性,比如对本科生质量的评价主要根据是"高考成绩"以及研究生导师对本科生源质量的主观评价,毕业生的就业去向、社会评价、单位调查、职业生涯发展状况等指标还没有受到足够的关注[2]。另一方面,从各类指标的总体权重来看,科研指标的权重分别达到42.9%(2001年)、42.0%(2007年)和48%(2008年),与学生发展相关的指标低达12%(2007年)和20%(2008年)[3]。科研指标主要以科研机构的数量、科研项目、经费情况,论文、专著数量和收录情况为依据,教学指标则突出了师资的职称结构、专家人数、师生比、教改项目等指标。这些量化的标准不仅使学校的科研变得功利化而减弱了教学与科研的关联,教学也变得与教育学生没有多大关联了。这种评价导向的结果是大学为了提高自己的排名而片面强调科研,甚至导致教学的科研化而忽视教育的育人功能和职业发展功能,因此是阻碍我国大学突出职业教育目标的评价制度根源。国家要突出高等教育的职业化属性,推动一些普通高校向职业技术学院转型,首先要重构高校教育评价指标体系。

---

[1] 王莹:《近年来国内大学评价指标体系比较研究》,《高教研究与评估》2008年第7期。
[2] 严燕、徐莉:《中国大学评价指标体系的演变历程及问题研究》,《江苏高教》2009年第1期。
[3] 王莹:《近年来国内大学评价指标体系比较研究》,《高教研究与评估》2008年第7期。

第四节　大学目标与职业目标整合的可能路径

一　顺应现代职业发展趋势，以现代职业观念克服传统职业观念流弊

在历史上，职业的概念内涵是指需要特定技艺的职业，仅仅包含特定的职业，与这些职业相关联的技术也指特定的技艺或者技术。这种在原始社会不做任何等级区分的生存技艺在等级社会里被贴上了卑贱的标签。但在现代社会随着科技的发展，技艺（skills）已经成了主宰的科学技术（technology）。职业分等的社会基础已经不复存在，技术与任何职业已经无法分割，职业专业化和专业职业化成为现代职业发展的趋势。随着我国经济转型升级的不断推进，我国文化语境中的各种职业和专业的边界也会愈加模糊。这种职业和专业的双向融合为我们建立新的职业观念——现代大职业教育观——奠定了社会物质基础。大职业教育观体现了教育的理想，试图为职业教育、专业教育、普通教育建立起桥梁。杜威早在《民主主义与教育》一书中指出，职业是和文化修养紧密相连的活动，不应过分强调专门化，教育不能"注重技能或技术方法，而牺牲所包含的意义"；教育应该"培养青少年的心理和性格"，"影响他们的智力和兴趣"，激起他们"社会管理的愿望和能力"以及"提高他们的社会责任感"等[1]。黄炎培的大职业教育主义则主张："凡教育皆含职业之意味。盖教育云者，固授人以学识、技能而使之能生存于世界也"；"不要说师范教育、医学教育等等都是广义的职业教育，就是大学、中学、小学也和职业教育是相互关联的"[2]。大职业教育观从人的发展维度来看，不仅包括"生计问题"，还包括"个性发展问题""乐业问题""职业道德问题"；从社会发展维度来看，则不仅包括经济发展问题，还包括社会发展问题；在职业教育与其他各级各类教育的关系上，职业教育必

---

[1]　[美]约翰·杜威：《民主主义与教育》，王承绪译，人民教育出版社2001年版。
[2]　中华职业教育社编：《黄炎培教育文选》，上海教育出版社1985年版。

须加强和其他各级各类教育的联系，彼此融通，重视在其他各级各类教育中开展职业教育，为学生踏入社会做好准备。由此看来，职业教育是专业教育和普通教育的固有属性，职业类别也不是用来进行社会分层的工具，职业之间是平等的，社会分层的现实更多源自个体在职业内部的发展状况而不是在职业之间的区分。

二 以大职业教育观重构大学目标，促进大学职业目标、专业目标和理性目标的整合

既然凡是教育都包含着职业教育的意蕴和属性，那么拿职业教育和专业教育与普通教育的对比本身就是一种概念的错位和逻辑混乱。唯有用大职业教育观中的职业教育内涵代替原有的职业教育内涵，才能厘清职业教育概念混乱和模糊的问题。基于大职业教育观理论基础，大学就可以对职业教育目标、专业教育目标和理性教育目标进行整合。而且这也符合世界教育理论和实践发展趋势，因为"在任何层次，现在已经没有任何好的职业教育不包括一个合理的普通训练，也已经没有任何好的普通训练是和具体的操作以及实地的工作没有任何联系的"[1]。职业目标是大学对学生未来职业发展方面的教育准备和知识承诺，专业教育目标是基于学生未来职业发展的专业知识基础准备和相关能力的培养，理性教育目标关乎高等教育发展史上的"理性教育""自由教育""博雅教育"等。从现代教育理念看，理性教育目标也契合大学"高深学问"的办学理念。从高等教育发展史来看，这三种教育形式始终没有存在良好的兼容：职业教育与专业教育和理性教育对立过，专业教育和理性教育也对立过。但三种教育形式各自的内涵和独立存在的主张也为解决三者之间的矛盾提供了思路。职业教育不仅要面向社会对职业的需求，也要面向个体的全面发展问题，在加强学校职业类课程时，不能削弱学校古典课程等人文课程的影响力。在西方，理性教育承载着现代社会理想人格的诉求，也是一种沉

---

[1] ［英］胡伯特·埃特尔、喻恺：《欧盟的教育与培训政策：五十年发展综述》，《教育学报》2009年第1期。

第三章　我国学校创业教育的文化发展逻辑：排斥—接纳—融合

淀的历史传统的传承，是理性大学传统一直秉承的坚定信念。但在学术资本主义影响日深的情况下，理性传统受到了功利主义的最严重挑战。不但那些塑造学生人文气质的学科受到排挤，那些不能产生直接经济效益的纯粹科研探索也很难受到重视。另外，职业教育目标和专业教育目标的关系要合理平衡，不能说现在各种各样的证书制度没有影响到专业教育，现在大学生忙于各种各样的证书考试，"什么东西都学好了唯独没有把专业学好"也成了大学教育过程中值得注意的现象①。

三　以多元标准取代二元标准，重塑我国大学的分类逻辑和分类体系

如果高等教育各具特色，而不是被呆板地纳入一个大而统的体系，高等教育就能够最有效地体现公平精神②。目前我国的几家大学评价分类机构主要是基于教学、科研二元标准对大学进行分类的，没有充分考虑大学的社会服务功能，主要是以大学的学术水平和学术业绩，以及各类毕业生的数量和构成对大学进行分类和排行。在上述二元标准中，科研无疑是我国大学分类排行的金指标。再者，由于我国政治体制和文化体制的原因，我国的高等学校本身体现出鲜明的行政等级性，大学的分类体系迎合了大学在行政科层制度中级别上的诉求，并决定着大学的政治、经济和文化利益。这种分类的导向就使所有的大学都向研究型大学的建设方向不遗余力，从而导致我国大学千校一面，不关注教学的实际效果，不能使大学的专业与职业更好结合起来。建立多元化的大学分类逻辑和分类体系，第一，要淡化行政力量对大学的影响，通过取消大学的行政级别消除大学在行政级别上攀升的动力，使大学更多地根据社会、社区和市场的需求来办学，而不是面向政府办学。第二，要以多维度、多指标对大学进行分类，彰显

---

① 刘济良：《大学需更多办学自主权，给予学生自由发展空间》（http://business.sohu.com/20100515/n272135994.shtml）。

② [美] 伯顿·R. 克拉克：《高等教育系统——学术组织的跨国研究》，王承绪等译，杭州大学出版社1994年版，第292页。

大学除了科研、教学之外的其他社会价值,也彰显不同级别、类别高校在各自定位上的价值。第三,在大学分类的功能和价值定位上,强化大学分类的描述性功能。把分类作为对大学评价的依据,作为政府对大学进行分类指导的依据,作为大学管理者对大学进行管理的依据,淡化对大学进行分类的功利性效用。第四,要打通职业技术学院向研究生教育发展的通路。职业专业化和专业职业化的趋势说明职业技术学院是可以升级为研究型的。而且随着我国经济转型升级对劳动力质量升级的要求,培养研究型的职业技术人员也是经济发展的必然要求。甚至可以考虑通过为职业技术学院更名的方式消除传统文化观念中"职业"和"专业"的区别,比如可以更名为"社区大学"以凸显这些大学的社会服务功能。

四 完善大学评价体系,以职业发展评价标准引导高等教育进行职业化改革,突出高校职业目标

当前我国大学评价指标体系存在的主要问题是重科研、轻教学。在科研评价中重项目、轻服务,主要以承担科研项目的数量、级别、经费额度来衡量一所大学的声誉和实力,较少关注科研服务教学、服务社会的实际效果。在教学评价中,重教师评价、轻学生评价,主要是以教师群体构成中的专家、学者、著名教授的比例来衡量一所大学的教学实力。在对学生的评价中,主要以生源质量、研究生的比例来衡量一所大学的学生实力。在这样的大学评价体系中,完全忽视了学校以教学为中心、以学生为中心的应有之义。这样的评价模式关注更多的是纯粹知识生产以及教师的职业发展,而不是学生的职业发展。因此,对大学的评价首先要从重视科研向重视教学转变。学校中的科研是服务社会也是服务教学的,只有在科研—教学—社会服务三者的良性互动中才能真正促进学生的职业发展:科研指向教学、教学依靠科研、学生参与科研和社会服务,其核心是学生创新意识和能力的增强以及职业意识的发展。因此,大学的评价指标体系首先应当包括学校科研活动与教学的关联度,以及学生参与社会服务相关职业活动的程度。其次,也是最为核心的部分,大学评价指标体系的构成应当从

强调教师质量评价到学生质量评价的转变。学生质量评价是一个较难把握的变量，但是它显然比教师质量评价更为重要。学生的思维发展水平、实践能力、创新行为、职业意识和能力都可以通过一定的方式进行测定，这些素质都是职业素质的重要构成。当然，作为对大学评价重要构成部分的学生评价必然包括对大学毕业生职业生涯发展的跟踪评价，这应当是对大学是否成功的最重要评价依据。还有一个重要的组成部分，就是对大学职业发展相关教学活动质量的评价，涉及师资力量、课程设置、教学形式以及教学效果等方面。着重推动教师职业素质的重构——教师资格的取得除了专业标准、教育心理学标准之外，还需要加上职业教育理论素养，推动职业发展课程在学校课程体系中的地位，以及职业辅导教师的专业化发展和职业咨询平台的专业化建设。

第五节　本章结语

随着社会的变迁和文化的转型，大学目标和学生职业发展目标与学校创业教育目标的结合已经成为共识和必然的趋势，但三者之间真正的结合需要一个较长的努力周期，即各种配套举措的建设仍然任重道远。公共管理学中，历史制度主义揭示的一些思想说明了这一点。历史制度主义认为，历史沉淀下来的制度文化的彻底更新需要一个较长的过程。历史制度主义强调具体政策实践与历史的联系，认为具体实践行为具有历史继承性、历史路径依赖性。如今，我们虽然意识到大学目标和学生职业发展目标与学校创业教育目标充分结合的必要性，但一些具体的制度设计难以满足这一点。例如，在学校学科建设规划中，职业发展类课程和创业教育类课程在资金支持和评估政策中仍没有得到与专业教学课程同等的地位。在宏观政策设计中，职业类课程的评价主要由学生管理等思想政治部门负责，无论是课程管理与评价、资金支持、教改项目的实施都呈现出明显的双轨制。不同教育行政部门分别管理导致职业类课程和专业类课程管理难以协同，也难以保证同等质量。在宏观政策方面，虽然教育行政部门的政策表述是要求将两类课程同等对待的,但客观上存在经费不平等、管理标准不统一等问题。尤其是在教师专业发展方面,职业类课程教师难以获得与专业课教师同等地位。职业类课程教师入选人才工程项目、教学名师、各类学者缺少明确的政策依据。对职业类教师的专业化发展,国家也缺乏明确的政策规定。正是由于上述顶层设计的不足,在学校微观层面,上述不协调在教学实践中被进一步放大。

在学校具体实践领域,教务部门的课程规划不会主动考虑职业类课程,而是需要学校就业指导中心等部门去积极争取。教务部门实施的教学质量奖考评一般也将职业类课程教师排斥在外。具体原因是多方面的。首先,还是不同学校的重视程度问题,一些高校对此还不够重视,对上级政策精神理解不到位,没有给予职业类课程应有的重视。其次,学校在管理方面存在混乱,责任分工不明确。学校政策制定不敏感,不能及时对上级政策精神做出反应。仍然固守传统的课程模式,对国家政策精神疲于应对,不能实现校级职能部门责任的准确定位和协调,导致高校职业教育类课程归属不明确。正是职业类课程的尴尬地位,导致职业类教师被排除在学校各类人才项目和教学质量奖的选拔之外。最后,由于宏观政策对高校职业类教师专业化发展没有明确规定,微观学校主体又不重视职业类课程的管理,导致高校职业类课程教师专业化发展程度普遍不高。这进一步降低了高校职业类课程教师的职业认同感、学科归属感。因此,当前迫切的是,在宏观管理方面,主管教育行政部门要拿出具体政策措施整合对高校职业类课程教学的管理,在各类教学评估中将专业课程和职业类课程同等对待,推进职业类课程教师的专业化发展。同时督促高校认真落实政策,推动高校职业类教师的师资队伍建设,在质量工程项目、人才项目、科研项目的推荐选拔、培育过程中给予职业类课程教师同等地位。

第四章 我国学校创业教育的政策选择逻辑：草根—精英—大众

我国学校创业教育的发展具有明显的政策驱动痕迹，政府推动在我国学校创业教育发展过程中起到了至关重要的作用。但在政府政策推动的过程中，自上而下的学校创业教育推进路线与自下而上的创业教育力量之间互相作用，成为分析我国学校创业教育发展的重要线索。从这个视点来看，我国20年来的创业教育大致可以区分为由国际非政府组织和国内教育行政部门合作推动实施的"弱势群体创业教育"发展形态；由政府主导的"精英创业教育"和市场推动的"就业创业教育"交融发展形态；由教育发展战略和经济转型历史任务双重驱动的"全体性创业教育"发展形态。从合理性的角度审视，当下的创业教育实践仍存在着"排他化""片段化""孤岛化""悬浮化"等问题。从合理性的角度展望，我国未来创业教育的形态建构包括"全纳性""全息式""专业化"和"生态化"四个努力的维度。下面将对这一进程进行详细阐释。

第一节 历史演进视野中我国学校创业教育的发展形态

根据我国创业教育发展的背景、主导力量以及创业教育的对象、任务，可以把我国不同时期创业教育发展的"理性形态"归结为：由国际非政府组织和国内教育行政部门合作推动实施的"弱势群体创业教育"发展形态;由政府主导的"精英创业教育"和市场主导的"就业创业教育"交融发展形态;由教育发展战略和经济转型历史任务双重驱动的"全体性创业教育"发展形态。

一 由国际非政府组织和国内教育行政部门合作推动实施的"弱势群体创业教育"发展形态

从国际背景来看,我国始于1990年的创业教育是联合国教科文组织的教育扶贫项目的一部分,是围绕"贫困问题之解"的"弱势群体创业教育"。该阶段创业教育的实践理性可以从以下三个方面进行阐释:

(一) 公益慈善的教育性质定位

1989年,联合国教科文组织在北京召开会议,阐述了教育的"三本护照",并正式提出了"创业教育"的概念。此后,联合国教科文组织亚太办事处在曼谷召开会议,筹划开展以"提高儿童青年创业能力"为核心任务的教育项目,该项目是联合国教科文组织更大项目"教育革新为发展服务计划"的组成部分。这个项目在亚太地区一些发展中国家(包括中国、印度、印度尼西亚、菲律宾、巴布亚新几内亚、斯里兰卡和泰国等)开展教育实验,以帮助这些国家12—24岁的处境不利儿童提高就业竞争力和自谋职业的能力。在这种背景下,我国的创业教育项目受联合国教科文组织委托、由国家教委基础教育司劳动技术教育处牵头,在北京、江苏等地开展了历时5年、以上述地区五个相对贫困县区的农村中小学生(包括辍学儿童、普通中小学生和职业中学学生)为对象的教育实验[1]。

(二) 社会公正的教育价值取向

虽然在1989年底的联合国教科文组织北京会议上就明确提出把"创业能力"作为人才培养的第三本护照,把创业能力护照、学术性护照和职业能力护照相提并论,但这次轰轰烈烈的创业教育从表现形

---

[1] 毛家瑞:《从创业教育研究到创业教育工程》,《教育评论》1995年第2期。

式和实践形态上都具有鲜明的"弱势群体创业教育"特色。从教育对象上来看，该项创业教育研究首先从成人教育领域展开，然后逐步扩展到职业教育领域和基础教育领域。成人教育领域的创业教育更加突出"谋生"的特点，以举办短期培训班、创建经营小组和师徒结对为形式实行"学习""经营""创收"三位一体的创业教育模式；职业教育领域走职业技术教育和创业教育齐步走的模式；基础教育领域走素质教育和创业教育相融合的模式①。"弱势群体创业教育"可以被认为是我国创业教育的一个时代特色，"弱势群体创业教育"从某种程度上也可以被看作是我国创业教育认识和实践领域的一个派别：1994年青岛市的"富民工程"，1996年湖南邵阳、江苏泰兴、河北丰宁等地的"专业户"培养工程，2004年河北省曲周县的教育改革实验区也带有类似的特色②。

(三) 回归生活的教育方法变革

在创业教育开展之前，虽然一些国家已经开始教育改革，但是远远无法解决青年失业问题。学校的教育普遍存在着脱离社会生活的状况：一方面是学生越来越高的教育期望值和就业期望值，另一方面是落后的学校教育无法提供学生所需要的学术知识和就业技能，加上人口的迅速增长，"弱势群体"面临着越来越大的失业压力。这样的状况也导致那些处境不利儿童越来越多的过早流出学校。而这些儿童会迅速加入失业大军，造成严重的社会问题。为了解决这种矛盾，该阶段的教育研究与实验努力革新教育方法，把教育的重点放在培养处境不利儿童的就业创业能力和技巧上，借此来加强教育和社会生活之间的关联。并通过这些教育改革，解决困扰许多国家的失业问题、贫困问题、不利群体的劳动权利问题和社会经济发展问题。

---

① 毛家瑞、彭钢：《"创业教育研究与实验"课题研究报告》，《教育研究》1996年第5期。
② 侯慧君、林光彬：《中国大学生创业教育蓝皮书》，经济科学出版社2011年版，第11页。

二 由政府主导的"精英创业教育"和市场推动的"就业创业教育"交融发展形态

一方面,随着我国经济的持续发展和对创新型人才的渴求,"创业教育"的弱势群体教育特色逐步被弱化甚至被淡忘,培养精英化的创业群体日益成为我国创业教育的焦点。另一方面,随着我国高等教育从精英教育阶段向大众化教育阶段转型,一些"处境不利高校"学生开始面临严重的就业困境,在就业压力的驱动下,这些学校开始探索形式灵活、内容丰富、以学会生存为起点的创业教育,成为自下而上推动我国学校创业教育发展的重要力量。

在本阶段,国家教育管理部门对创业教育的部署主要指向了国内的精英大学。国家教育管理部门重视创业教育的原因主要来自经济全球化带来的人力资源竞争、科技的竞争以及高等教育与社会经济日益密切和直接的联系。更新教育观念,转变教育模式,培养创新、创业型精英人才,成了大学的重要任务。国家主导的创业教育首先指向了以"985"高校为代表的研究型大学。这些大学的创业活动是通过大学研究中心、孵化器、R&D联合体和技术研究中心的设立来体现的,是大学以其所拥有的专业服务、培养的人才以及科技知识等来获取资本的回报为目的的。这些创业型大学在社会服务、研发等方面具有独特的优势,因而被国家决策层寄予厚望。这种倾向可以从该时期国家教育行政部门相关举措中看出来:2002年,教育部确定清华大学、北京大学、北京航空航天大学等9所高校为首批创业教育试点高校。另外,在国家主导的创业教育形式上,也突出了精英化的取向:1999年,团中央推出全国大学生创业计划大赛,从全国高校范围内筛选和培育优秀大学生创业项目。总的来说,虽然国家在该阶段的创业教育引导策略上有以点代面的意图,但是精英化特点是明确的。

与此同时,市场主导的"就业创业教育"发展迅速。一些试点外学校开始主动开设创业课程、设置创业专业,甚至创建"创业学院",开始批量培养"小商贩"。这些学校的创业教育及实践领域主要集中在物流、销售等"服务领域"。它们的创业活动依托的不是

R&D，而是各种各样的商品基地和有着各种需求的社区。比如，2008年义乌工商管理学院设立创业学院，依托义乌商品集散地进行小商品销售和配送，在理论学习和实践相结合的过程中进行创业教育。这些高校的学生并非大学生中的精英，有着较大的就业生存压力，他们创业意愿最积极、创业途径最多样、创业形式也是最实用化和生活化的。而那些学生就业压力较小、科研转化实力一般的二流高校的创业教育由于缺乏推动力则表现得最没有特色，甚至流于形式。

三 由教育发展战略和经济转型历史任务双重驱动的"全体性创业教育"发展形态

随着人们对创业教育本体性认识的深入，已不再把创业教育作为教育的一种功能，而是从本体论上修改创业教育的内涵，人们逐步把创业教育上升到了素质教育、人格教育以及为新世纪人才设计创新遗传代码的高度。世界发达国家包括美国、英国、德国、日本等国都把创业教育以"国民教育"的形式写入了宪法并融入了国民教育体系。在这种背景下，2012年8月，教育部发布《普通本科学校创业教育教学基本要求（试行）》，旨在"推动高等学校创业教育科学化、制度化、规范化建设"，要求全国各高校开设"创业基础"必修课，对全体学生进行创业知识、创业能力和创业精神教育。以此为标志，我国创业教育进入了"全体性创业教育"的实施阶段。全体性创业教育是覆盖全校学生，依托全校资源，以培养学生创造能力和创业能力为目标的创业教育[1]。创业教育作为素质教育、人格教育、国民教育被正式写入国家教育发展战略规划。

教育发展战略地位的背后是国家发展战略的转变。目前，我国的经济增长方式已经逐渐由要素驱动增长方式转变为技术驱动增长方式和创新驱动增长方式。新一届政府把打造中国经济"升级版"作为本届政府的重要使命。在此背景下，我国高校纷纷设立创业教育与研

---

[1] 梅伟惠：《创业人才培养新视域：全校性创业教育理论与实践》，《教育研究》2010年第6期。

究中心，推动开展面向全体学生的创业教育。为了适应国家经济发展的转型升级，学校创业教育旨在培养具有创新思维和创新能力的就业者，培养具有敏锐的市场洞察能力和感知能力的未来企业家，培养具有创业意识和创业技能的科研人员，以及培养具有企业家精神的现代国民。

第二节　现阶段我国学校创业教育中存在的问题分析

我国的创业教育已经进入面向全体的创业教育理性形态，但是根据面向全体的创业教育理念，目前的创业教育实践中还存在着一些非理性形态。这种非理性形态与我国学校创业教育自上而下的政策推动有一定关系，是政策导向与实践脱节缝合过程中必然要经历的阶段，也是我国学校创业教育发展过程中需要认真对待的问题。

一　创业教育的"排他化"现象

排他性的非理性形态是指在当前的创业教育实践中并没有真正贯彻面向全体的创业教育理念，存在着一定的排他性因素。首先是精英创业教育模式对大多数的排斥。精英创业教育模式的形成原因主要有三个。第一，政府主导的创业教育最先是从"985"综合性高校和高等理工科院校试点的，在起点上基本是技术创业的思路。这样，在起跑线上那些非工科院校和众多普通高校就处在了不利地位。甚至在试点高校内部，也不是全员参与的，参与的对象属于精英中的精英。第二，政府背景的各种大学生创业大赛基本是一个选拔的系统，只有在各级选拔过程中胜出的项目主持人才会获得真正的锻炼机会，那些被淘汰的大多数往往被排斥在创业教育活动之外。第三，很多高校都热衷于培育大学生创业项目，以作为学校创业教育的"业绩"，这种功利化的做法也会排斥大多数。

其次是就业创业教育导向对中小学的排斥。我国学界对创业教育的界定主要归结为三个方面：职业指导视野中的"创业教育"，其着

第四章 我国学校创业教育的政策选择逻辑：草根—精英—大众

眼点是"以大学生为主体的就业与职业分途教育"；创业型大学组织建设视角的"创业教育"，其着眼点为"以大学自身为主体的创业活动"，强调的是产学研的结合；素质构建视域中的"创业教育"，其着眼点是"为学生设置开拓创新精神的遗传代码"。目前，无论是学界还是日常生活中的人们对创业教育的理解都偏重于职业指导和创业型大学组织的视角，作为一种素质教育的创业教育即使被理解，仍未被很好地接受和贯彻。虽然我们也懂得培养企业家的教育和就业教育也应当从基础教育阶段开始，但是无论是从政策设计层面还是从教育实践层面，中小学阶段的创业教育都是个基本被遗忘的角落。

二 创业教育的"片段化"现象

片段化是指创业教育在某些情况下被碎片化处理。创业教育的项目化运作容易造成对创业教育知识体系的疏离。从创业教育知识体系的构建来看，创业教育系统应是一个由创业前教育、创业中教育和创业后教育构成的生态系统。完整的创业前教育、创业中教育和创业后教育生态系统才能帮助构建未来创业者完整的知识结构：从理论知识到实践智慧的连续统一。创业教育项目化运作带有功利化的教育性质——出成果快，但是这种成果违背了创业教育的本真含义。我们当然不能否认"创业必须在创业过程中来教"的教育哲学意义，但是创业者没有系统知识的支撑是危险的。优秀的创业项目来自很好的创意或者灵感，这些东西不一定与所学的知识直接相关，但一定与前期所受的专业训练相关。创业项目训练无疑是创业教育的最好平台，但以"项目"取代"创业教育"是对创业教育复杂问题的极简化处理。目前，很多高校由于改革步伐慢，或者认识不到位，无法对创业教育作出系统上的设计，用"项目"取代"教育"的现象普遍存在，这个问题需要重视。

另外，创业教育的大赛式参与形式造成"创业"与真实创业环境的疏离。我国高校创业教育本身就是从引进国外的创业竞赛方式开始的。从1999年团中央牵头开展首届大学生挑战杯创业大赛以来，各级各类的创业计划大赛成了我国创业教育的重要形式。一段时间内，各类创业大赛尤其是政府背景下的创业计划大赛成为很多高校创业教育活动的主要甚至唯一形式。创业大赛的成功之处在于它孕育了"视美乐""易得方舟"等高科技公司。但这种大赛化的创业教育只能筛选出少量的处于金字塔尖的项目进入实践领域,获得培育机会,90%以上的创业项目只能停留在计划书的纸面上。对于大多数参与者而言,只能止步于模拟创业阶段,难以获得真实市场环境中的创业锻炼。

三 创业教育的"孤岛化"现象

首先是创业实验园区的岛屿化。创业基地为何岛屿化?首要的问题是谁可以跨越创业实验园区的围墙?2010年3月,共青团中央公布第二批2131个"青年创业实习基地",计划为大学生提供建筑、传媒、电子信息等行业61844个见习岗位,平均每个见习基地为大学生提供30个见习岗位。同年科技部在全国范围内批准的149家大学生科技创业见习基地已有2300家大学生创业企业落户,平均每个基地落户不足15家。2008年以来,浙江大学大学生创业园每年为学生提供100个创业实习、实践岗位[①]。这些数字相对于庞大的大学生群体来说只占一小部分,谁可以进驻创业园区?无疑,对于大多数学生来说,创业园区只是附属于大学教育园区的一座孤岛,他们并没有机会去实习和见习。另外一个问题是学校创业还是学生创业?例如,武汉大学珞珈创意园区旨在打造产学研结合平台,主要用于孵化和发展与IT相关的创意产业。但是由于种种原因,园区在建设阶段就进行完全外包,以换取投资者的投资。这种完全外包的创业中心能充分为大学生创业实践服务吗?

其次是大学校园的岛屿化。从产学研结合的角度来看,完整的创业生态系统应是一个政府—高校—社会协同的创业教育生态系统。但目前多数高校仍是一个较为闭塞的环境。很多情况下是学校作为一个

---

① 侯慧君、林光彬:《中国大学生创业教育蓝皮书》,经济科学出版社2011年版,第11页。

单独的组织来推动大学创业教育的。这种高校的单独创业教育行为，无法有效推动创业教育的良性运转。创业教育需要一个系统性的行为，需要去整合政府资源、社会资源和学校资源，充分发挥三者的协调功效，需要创建一个生态高校创业教育组织。但目前大多数高校和企业还没有建立密切的联系：企业物质资源和学校物质资源尚无法有效共享，很多高校的教学师资也还很难与企业人员进行深度的融合与交流。政府在推动高校和企业的整合方面仍然面临重重难题。

四 创业教育的"悬浮化"现象

造成创业教育"悬浮化"的原因之一是整个创业教育体系仍然缺乏专业化的平台支撑。创业教育的专业化平台包括创业课教师专业化发展平台、创业教育的专业化管理平台和专业化的创业学学科平台。首先，"教师的职业需要极高的专门性"，但我国创业课教师的专业化培养问题还远远没有解决。我国创业课教师队伍专业化建设面临的问题包括：尚未开设创业课教师培养的专业；尚未建立创业课教师的考评制度以及创业课教师的行业准入制度；尚未形成规范的创业课教师职业发展培训机制，对其进行职前和职后的一体化培训；与创业课师资培养密切相关的专业共同体、学术研究机构、专业期刊等建设相对落后[1]。其次，从学校创业教育的管理模式看，行政管理的特点过于突出。在多数高校里，就业指导中心牵头协调所在学校的创业教育。但是这些就业指导中心并没有完成从行政管理机构到教育科研机构的转型（如果不是转型的话，它至少应当在新形势下发挥创业教育的教学功能），其"教学单位"的身份仍无法得到确认。最后，创业学学科建设速度还不能满足要求。目前，创业教育的课程比较单一：一种模式是在工商类课程教育的基础上加上"创业学"，另一种模式是面对全校选课学生开设"创业学"。这种课程设置模式距离中国创业学"课程体系"仍然很远[2]。

---

[1] 张务农：《大中小学创业教育衔接问题研究》，《教育发展研究》2012 年第 13 期。
[2] 席升阳：《构建中国创业学学科体系》，《创新科技》2009 年第 11 期。

造成创业教育"悬浮化"的原因之二是政策支撑体系仍不完备。首先,国家对中小学的创业教育虽然有所涉及,但未出台专门文件。我国最早的创业教育项目是始于中小学的,而且国家教育行政部门也是该项教育实验的推动力量,但是20多年来国家一直未对中小学创业教育进行战略规划。其次,国家教育政策对高等教育阶段创业教育的要求是从"松"到"紧"的,经历了从"鼓励"到"硬性"要求的过程。从1999年教育部《面向21世纪教育振兴行动计划》"鼓励"创业教育,到2002年国家教育部开始采取行动"促进"高校创业教育,再到2012年8月,教育部出台文件要求所有高校开设创业类必修课程。但是,国家教育行政部门尚未对创业教师的专业化建设、创业课程标准建设、创业教育的评价等问题做出具体的政策指引[①]。

第三节 完善我国学校创业教育的路径选择

一 逐步形成全纳性学校创业教育体系

全纳教育是一种非排他性教育。"全纳教育"原是教育研究领域的一个热门词语,意指教育体系应当非歧视性地包容一切处境不利儿童和有身心缺陷儿童。在国内创业教育研究和实践领域还没有学者使用全纳教育的概念。国外研究者曾经在亚太国家印度尼西亚的创业教育实验中使用了全纳教育(inclusive education)这一概念。全纳创业教育的概念有更加广阔的内涵,它的教育对象应当包括一切可以被教育的国民。本书中全纳创业教育将被限定在学校创业教育的范畴之内,意指涵盖各级各类学校和教育机构的创业教育。

全纳性的创业教育应当摒弃精英化的思维模式和操作模式。首先,摒弃精英化的思维模式意味着:不能仅仅用科技孵化创业的创业理念规划创业教育,因为拥有技术专利的大学生只是大学生精英中的精英;不能仅仅用高科技领域的创业限定大学生创业,因为大

---

① 张务农:《大中小学创业教育衔接问题研究》,《教育发展研究》2012年第13期。

众化时代的大学生不一定都能在高科技领域大显身手，信息化时代的非大学生也不一定被排斥在高科技领域之外。大学生的创业领域应当全纳一切社会合法的需求领域，创业教育的目的是力求使大学生在每一个创业领域比竞争对手更加出色。摒弃精英化的创业教育思想，也意味着各类高校的创业教育实验区不能成为"特区"，它应当更容易地对所有的大学生开放。在大学生创业园区的经营模式上，不能因过于冒进的社会化产权经营而损害其"教育园区"的实质。其次，在操作模式上，大学可能并不认为所有的学生都有创办企业的潜质和可能，因而把学校的创业教育模式设置为一个"筛选"的生态系统。但是这种筛选的机制不能排斥对其他学生的进一步的创业教育，使他们掌握必要的创业知识（经济学、管理学知识是现代经济社会必备的通识知识），以培养其企业家精神、创新精神和进取精神。

全纳性的创业教育也包括对基础教育和中等教育阶段创业教育的战略部署和规划。由于我国的教育体制等一些深层次的原因，中小学阶段创业教育问题即便被认识到也未取得显著突破。目前只有上海、杭州等地一些中学尝试性地引进了KAB课程。另外，在中小学阶段开展创业教育在创业教育研究圈内也存在争议，被怀疑为隐形培养"童工"教育。那么，可以反问的是：马克思的教育和劳动相结合的思想也是在鼓励"童工"教育吗？这种观点显然是难以立论的。因此，全纳性的创业教育要对大、中、小学协同的创业教育做出规划，借鉴国内外经验，把创业基础知识和基本技能的教育根据学生的年龄特点融入中小学的双基教学中去。

二 逐步确立全息式学校创业教育模式

全息理论描述的是一种子系统和母系统的关系，即母系统中的任何一个子系统都包含着母系统的全部信息。也可以说，全息是指子系统与子系统之间、子系统和母系统之间包含着相同的信息[1]。根据全

---

[1] 俞键：《全息课堂教学评价技术研究》，博士学位论文，华中师范大学，2007年。

息理论：世界上存在的一切物质系统都是全息系统，但是它们的信息结构具有特殊性，任何一个全息系统既是信息接收系统也是信息发送系统。那么从创业教育子系统的角度来看，学校的创业教育系统、学校教育系统和社会生产生活系统也包含着完全相同的信息，它们在本质上是深度融合的。全息创业教育模式就是创业教育的本源式回归，克服创业教育过程中"孤岛化"和"片段化"的问题，创业教育要回归生活、回归社会。另外，从全息理论的角度看，大学、中学、小学的创业教育都应当是创业教育的"全息元"，必须对大中小学的创业教育进行一体化设计。

全息式创业教育模式构建的取向包含以下几个方面：第一是人力师资的深度融合，消除学校创业教育师资和企业创业教育师资的边界，实行两类师资的深度交流。一项创业教育圈内的调查显示，目前创业教育的主要困难和障碍是师资，大学生群体59%认为应该有成功创业者和行业专家来进行创业教育[1]。促进师资融合的具体做法包括：学校来源的创业课教师必须到企业接受一定年限的培训；企业或者政府来源的创业教师则必须到学校接受一定的培训并通过师资认证。第二是有必要对企业的社会功能进行整合，要求一定规模或者一定性质的企业必须承担一定的教学任务，甚至成立"企业创业教育规划部"，专门协调企业的创业教育活动，并使企业创业教育行为成为一种"准强制的社会公益"。这一点本质上类似于目前一些大型医院成立的实习生教学部，其可操作性是显而易见的。第三是政府—高校—社会三方面平台的融合，根据世界各国产学研结合方面的经验并研判未来的发展趋势，加大政策支持力度，尽快形成政府—社会—高校共同支撑的创业教育平台，并将创新创业教育融入高校人才培养体系，实现全校老师参与的高校创业创新教育[2]。第四是从大中小学创业教育协同化、一体化的角度构建创业教育体系，实现不同学业阶段

---

[1] 侯慧君、林光彬：《中国大学生创业教育蓝皮书》，经济科学出版社2011年版，第11页。

[2] 李家华：《把高校创新创业教育融入高校人才培养体系》，《中国高等教育》2010年第12期。

的创业教育准确定位，合理衔接。

三 逐步建立专业化创业教育平台

专业化创业教育平台包括师资专业化、管理专业化以及创业学科的专业化发展。专业化创业教育平台建设的思路包括创业课教师的专业化发展和创业教师培养的专业化。在创业教师专业化的相关制度建设方面，其一是开设培养创业教师的专业并开发相关的教师教育课程，创业课教师应按照要求修完一定的相关理论课程学分，并经历一定的创业实践经历，方能取得专业毕业证和学位证书。其二是建立创业专业的教师资格认证制度，认证标准应从申请人员的创业学学科专业背景、教育心理学素养实践经验几个方面评定。其三是构建创业课教师职前职后一体化培训制度，不断更新创业教师的知识结构，保障创业课教师的终身化专业发展。其四是要逐步形成完善的教师专业化发展学术平台，造就创业教育的研究型师资。

在创业教育管理的专业化建设方面，学校创业教育的管理部门（比如就业指导中心）要去行政化，学校在人事安排方面要考虑用专业的人员去管理和运作创业教育和研究中心。如果相关部门无法完成非行政化的转型，则考虑在大部门旗下成立专门的创业教育研究教学机构，实行相对独立化运作，以取得与学校其他教学单位同等的专业地位。最后，学校的管理层在进行创业教育的顶层设计时，还应把学生就业的具体事务性工作和创业就业教学工作互相剥离，以保证教学人员有充足的精力和时间教学。同时扭转"创业课教学"在学校教学地位中的"二等公民"形象，在学科建设、科研项目、运作经费支持等方面给以更大的支持力度。

在推动创业学学科建设方面，应尽快改变目前创业教育的课程设置的单一化状况。无论是在工商类课程教育的基础上加上"创业学"，还是面对全校选课学生单设"创业学"，都无法满足创业学学科发展的需要。在对学生开设灵活多样的创业课程之外，还应围绕课程体系建设推动创业学专业的健康发展。

四 逐步形成生态化创业教育环境

所谓生态系统，是指位于一定空间范围的因子，包括生物因子和非生物因子通过彼此关联和彼此作用构成的有机系统。这个系统不仅是良性循环的而且是对外开放的，不断地通过系统内外和系统之间的能量交流获得良性发展。创业教育的生态系统就是要构建一个良性循环的创业教育机制。从创业教育体系的角度来看，创业教育的生态环境系统是由若干个不同建设维度形成的创业教育生态系统组成的综合性生态系统。从分析的角度看，创业教育体系建设的生态系统至少有五个维度：大中小学一体化创业教育生态系统；创业前创业教育、创业中创业教育、创业后创业教育生态系统；政府—高校—社会协同的创业教育生态系统；由精英大学——般高校—高职高专—职业中专组成的创业教育生态系统；学校内部的创业环境生态系统。

大中小学一体化创业教育生态系统包括若干个子系统：大学创业教育生态系统、中学创业教育生态系统、小学创业教育生态系统以及连接上述三个系统的大中小学一体化创业教育目标生态系统、一体化创业教育师资培养生态系统和大中小学创业教育一体化的政策支持系统。创业前创业教育、创业中创业教育、创业后创业教育生态系统要求把创业准备教育、帮助学生创业的教育和帮助学生成功创业的教育合理规划和安排，通过阶段衔接和逐步过渡，针对不同创业阶段的学生提供不同的教学援助。政府—高校—社会协同的创业教育生态系统要求政府、高校和社会深度融合，实现深度的人员交流和物质平台共享。精英大学——般高校—高职高专—职业中专组成的创业教育生态系统是指不同类型和办学水平的学校应根据学校的实际情况，准确进行创业教育定位，突出创业教育特色。学校内部的创业环境生态系统是指学校内部各种创业教育资源的整合，实现校内人力资源和物质资源的优化配置，并根据学生群体的不同需求提供灵活多样的创业教育。

总之，从历史的角度看，我国20年来的创业教育大致可以区分为由国际非政府组织和国内教育行政部门合作推动实施的"弱势群体创业教育"发展形态、由政府主导的"精英创业教育"和市场推动的"就业创业教育"交融发展形态、由教育发展战略和经济转型历史任务双重驱动的"全体性创业教育"发展形态。这些是我国学校创业教育发展的历史与制度现实,是我国学校创业教育发展的最大的实际,我国学校创业教育的发展必须从这个实际出发。虽然,从学校创业教育合理性的角度审视,当下我国的学校创业教育实践仍存在着"排他化""片段化""孤岛化""悬浮化"等方面问题,但这些问题会在我国学校创业教育逐步理性推进的过程中得到缓解,并最终加以克服。

展望我国学校创业教育的未来或者叫作理想形态,应当是"全纳性""全息式""专业化"和"生态化"四个维度纵深发展的学校创业教育生态体系。也只有通过构建我国学校创业教育发展的生态环境,学校的创业教育才会突破传统知识传授的教学模式,实现真正的创业教育,真正推进从 KAB 到 SYB 的生态创业教育结构。

第五章　我国学校创业教育的制度建设逻辑：大中小学衔接

第一节　大中小学创业教育衔接的理念、问题与思路

学校创业教育已经进入国家层面的教育发展战略规划，制度的系统性设计是我国学校创业教育的未来走向。但由于历史的原因，我国学校创业教育在大中小学一体化规划方面并不能令人满意，相关政策曾经在聚焦中小学创业教育和聚焦高等学校创业教育之间摇摆，阻碍了我国大中小学一体化创业教育生态系统的发展。目前，我国的创业教育在曲折与碎片化的型构中有逐步走向系统性创业教育的趋向，但该过程中仍存在着种种问题和不确定性。本部分研究就这些问题展开分析，试图为我国大中小学创业教育的一体化设计和推进澄清一些理论与事实依据。总体来看，我国学校创业教育领域的功利化取向、政策缺位、课程缺失以及师资专业化发展滞后是阻碍我国大中小学创业教育系统性发展的主要原因。本部分研究旨在通过对上述问题的机理进行剖析，解释问题的症结，尝试论述通过"对相关人员进行创业理念教育""完善创业教育政策""厘定大中小学层级化创业教育目标""建立创业教师专业化发展的相关制度"等措施，改善我国学校创业教育系统性发展的可能性、可行性。

第五章 我国学校创业教育的制度建设逻辑：大中小学衔接

一 大中小学创业教育一体化发展的理论认识与研究现状

（一）大中小学一体化创业教育构建的理论认识

创业不仅是个体精神和能力的体现，而且是个体以其"学术能力"获得物质和精神成就的价值转化活动，也是个体的一种行为方式和人生哲学。创业教育既是"职业指导"视野中的"职业分途教育"，更是"为学生设置开拓创新精神遗传代码"的国民教育。这种对创业教育的广义阐释表达了中小学对创业教育的必然选择。在基础教育阶段引入创业教育有三个主要功能：保证公平、促进卓越和培养有责任心的公民（徐小洲，2010）。目前，国家的经济发展形态已经步入"创新驱动阶段"；创业教育实践以2012年8月教育部《普通本科学校创业教育教学基本要求（试行）》文件为标志，已经迈入"全校性创业教育"阶段。但这种"全校性创业教育"（university-wide entrepreneurship education）仍缺乏对基础教育阶段创业教育的应有关注。因此，对大中小学创业教育衔接问题进行研究既是创业教育理论建构的需要，也是创业教育实践发展的需要。本部分研究具体目标如下：

1. 探讨构建大中小学一体化创业教育生态模式的基本理论问题，丰富创业教育"生态模式理论"。目前，国内学者对创业教育生态模式的研究有几个思路：一是构建"创业前—创业中—创业后"一体化创业教育生态系统；二是构建"政府—高校—社会"协同的创业教育生态系统；三是研究"精英大学—一般高校—高职高专"等不同类别高校的创业教育，以研究不同类别级别高校创业教育的定位；四是构建"学校内部"的创业教育生态系统。而对大中小学一体化创业教育生态系统的研究仍较少涉及。因此，本研究将丰富和深化"创业教育生态模式理论"。

2. 研究大中小学一体化创业教育生态模式的"因子"，推动"大中小学一体化"创业教育系统工程。我国创业教育20余年来的发展大致可以概括为：（1）起始于中小学，但以弱势群体教育为特色，并迅速被高校创业教育湮没；（2）我国高校创业教育发展从精英走向了大众，但仍然忽视了中小学；（3）目前，中小学创业教育在不断尝试，但仍未成规模。可以说，无论从理论研究、政策引导还是实践上看，都缺乏对大中小学创业教育的一体化设计。因此，研究大中小学一体化创业教育生态模式的"因子"，以及这些因子的"生态构成"，将推动我国"大中小学一体化"创业教育系统工程。

3. 从生态模式理论关照中小学创业教育，推动中小学创业教育实践从"边缘"走向"主流"。早在20世纪90年代初，联合国教科文组织及国家教委合作的"提高青少年创业能力的教育联合革新项目"对我国中小学创业教育的理论和实践问题进行研究，提出了基础教育阶段创业教育的"渗透模式"和"融合模式"，以培养学生的创新意识、创新能力和健全人格，为培养高素质国民打基础。但这次创业教育实验带有明显的公益慈善的教育性质、社会公正的价值取向以及面向弱势群体的特色。之后，随着创业教育焦点的转移，创业教育研究逐步聚焦于高等教育，基础教育阶段创业教育研究和实践淡出。因此，从大中小学一体化生态模式的视角研究创业教育，将突出中小学创业教育的"主流"地位。

（二）大中小学一体化创业教育构建的研究现状

1. 国内研究现状和趋势

从大中小学创业教育衔接的视角看，国内创业教育研究和发展可以概括为几个阶段：第一阶段，"弱势群体创业教育"发展形态和相关研究成果（20世纪90年代初）。该阶段创业教育实践不仅聚焦于基础教育，而且是围绕"贫困问题之解"的"弱势群体创业教育"。该阶段创业教育实践虽然聚焦于基础教育阶段和弱势群体，但是理论研究成果更多是从"三本护照"的角度论述创业教育的，对创业教育从基础做起做出了鲜明的表达。该阶段以毛家瑞、彭钢为代表的课题组在《上海教育科研》（1992）、《教育评论》（1992）、《江西教育科研》（1993）、《教育研究》（1996）等刊物上发表创业教育研究与实验相关成果，总结出了基础教育阶段创业教育的"渗透模式"和"融合模式"，以及相关的课程设置模式、学习方法等，以培养学生的创新意识、创新能力和健全人格。1995年，彭钢出版了国内第一部《创业教育学》，对创业教育的基本概念与范畴、框架与模型、微观过程与内部规律、宏观运行等基本理论问题进行了论述。第二阶段，"聚焦高校"创业教育发展形态和相关研究成果（始于20世纪90年代中后期）。该阶段创业教育不仅聚焦于高等教育，而且有聚焦于精英大学的倾向，处境不利高校创业教育则更倾向于市场推动。实际上，政府主导的首批创业教育试点全部是"985"高校；理论研究多聚焦于高校创业教育，并给予研究型大学以特别关注，创业型大学研究成为"流行课题"。介绍国外经验的著作包括《美国高校创业教育》（梅伟惠，2012）、《日本高校创业教育》（李志勇，2010）等；论文有《牛津大学塞得商学院创业教育探析》（张会亮，2008）、《MIT创业型大学发展史研究》（张森，2012）等。反映本土创业教育实践的著作有《高校创业教育研究》（张昊民，2012）、《大学生创业教育转型发展研究》（谢志远等，2012）等；论文有《高等教育大众化背景下的创业教育》（杨剑，2007）、《实现从就业教育到创业教育的转变》（欧阳山尧，2004）等。值得注意的是：一些"处境不利高校"由于面临严重的就业困境，开始探索形式灵活、内容丰富的生存型创业教育，开始批量培养"小商贩"。第三阶段，"关注基础"创业教育发展形态与相关研究成果。这种回归基础的创业教育完全不是对"弱势群体创业教育"的回归，而是向国民教育工程基础的回归，回归的试点多在发达地区。理论研究上，徐小洲《国外中学创业教育》系统研究了美国、日本、苏格兰、澳大利亚、新西兰等地中小学的创业教育状况，对国外中学创业教育的模式、课程标准、教育政策等方面进行了研究和介绍。在实证研究领域，国内学者范巍和王重鸣（2004）等的创业倾向影响因素研究，分别证明了创业者个性特质、背景因素和早期环境因素与其后期创业行为的相关性。2008年，上海市的沪东中学和比乐中学率先开设KAB课程，这是发达地区把创业教育作为素质教育内容在中学开展的里程碑，可以看作是协调大学和普通中学创业教育的大胆尝试。这些研究含有强烈的大中小学一体化创业教育规划的意蕴，也为大中小学创业教育生态模式研究奠定了良好的理论和实践基础。

2. 国外研究现状和趋势

第一，国外创业教育研究十分重视用实证研究证明大中小学创业教育的相关性。1996年，戴维·麦克利兰提出了用儿童的与年龄相适应的（age-appropriate）创业能力预测成年人创业成就的思想。同年，Busenitz和Lau发现，创业者认知过程和认知内容特别是创业者的"图式结构"在创业意向发展中扮演了重要的角色。2004年，Rodermund用实证的方法证明了"个体的成功创业和早期的创业能力、创业兴趣显著相关"。第二，在理论探索上从终身学习的角度阐释大中小学创业教育的连续性。比如，美国创业教育联盟从终身学习的教育理念规划创业教育系统，把创业教育划分为五个依次递进的阶段：基础阶段、能力意识阶段、创造性实践阶段、创业阶段和成长阶段。第三，通过政策和立法手段推动大中小学创业教育的衔接。政策和立法对西方发达国家基础阶段创业教育产生了重要推动作用。目前，美国过半的州已经完成将创业教育纳入K-12阶段教育立法。日本、欧盟各国、澳大利亚、新西兰等也在推动中小学的创业教育。第四，通过课程标准建设和开发课程，中小学创业教育目标内容日益规范清晰。在美国的综合中学中，职业课程是学校三大模块课程之一，课程内容包括普通劳动力市场准备、专门劳动力市场准备、家庭与消费科学教育等课程（徐小洲，2010）。美国政府还制定了创业教育的国家标准，而且大部分州的教育指南和标准中都对中小学创业教育有明确规定（黄兆信，2010）。德国各州教育研究所和一些经济研究机构联手研订了中小学创业教育使用的案例教材资料。日本创业教育的特色则是从小学开始的职场体验活动（新华网，2012年8月31日）。苏格兰则主要通过"渗透式"把创业教育各方面目标融入所有八种课程（张玉新，2012）。第五，中小学创业教育师资的培养和供给的努力方向。美、日、澳大利亚、新西兰、苏格兰等国家和地区中小学创业教育师资的供给途径包括：对中小学领导者和全体职工的培训、引入家长的力量、促进学校—企业—社区的协同，以及大学为中学培养创业师资等途径。但也面临一系列问题与挑战。

二 我国大中小学创业教育衔接问题研究的现状

(一)教育研究上有探讨但仍显不足

早在20世纪90年代,我国创业教育研究者就对中小学创业教育的理论问题进行过探讨,提出了基础教育阶段创业教育的"渗透模式"和"融合模式",以培养学生的创新意识和创新能力,形成健全人格,为培养高素质国民打下基础。然而,随着我国创业教育焦点的转移,创业教育研究者更多关注的是高等教育阶段的创业教育,基础教育阶段创业教育研究成果的比例日益减少。不过,不可否认的是,国外中学阶段的创业教育也引起了国内研究者的兴趣,国内研究者对国外中学创业教育的模式、课程标准的设置、教育政策的研究和介绍也推动了国内中学创业教育的尝试。

在实证研究领域,1996年,戴维·麦克利兰提出用儿童的与年龄相应的(age-appropriate)创业能力预测成年人创业成就的思想。同年,Busenitz和Lau发现,创业者认知过程和认知内容特别是创业者的"图式结构"在创业意向发展中扮演了重要的角色。2004年,Rodermund用实证的方法证明了"个体的成功创业和早期的创业能力、创业兴趣显著相关"。我国学者范巍和王重鸣(2004)等的创业倾向影响因素研究,也证明了创业者个性特质、背景因素和环境因素与其创业行为的相关性。总之,实证研究者所探讨的创业倾向影响因素既涉及人的先天因素(人格特质等),也涉及后天因素(与创业相关的知识、技能和价值观),还涉及条件性因素(个人背景和环境),并证明了这些因素对一个人创业倾向的影响。这些研究无疑为实施个体早期的创业教育提供了实证的决策依据。

但无论是以上所提及的纯理论研究还是实证研究,都还有未竟的任务。那就是,如何把已有的研究成果运用到改进大中小学的创业教育实践中去,建立起大中小学有机衔接的创业教育体系。比如,如何确定大中小学创业教育的层级化目标,以及如何达成这些目标?需要什么样的外部条件和教育方法?等等。

(二) 实践探索上有尝试但步伐过小

1. 我国的创业教育起始于中小学，但以弱势群体教育为特色

20世纪90年代我国创业教育肇始的时候，就在中小学进行过创业教育的尝试，但主要以弱势群体创业教育为特色。教育对象为五个相对贫困县区的农村中小学生（包括辍学儿童、普通中小学生和职业中学学生）[①]。该项创业教育研究首先从成人教育领域展开，然后逐步扩展到职业教育领域和基础教育领域。成人教育领域的创业教育更加突出"谋生"的特点，实行"学习""经营""创收"三位一体的创业教育模式；职业教育领域走职业技术教育和创业教育齐步走的模式；基础教育领域走素质教育和创业教育相融合的模式[②]。"弱势群体创业教育"可以被认为是我国创业教育的一个时代特色，从某种程度上也可以被看作是我国创业教育认识和实践领域的一个派别，2004年河北省曲周县的教育改革实验区也带有类似的特色[③]。

2. 我国高校创业教育从精英走向了大众，但忽视了中小学

随着经济全球化带来的人力资源竞争以及高等教育与社会经济日益密切和直接的联系，更新教育观念、转变教育模式，培养创新、创业型人才成为了大学的重要任务。创业教育由"弱势群体"教育走向了"就业创业群体"教育。在这一阶段，我国大学创业教育在国家政策的引领下蓬勃发展。1999年，团中央推出全国大学生创业计划大赛，从全国高校范围内筛选和培育优秀大学生创业项目。2002年，教育部确定清华大学、北京大学、北京航空航天大学等9所高校为创业教育试点高校。国家在该阶段的创业教育引导策略带有明显的以点代面特色，带有明显的试点性和大赛性，参与对象具有精英化特点。2012年8月，教育部发布《普通本科学校创业教育教学基本要求（试行）》，旨在"推动高等学校创业教育科学化、制度化、规范化建设"，要求全国各高校开设"创业基础"必修课，对全体学生进

---

① 毛家瑞：《从创业教育研究到创业教育工程》，《教育评论》1995年第2期。
② 毛家瑞、彭钢：《"创业教育研究与实验"课题研究报告》，《教育研究》1996年第5期。
③ 张淑清：《关于农村中小学创业教育的思考》，《中国教育学刊》2007年第6期。

行创业知识、创业能力和创业精神教育。这种覆盖全校学生，依托全校资源，以培养学生创造能力和创业能力为目标的创业教育也被称作全校性创业教育。[①] 但这种所谓的全校性创业教育并未涉及基础教育阶段。

3. 中小学创业教育在不断尝试，但未成规模

2008年，浙江省决定在中小学渗透创业教育并与企业界合作在中小学开展创业知识、创业文化教育。另外，上海市的沪东中学和比乐中学是全国最早开设KAB课程的两所中学。2011年，天津五中"十二五"规划市级课题（在普通高中对学生进行创业教育的研究及实践），也开始尝试探索与大学创业教育对接的中学创业教育模式。但是，从我国创业教育的总体发展来看，中小学创业教育仍处于小步子尝试阶段。加之我国中小学创业教育缺乏经验、平台以及政策引导和师资力量，大中小学创业教育的系统性建构仍任重道远。

总之，我国学校创业教育始于中小学，起点高，规模大，积累了丰富实践经验。但可惜的是，后来我国学校创业教育的中心转移到了高等教育领域，中小学的创业教育问题反而被湮没了。其中问题是复杂的，既涉及国人的文化观念，也涉及以我国中小学应试教育为特色的主要现实。但纵观国外，例如，美、日、德、法等学校创业教育做得比较好的国家，学校创业教育都呈现出完整的体系，中小学在国民教育体系中是重要的组成部分。因此，在我国学校创业教育体系中，中小学创业教育的相对式微是一个较大的遗憾。

三 大中小学创业教育衔接存在的问题

（一）理念扭曲：创业教育取向功利化特征明显

1. 创业教育的就业功能和创富功能被放大，素质提升功能被弱化

目前，对于创业教育的理解基本是从就业、财富创造和素质教育

---

① 梅伟惠：《创业人才培养新视域：全校性创业教育理论与实践》，《教育研究》2010年第6期。

三个层面展开的。第一层是职业指导视野中的"创业教育",其着眼点是"以大学生为对象的就业与职业分途教育",旨在解决大学生的就业问题,目的是使大学生"无业者有业、有业者乐业"。第二层是创业型大学组织建设视角的"创业教育",其着眼点为"以大学自身为主体的创业活动",是大学借助研究中心、孵化器、R&D联合体和技术研究中心开展创业活动。第三层是素质构建视域中的"创业教育",着眼点是"为学生设置开拓创新精神的遗传代码"。但是从我国创业教育实践领域来看,创业教育的财富创造功能和就业功能被过度放大,素质教育的功能被弱化。从教育的目标来看,主要是为了培养"小老板",创立"大学生创业公司"。在教育形式上则主要是通过搞活动、上项目、拉赞助来进行。在某些地方,创业教育甚至被搞成了"政绩教育":创业教育评价的内容主要是看创业项目的多少、大学生创业公司的多少、是否有开设创业教育课程等,而对于创业教育开展的实效尚难以评价和控制。在这样一种功利主义创业教育思想的控制下,创业教育很难从"为新一代设置遗传代码"的深度展开,也不能真正培养创业人才。高校创业教育的这种功利化取向与中小学根深蒂固的应试教育遥相呼应,注定了中小学创业教育开展的艰辛。

2. 传统文化根深蒂固,创业教育理念受到挤压

我国传统文化中提倡"安于现状、顺其自然"的中庸思想和"顺从继承、迁就现实"的行为模式以及崇"仕"轻"商"的认知偏向,也阻止了创业教育进入中小学课堂的步伐。创业被认为是一种"激情的犯罪",充满未知和不确定性。创业教育也被认为是单纯的谋生教育。在国人的意识中,让学生考上理想的大学是基础教育的第一要务,也是更好的谋生手段。从当下的公务员热中也可以看出"从仕"比"入商"是一种更好的谋生手段。中国文化传统中理性主义、个人主义、自由主义的缺乏以及父母、官员、社会舆论导向都难以对中小学创业教育贡献足够的正能量。

(二)政策缺位:国家尚未从教育政策上给予统筹规划

首先,中小学创业教育有政策涉及,但未见政策文本。我国最早的创业教育始于中小学,而且是由国家教育行政部门推动的,但是

20多年来国家一直未出台关于中小学创业教育的政策文本。1990年，受联合国教科文组织委托、由国家教委基础教育司劳动技术教育处牵头，在北京、江苏等地开展的创业教育实验，对象为五个相对贫困县区的农村中小学生。实验的成果包括对中小学创业教育规律、运行机制的探索，具体成果体现在课题组1995年出版的创业教育丛书和彭钢的《创业教育学》中。但国家一直未在此基础上出台明确的针对中小学创业教育的政策。此后随着创业教育焦点向高等教育领域的转移，国家出台的一系列创业教育促进文件都指向了高等教育领域。

其次，高等教育创业教育政策对创业教育的引领从"松"到"紧"，但也有不完善的地方。1999年教育部《面向21世纪教育振兴行动计划》是"鼓励"对教师和学生进行创业教育的，并为大学师生的创业行动提供优惠条件。但到2002年国家教育部才开始采取行动，在高校进行创业教育试点、设立创业教育项目、创立高校创新人才培养试验区，"促进"高校创业教育发展。2012年8月，教育部文件则要求所有高校开设创业类必修课程，高校创业教育进入强制性阶段。但是，国家教育行政部门尚未对创业教师的专业化建设、创业课程标准建设、创业教育的评价等问题做出具体的政策指引。

总的来讲，我国没有针对中小学的创业教育出台政策文本，更没有出台对大中小学创业教育进行统筹规划的指导性文件。这与创业教育的本质要求和发展趋势是不相适应的。

（三）内容缺失：中小学创业课程建设尚处于起步阶段

一是中小学创业教育目标不清晰，导致创业教育无"纲"可依、无"标"可达。首要的原因是国家教育行政部门对中小学的创业教育没有明确要求。虽然《国家中长期教育改革和发展规划纲要》（2010—2020年）中提出全面提高普通高中学生综合素质，创造条件开设丰富多彩的选修课，为学生提供更多选择，促进学生全面而有个性地发展，但并没有明确指出并定位中小学创业教育的开展问题。主管中小学的各级教育机构也没有对创业教育目标做出具体要求。在教育研究层面，对中小学校创业教育目标的描述仍停留在"培养创业意识、形成创业能力、养成创业人格"等笼统性的描述上，缺乏对创业教育目标具体化、层次化、操作化、可评价化的描述,缺乏布鲁姆式对创业教育目标的表达,更没有形成大中小学创业教育目标系统。

二是中小学创业教育教材建设滞后,无"本"可用,导致创业教育项目化、大赛化、形式化。创业教育教材缺乏、无"本"可用的问题在高校创业教育领域也存在,但在中小学阶段则更为突出。上海市沪东中学和比乐中学是全国最早的两所开设KAB课程的中学,但是对创业教育项目内容移植的特点还是比较明显的。2004年,曲周县教育实验区在创业教育校本课程的开发方面开发出了"教育与职业""教育与生活""教育与社会""创业教育"等校本课程,但他们的课程主要是针对那些升学希望不大,即将被分流到中等职业学校的学生的。由于教材建设的滞后,中小学创业教育还难以建立起规范化的机制,容易流于表面和形式化。

(四)师资匮乏:尚无培养大中小学创业教育师资的机制平台

"教师的职业需要极高的专门性",但我国创业教育师资的专业化问题还没有受到应有的关注。创业课教师的来源性质基本属于拼凑型、应急型和自发型。比如,我国高校创业课教师具体来源类型可以分为学院型、兴趣型和公益型三类,他们的来源复杂,知识结构差别大,职业发展目标迥异[1]。学院型有扎实的工商管理专业知识,但是缺乏实践经验的磨炼,甚至缺乏必要的教育学心理学知识储备。企业型有创业的实践经历,但是相对缺乏系统的创业理论知识,并且严重缺乏教育学的背景。兴趣型的教师仅具备了成为创业课教师的"意向"而已。在中小学,由于创业教育尚未受到足够重视,创业教育尚未融入主流教育体系,中小学创业教师的专业培养问题甚至未进入教育议程。

目前,我国创业课教师队伍建设面临的具体问题包括:第一,尚未开设创业课教师培养的专业以及开发相关的课程,尚未开始对未来的创业课教师进行宽广而又系统的专业知识训练。第二,还没有建立创业课教师的考试和评价制度,没有建立创业课教师的行业准入制度

---

[1] 柴旭东:《论高校创业教育教师队伍建设》,《大学》(学术版)2010年第4期。

第五章 我国学校创业教育的制度建设逻辑：大中小学衔接

以及相应的资格认证制度。第三，没有建立规范的创业课教师可持续发展的培训机制，对其进行职前和职后的一体化培训。第四，没有成立创业课教师专业发展的学术共同体（包括专业发展委员会、学术研究机构、专业期刊等）。

四 我国大中小学创业教育衔接问题的对策

结合我国大中小学创业教育实际，解决我国大中小学创业教育衔接问题应从四个层面展开：

（一）厘清教育理念，重视创业教育的素质教育功能

1. 要克服创业教育实践中的功利化取向，纠正放大创业教育的就业创富功能、弱化素质提升功能的倾向

素质构建视域中的创业教育是一种面向全体的创业教育，其目的是培养所有学生开拓创新的品质，"为新一代设定创业遗传代码"。这就要求创业教育要着重培养学生的可迁移性创业能力，将工作相关的能力纳入课程教学之中，并把创业作为一种思维模式和行为模式渗透到生活的各个领域。创造教育、创新教育和创业教育是相提并论的，三者是互相统一、互为表里、相互促进的统一整体。从体制的角度看，创业教育推动了教育从"守成教育"向"创业教育"模式的转变，"创业教育"不仅仅是为了培养创业人才，更是希望学生学会如何主动地获取新知、创造新知。因此，创业教育是创新教育的一种发展，是大创新教育观的重要组成部分[1]。创业教育涉及学生知识结构的调整、思维和行事风格的改变、决策风格的形成、信息整合能力和实践管理能力的培养、抗压心理的形成等。因此，在创业教育的概念结构上，素质教育为"里"，就业教育和财富创造教育为"表"。

2. 要加强宣传教育，提高相关教师和教育管理者的理念水平

我国中小学创业教育发展滞后的一个重要原因，是相关教育管理部门，特别是中小学教育工作者对世界范围内创业教育发展的趋势和背后的理念缺乏深入了解，没有从教育改革的高度认识创业教育的作

---

[1] 肖云龙：《创新教育论》，中南大学出版社2000年版，第418—420页。

用。甚至有相当一部分教育相关人员缺乏了解创业教育的基本概念，认为创业教育与中小学无关，是大学的任务。为了克服这种认识上的偏差，以及克服中国传统文化对创业教育的不利影响，就必须进行必要的宣传，对相关人员（包括学校、家庭和社区相关人员）进行系统的培训，克服创业教育理念实现过程中的各类认知障碍。

（二）制定相关政策，对创业教育衔接进行政策规划

1. 出台专门化、针对性政策

国家教育行政部门要出台专门的创业教育政策，对中小学创业教育做出明确规定，对大中小学创业教育衔接做出明确指引，同时尽快摆脱创业教育的隐形性和边缘性特点。我国以往关于中小学创业教育的政策文件几乎没有，如果有的话也只是隐含性的。关于高校的创业教育相关纲领、意见和方案也多是在就业政策里面附带的，或者是在教育行政领导的讲话稿中附带的。这种创业教育政策独立型缺失和大中小学创业教育政策缺位的现象应尽快改观。

2. 各级责任主体要协同运作

在学校创业教育政策的制定主体上，国家教育行政部门、各级教育行政部门以及学校教育管理部门要统一行动，各司其职。国家教育行政部门的纲领性文件，最终要通过地方和学校教育行政部门的细化得到落实。目前，由于国家层面的创业教育政策的模糊性和不完善性，地方性的创业教育政策文本则更为稀缺，学校层面在制定关于创业教育的规章制度方面也不够积极。为了解决这个问题，地方要结合本地区的具体情况，制定本地区大中小学创业教育衔接的策略，出台相关引导性，甚至是强制性文件。各级各类学校则要负责制订具体的行动计划和教学方案，以及相关的管理措施，真正把创业教育融入专业教育和文化素质教育中。

3. 要完善创业政策教育的内容体系

完整的创业教育政策内容体系应当包括创业教学政策、创业实践政策和创业管理政策。在创业教育的教学政策上，要对创业教育在大中小学教育中的地位和要求做出明确规定，具体要求包括创业教育的性质、教学目标的制定、课程的开发和使用、课时数、评价方式等。

第五章 我国学校创业教育的制度建设逻辑：大中小学衔接

在创业教育的实践政策上，要对大中小学创业活动实践类型、实践定位、实践平台建设和实践效果的评估做出明确的要求。在创业教育管理政策上，要对各级各类学校的创业教育领导机构、研究管理机构、教学机构、支持组织、基地管理、研究交流等方面做出硬性规定。

（三）厘定目标体系，探寻达成教育目标的有效途径

在教学实践层面上，推动大中小学创业教育衔接的最关键途径是制定层级化创业教育目标体系，以及探索达成这些目标的有效途径。首先，我们可以根据加涅关于学习的分类理论区分出哪些是可教的创业素质，哪些是难教的创业素质，以及哪些是不可教的创业素质。加涅把人的素质划分为先天的素质、发展中形成的素质和习得的素质。在创业教育中，我们可以把先天的素质理解为一个人的创业特质，把发展中形成的素质理解为一个人的性格特征。这是两个重要的创业倾向影响因素，但却是不可教的或者是难以教的，我们只能尽量去影响它们。关于创业教学目标的制定应指向可教的素质领域，包括创业基础知识、基本概念的理解、创业思维、创业技能和创业态度五个领域。其次，我们可以根据布鲁姆的目标分类理论，把以上可教的五种素质归结为三大领域：知识领域、技能领域、态度领域，然后对每一个领域的目标做出若干层次的划分，并对达成这些目标的行为表现做出具体描述。通过以上途径，我们就可以制定出大中小学互相区别又互相联系的层次性目标体系，而且这些目标都是具体可测的。

为了达成这些目标，首先是要开发出适合各类大中小学的创业课程，其次是要把握大中小学创业教育的不同策略。创业教育课程应该是依据上述层次化的教学目标开发的。在目标达成策略上，小学阶段创业教育应以"启蒙与体验"为主旋律。旨在让儿童形成适当的自我概念，初步认识自己周边的环境，对理财、金融、投资、营销、商务等方面的知识获得初步的认知，培养初步的自我管理技能，使儿童从小形成创业的抱负、气魄和胸怀。中等教育阶段的创业教育的主旋律是创业"设计与尝试"，其着眼点是使学生掌握较为完备系统的创业知识，形成创业的初步能力，并经历初步的创业体验（开办商店、

工厂实习等）。如果说中小学创业教育主要是一种创业准备教育，大学和研究生阶段的学生则需要对自己的职业生涯进行更为明确的规划，并决定是否进行真实的创业活动。因此，实践和实战应是高等教育阶段创业教育的核心特征。同时，要对大学的类型进行详细的区分，进行分类指导。

（四）建立相关制度，促进大中小学创业教师专业发展

应建立的相关制度包括：第一，应建立和完善大中小学创业教师专业培养的相关制度，开设创业教师培养的专业以及开发相关的课程。第二，建立创业教师的行业准入制度以及相应的资格认证制度。第三，建立规范的创业教师可持续发展的培训机制，完善职前与职后的一体化培训体系。第四，成立创业教师专业发展的学术共同体。

创业教师的专业素质发展包括三部分内容：宽广的现代文化知识基础、系统的创业相关学科知识和教育学心理学知识。创业教师首先应能够拥有和整理足够的经济社会信息，并能够敏锐地捕捉和整理这些信息，从中发现经济走势和创业机会。系统的创业相关学科知识是指与创业活动密切相关的经济学、工商管理学、金融、税收、创业流程和技巧以及相关的法律法规知识。创业教师最好是工商管理相关专业的毕业生。教育学（创业教育学）和心理学知识是创业教师必备的条件性知识。创业教育学可以帮助教师更新教育理念以及具备相关的教育教学技能。创业教师的素质结构还要从另一个维度来考虑，那就是理论知识和实践性知识的关系。创业教师最好是创过业的教师，具有创业相关的实践性知识。

创业教师的专业化标准建设包括专业标准的制定、专业化的指标体系和专业化的创业教师准入制度。标准建设应当从创业教师的创业学相关专业知识、教育学心理学知识和创业实践经历三方面来评定。创业教师必须修完一定的创业学相关课程，达到相当的创业教育学心理学理论修养并经历一定期限的创业经历。创业教师专业化的路径包括创业教师教育的专业化和创业教师的专业化。学院型的创业教师应加强教育学、心理学的素养；兴趣型的创业教师要加强创业学专业知

识和创业教育理论修养；最后要鼓励和争取社会企业家、各类创业者通过创业教师资格认证，走专业化和半专业化教师的发展路子。在制度建设上，还应吸收国外发达国家经验，为培养创业教师设置专门的创业教育学学位，设置专门的创业教师职位，并给予配套的薪酬激励政策和职业发展政策。

首先，从我国学校创业教育发展的历史看，尚缺乏对大中小学创业教育从政策上进行统筹规划，导致我国创业教育，尤其是中小学创业教育在课程建设和师资培养等方面发展滞后。这是我国学校创业教育生态体系构建最为迫切的问题。其次，构建大中小学一体化创业教育生态模式要着力解决三方面问题：通过顶层设计改变创业类课程在大中小学课程体系中缺失、非主流、边缘化等问题；通过教师专业发展改变创业教师应急、拼凑等非专业化问题；通过制度建设改变创业教学活动随意、任意等非规范性的问题。再次，构建大中小学一体化创业教育生态模式的着力点在于做好大中小学创业教育的对接、协同与创新。其中最核心的是教学目标的衔接，包括课程标准的衔接、课程模块设置的衔接、具体创业教育目标的分类和序列化，以及教学方法和策略的衔接。师资供给的衔接包括大中小学创业教师的序列化、专业化培养及各种与之相关的教师专业发展制度的对接。在政策保障上，要做好教学政策、实践政策和管理政策的衔接，这不仅要做到不同政策生产主体之间的协同，还要做到政策生产和政策效果评价两个环节的对接。

第二节 大中小学一体化创业教育生态系统中的大学创业教育发展思路

虽然大中小学一体化创业教育生态体系的构建是我国未来创业教育的发展方向，但大创业教育成功与否最终体现在大学的创业教育。对于大学而言，创业教育不仅仅是就业教育，不仅仅是大学教育的延伸，也不是创建创业型大学时代被人们喧嚣喊出的命题；创业教育是大学教育应有之意，是现代大学精神的体现，是实现大学教育的理想、实现人的价值的必然选择。大学创业教育的改革与发展的方向是创建科学合理的培养目标体系,国际化、本土化与地方化相融合的创业课程设置模式,创建体验式教学实践基地等。

一 大学在创业教育生态体系中的定位

(一)概念的界定:理解大学阶段的创业教育

广义的创业指创立基业,开创事业,开拓事业,开拓业绩之意,其内涵体现了开办和首创的困难与艰辛,体现了过程的开拓性和创新性,体现了在前人已有的成就和业绩的基础上有新的成果和贡献。狭义的创业即开办企业。因此,大学的创业教育也至少有两层含义,一种是帮助学生开办企业的教育,即 SYB 教育;一种是培养学生创业素质的教育,即 KAB 教育。如果放在大中小学一体化创业教育生态系统构建的视野中看,大学教育应当是 SYB 教育,KAB 教育在中小学教育阶段已经完成。但是态度类的教育(创业精神教育)是一个不断培养的过程,在大学的 SYB 教育阶段,仍然要进行创业精神教育。另一方面,让所有大学生开办企业也是不现实的,面向所有大学生的教育也可以是一种创业体验教育,甚至职业体验教育。因此,若说中小学创业教育是以 KAB 为主,SYB 为辅的话,大学阶段的创业教育刚好反过来,以 SYB 为主要教育目标,但 KAB 教育仍然是大学创业教育最基本的形式。

另外,就是从三本护照的角度理解大学创业教育的概念。近现代的教育哲学告诉我们,要让学生"学会生存",也就是说,学生仅仅能够顺利大学毕业拿到学术性教育护照是不够的,学生还应当获得第二本教育护照,即反映其职业能力的职业性"教育护照"。柯林·博尔则提出了 21 世纪新的教育哲学观念,认为未来的人还应该具有第三本"教育护照",即证明其事业心和开拓技能的创业性"教育护照"[1]。关于这一素质的基本内涵,包括培养学生多个层次的能力,包括学生与创业创新有关的思维、规划、合作、交流、组织、解决问

---

[1] 纪秩尚:《创业素质教育与第三种学业证书》,《教育科学研究》1992 年第 3 期。

题等方面的能力，也包括学生对自身优势和弱点的判断、与群体合作共事、规划时间的能力，以及解决问题，调解冲突，应付压力和紧张局势等方面的能力，还包括语言或非语言的交流技能等。因此，大学阶段的创业教育涉及非常宽泛的领域，以人的素质养成为基础，具体的创业行为只是创业教育的一种表现形式。

（二）意义的追寻：创业精神与大学精神的耦合

创业精神与始于文艺复兴的资本主义精神是一致的，携带着资本主义精神的文化基因。现代大学精神的形成脱胎于资本主义的理想和追求：独立、自由、开创、开拓。因此，创业精神从逻辑上来讲就是现代大学精神的组成部分，创业教育是当代大学精神的本质诉求。另外，大学精神是大学自身存在和发展中形成的具有独特气质的精神形式的文明成果，它是科学精神的时代标志和具体凝聚，也是整个人类社会文明的高级形式。大学精神的本质特征包括：创造精神、批判精神、社会关怀精神等，大学精神本质的规定性与创业精神的本质规定性也是十分接近的。尤其是在人类面临知识经济的机遇和挑战时，在高校进行卓有成效的创业教育不仅是高等教育自身发展的需要，同时也是社会进步的需要、学生个体发展的需要。

众多发达国家都是从战略高度定位创业教育的。美国最早进行创业教育的百步森商学院强调创业教育应当着眼于为美国的大学生设定"创业遗传代码"，以造就最具革命性的创业一代。英国高校把创业教育定位为一项长远的教育方式，它不仅仅是急功近利地要开展创办企业的教育，对学生而言，它更是一种创业精神和创业意识的培养。日本以大阪商业大学为例，其创业教育的理念非常明确：即"培养富有创业精神的创新型人才"，尤其注重培养学生发现问题、解决问题的能力。新加坡高校将培养出一大批能够和国际接轨的、具有创业精神和创新能力的新型人才作为教育目标。德国人将高校作为"创业者的熔炉"，重点培育大学生创业精神、独立精神。韩国的大学流传着这样一种观念：大学是预备企业，"大学生是预备企业家"。国外发达国家的实践反复证明，当代大学精神与创业精神是耦合的。

二 对比视角的我国大学创业教育现状简析

（一）国外高校创业教育发展的启示

1. 国外高校创业教育的总体状况

从实践上来讲，国外的高校在创业教育上已经走了相当长一段路：形成了系统性、开放性、针对性的创业教育课程体系，组建了稳定的、强调实践经验的教师队伍，探索出了注重实践体验的教学方法。例如，在英国高校的创业教育课程体系里，不仅有"关于创业的课程"，也有"为创业的课程"，且对创业教育的"师资配备""教学方法""评价方式"都有明确的规定（见表1）。

表1　　　　英国创业教育的课程、教学、师资与评价

项　　目	关于创业的课程	为创业的课程
师资配备	全职教师占93%，61%的教师有过商业管理经验，36%的教师有过创业经历	21%的兼职教师，98%的教师有过实业管理经验，70%的教师曾经创立过自己的企业
教学方法	讲授教材、设置情境、个人论文	小组教学、案例研究、客座演讲、小组项目、小组商业计划
评价方式	一般是书面考试	重视学生演讲和沟通技能的考核、班级参与评价

另外，从世界大学发展轨迹来看，在世界知名大学创建创业型大学的大背景下，创业教育的理论基础和实践经验都在不断地积累和丰富。强调学术资本主义固然是创业型大学的显著特征，但注重创新型人才培养更是创业型大学面对社会需求而做出的创业型回应之一。在"知识型大学—研究型大学—创业型大学"的世界大学变革发展道路上，世界知名大学正在建设"创业型大学"的道路上昂首阔步。在MIT、斯坦福等成功案例的影响下，也作为回应，我国有实力的高校也在创办高校工业园区和各种孵化基地。但这种回应显然是"精英大学"的事情，是拥有雄厚科研实力的研究型大学的事情，并不具有广

第五章 我国学校创业教育的制度建设逻辑：大中小学衔接

泛代表性。这种回应也不能完全表达高等学校"创业教育"的全部含义，但创业型大学的发展却为高校创业教育树立了典范。

值得注意的是，西方高校的创业教育并不是精英化的，而是精英化创业教育和大众化创业教育并行发展，而且是互相辐射和促进。例如，美国的哈佛大学就是精英化创业教育的典范。哈佛大学只选取那些有创业特质（通过特别的心理测评）的学生，以培养未来的企业家，哈佛大学商学院也是封闭的，不对其他院系的学生开放。而百步森商学院则一开始就面向所有学生，为所有学生提供合适的创业教育，成为美国高校大众化创业教育的旗帜。但美国高校创业教育还有另外一个发展趋势，那就是越来越多的大学商学院，开始对其他学院开放，通过这种形式，实现了大学创业教育的大众化发展。但由于商学院师资力量有限，大学创业教育呈现出了一种新的发展趋势，大学商学院开始帮助其他院系培养创业师资。总的看来，美国高校创业教育发展的趋势是明确的，那就是向大众化、普及化发展，但依然保留了精英化创业教育的领地，由此形成了一个"多元"、"分层"、形式多样、优势互补的高校创业教育生态体系。

另外，西方发达国家高校的创业教育都有中小学创业教育作为基础，例如，美国、德国、日本等国中小学创业教育已经制度化、经常化。在德国高质量的职业教育有悠久的历史传统，在普通中小学也融入了创业教育的内容，而且建立了经常化、制度化的校企合作交流制度。在美国，90%以上的中学为综合中学，综合中学的三大课程模块之一就是职业类课程。正是由于中小学创业教育的铺垫，美国等发达国家高等学校创业教育总体起点高。加上自由资本主义精神的影响和灵活的学校管理制度，高校创业教育形式多样、贴近实践、质量较高。

2. 国外高校创业教育课程设置的特点

其一，课程是高校开展创业教育的重要依托，也是创业教育规范化的重要指标。以美国高校为例，大学的创业教育课程主要通过通识课程、专业课程和共同课程来体现。美国高等教育的通识课程体现了美国高校的育人理想，在美国高校的通识教育目标清单中，既包括基础知识和基本技能，也包括全球化、宗教、公民教育等目标，体现了高等教育的核心价值观。在通识教育部分融入创业教育的理想体现了美国教育对学校创业教育的态度，那就是培育国民的"创业基因"，以支撑一个充满创新活力的经济体。其二，促进创业类课程和专业课程互相融合。由于创业教育培养的东西体现为一种可迁移的能力，因此创业教育具有非常宽阔的适应性。在大学的专业教育方面，经济学、管理学、商业学科等与创业教育本身存在密切联系。但历史与文学也可以和创业教育结合起来，例如，分析一些历史事件中的商业案例，文学作品中的创业人物，等等。而医学、护理学也可以与医疗行业的商业经营问题结合起来。当然，学校创业教育不能仅仅局限于课堂，而应该走入广阔的实践领域，第二课堂恰好可以在这个领域发挥作用。美国的一些大学因此设立了专门的办公室和工作室，让学生创业者能够得到创业信息和找到合作伙伴。很多学校都为学生创业者联系了创业园，或设立学生原创的产业项目。英国的剑桥大学也非常重视课外课程在高等学校创业教育中的作用。

（二）我国高校创业教育发展的现状与问题

虽然我国《国家中长期教育改革和发展规划纲要》中明确提出高等教育要"推进创业教育"，指出在高校开展创业教育鼓励大学生自主创业不仅是解决大学毕业生就业问题的一个重要手段，更是深化高等教育改革的重要途径，但是我国创业教育研究仍旧处于起步阶段，存在着许多迫切需要解决的问题。

1. 我国高校创业教育缺乏必要的理论指导，创业教师群体研究能力薄弱，理论素养较低

（1）我国学校创业教育的开端从一定程度上看是外部输入的、项目式的创业教育，缺乏必要的理论准备

西方学校的创业教育兴起于管理学和经济学学科发展的影响，并从中汲取了丰富的营养。学校创业教育也经历了一个相对自然的演化过程。主要原因是以欧美为代表的大学奉行实用主义的教育理念，教育与社会，学校与企业结合相对紧密，大学的创业教育一直在慢慢经受社会需求的型塑，学校与社会融为一体，学校边界较为模糊，学科

第五章 我国学校创业教育的制度建设逻辑：大中小学衔接

边界也不明显。因此有关高校教学的文化理论本身与学生的创业行为是并行不悖的。而在我国，由于历史的原因，大学作为象牙塔的痕迹较为明显，大学与社会相对隔离，大学教育具有更明显的分科特征，教育理论也体现为典型的"学术化"理论，职业和就业一直就不是主流教育理论关注的焦点。因此，在我国创业教育近30年的发展过程中，创业教育体现为自上而下的政策推动和自下而上的实践推动互相交织的态势，唯独在理论推动方面较为薄弱。不能不说这与我国创业教育在整个高校学科规划中的地位有关。另外，造成上述现象的原因也与创业师资的来源和创业教育具体实施方式有关。我国高校的创业师资主要并不是大学的主流师资，而是政工人员、就业管理行政人员等，他们的工作性质并不指向任何的理论探究与构建。他们要么是基于兴趣和热情，要么是被指派以创业课教学的任务，他们不可能是创业教育理论的有效生产者，也不可能是很好的基于理论研究的教育实践者。其结果就是高校创业教育理论依据的贫瘠，以及高校教师创业教育理论素养的贫瘠，制约了我国高校创业教育向着"根深叶茂"方向的顺利发展。即便是在当前的条件下，创业教育的理论也难以与主流的教育理论深度融合，"创业教育学"发展的迟缓就说明了这一点。

（2）由于缺乏理论推动，"创业教育学"学科发展滞后

任何一门学科的发展都需要相应的"学科教育学"作为理论支撑。但创业教育要么求助于创业管理的理论，要么求助于经济学理论，要么求助于心理学理论，等等。总之，由于创业教育是一个综合交叉性学科，与许多学科都有关联，理论来源不可谓不丰富，但正是指导学校创业教育理论来源的多样化，使得创业教育看似有丰富的理论依据，实则又无理论可依。"创业教育学"的缺乏使得领域内对创业教育的历史经验总结不足，对创业教育的基本理论、教学方法、实践模式、实施路径等问题探索不足，导致绝大多数高校创业指导人员对创业教育学科发展历史、创业教育研究内容、研究方法及其研究趋势等方面认识不足。甚至到目前为止，我国有关学校创业教育的理论和实践都仍然处于摸索阶段，因而使我国学校创业教育活动缺乏系统

· 99 ·

理论的规制，使得学校创业教育活动随意而漂浮。国内也缺乏专门的创业教育类研究学术期刊，缺乏创业教育理论争鸣的专门化平台，而相比之下，美国就至少有44种与创业相关的学术期刊。另外，国内更缺乏关于创业教育效果的实证研究，使得我国高校创业教育缺乏必要的数据支撑。最后，从我国高校创业教育队伍构成来看，缺乏专业化的培养。除了商科类学院专业的师资力量之外，从事创业教育的主要是"兴趣型"教师或者"任务型"教师。缺乏专业基础的兴趣型教师和被动从事创业教育的教师不仅难以承担创业教育理论研究的任务，而且本身缺乏必要的理论素养，也是我国高校的创业教育停留在项目式、漂浮式、经验式水平上的重要原因。

2. 我国高校创业教育时间历程较短，具体操作碎片化特征较为明显，体系化建设不足

（1）我国高校创业教育发展历程的简要描述

在创业教育实践上，我国高校开展创业教育的历程还很短暂，如果以1997年的清华大学创业计划大赛作为我国高校实施创业教育的萌芽，那么创业教育在我国高校仅开展了十几年。1998年，清华大学率先为MBA开设了"创新与创业管理方向"，开设了"创业管理""创业投资""新产品开发""项目管理""企业家精神与创新"等8门课程；同时，还为全校本科生开设了"高新技术创业管理"课。1999年教育部在"面向二十一世纪教育振兴行动计划"中提出要加强对教师与学生的创业教育，此时，创业教育在中国才开始正式起步。2002年初，教育部确定中国人民大学、清华大学、北京航空航天大学、黑龙江大学、上海交通大学、南京大学、南京经济学院、武汉大学、西安交通大学9所高等院校为创业教育试点学校。2003年下半年，教育部举办了第一期创业教育骨干教师培训，全国100多所高校的200名教师参加了培训。后来，一些国内著名的高校也陆续开设了创业方面的课程，并相继成立了大学生创业教育与指导中心等机构，建立了相关网站。2005年，上海在全国第一个设立了面向大学生创业的基金，每年投入资金总量约为1亿元，并在复旦大学、上海交通大学、上海理工大学等9所大学设立了分基金会。两年多来，该

基金已支持230多个大学生创业项目。

（2）我国高校创业教育发展的基本特点

我国高校创业教育的发端，包括在后来十几年的发展历程中，"项目制"特色比较明显，缺乏系统的课程规划。高校创业教育是在20世纪90年代后期，在国家政策驱动下主要以"创业大赛"的形式开始的。虽然1998年清华大学率先为MBA开设了"创新与创业管理方向"，开设了"创业管理""创业投资"，但开课对象具有特殊性。而以"挑战杯"创业计划大赛等形式展开的创业项目，主要是以实践体验课程开始的。参加大赛的学生团队可能来自于各个院系，优势互补，形成有竞争力的团队，但是团队成员中除了商科背景的学生外，大都没有受过系统的创业理论训练。在创业大赛的筹备过程中，他们直接上手（做中学）。甚至有的创业团队根本没有前期创业基础，整个参赛项目就是从创业灵感（idea）到创业计划书（plan），然后拿创业计划书去参赛。当然，创业大赛等项目制运作形式有利于树立典型，以点带面，促进高校创业教育发展的全局，但项目制的创业训练形式负面作用一直影响至今。高校创业教育仍然呈现出典型的碎片化特点，只不过现在各类创业训练项目层出不穷，有星火燎原之势，但高校创业基础课程建设仍然相对薄弱，缺乏优秀的课程开发人员，缺乏经验丰富的行动研究者。

（3）我国高校创业教育课程发展的现状

当前，就国家层面有影响力的创业计划项目而言，共青团中央牵头组织的"挑战杯"创业计划大赛仍是其中之一，随后又推出了"科技作品大赛"，进而使大学生科技创新和创业行动结合起来。这些与国家近年来政策推动的"大学生创新创业训练计划项目"，共同构成了我国高校创业教育的重要支柱，构成了我国高校创业教育的基本蓝图。但从高校创业教育课程建设和教学方面看，也存在诸多隐忧。首先，原有的双创项目仍然是项目制的，创业活动随项目开始，也随项目的终结而结束。近些年由教育行政部门推动的"大学生创新创业训练计划项目"虽然由大学教务部门来推动，过程中也存在着明显的项目制痕迹，大创项目仍然没有很好与专业课程融合。其次，在一些学校的具体操作中，创业课由就业指导部门负责，大创项目由教务部门负责，部门的分割导致两者不能协调，甚至在课程安排上部门负责人之间不能有效沟通，还需要教师自己去协调。创业教育的课程改革项目不能得到与高等教育改革项目同等地位，创业课教师在教师职称评聘过程中处于不利地位。

总的来讲，我国高校创业教育的研究、学科建设、专业发展需要多层面的支持和协调。从顶层设计来看，创业教育需要国家的规划、政府的支持和社会力量的援助；从中观的层次来看，需要学校层面的努力和协调：包括开拓创业基地，引进有实践经验的师资（杰出企业家校友等），从大的框架上对创业教育学科建设进行设计等等；从微观的角度来看，则要搞好创业教育的理论研究、校本课程的设计和实践教学，力求教学的实践体验性、吸引力。但上述方面的发展现状不能令人满意，需要加以重视并尽快解决。

三　我国大学创业教育的改革与发展展望

（一）目标厘定：创建科学合理的培养目标体系

1. 将创业教育目标深度融入专业课程体系

目前，国内很多高校创业类课程目标自成体系，有利于核心专业课程培养目标体系，而不利于创业教育的健康发展。因此首要的任务是将两者统一规划，重塑大学专业课程目标体系，比如，围绕专业核心课程体系，开设项目研发与设计训练的专业必修课程，开展基于专业的创新创业实践[1]。也可以围绕专业课程体系，开设交叉学科选修课程[2]，将经济学、管理学的基础知识教学纳入学校通识教育的课程体系之中。同时在教学方法方面进行必要的引导，引导学生通过交叉学科知识进行创新性思维，生产出基于学科专业的创新创业点子。为了保证教学目标的实现，应该彻底改变传统的以知识传授为主要特征

---

[1] 刘艳、闫国栋、孟威等：《创新创业教育与专业教育的深度融合》，《中国大学教学》2014年第11期。

[2] 同上。

第五章 我国学校创业教育的制度建设逻辑：大中小学衔接

的教学模式，而是以知识检索、分析、评判为主要教学形式。事实上，任何的创新创业活动都是基于专业的，经济学管理学可能直接指向学生的创新创业活动，但纯粹的经济学管理学知识并不必然导致良好的创业创意。例如经济学管理学和人文历史学科的结合会产生很好的文化创意项目，而文化消费正是人们解决温饱问题之后最可能的消费领域。根据目前的调查数据，人文历史学科学生的创业意愿相对较低，说明学生的认识有待转变，高校的创业教育应当在这方面加强。总之，创新创业教育与专业教育的深度融合是高校未来创业教育的发展方向，创业教育目标与专业教育目标的结合不仅能给传统的专业教育带来变革和质的飞跃，也能使创新创业教育落到实处，培养学生的基本创业素质，而且很可能由此培养为数众多杰出的大学生创业者，培育一大批有竞争力的科技创业型公司。

2. 构建灵活合理的高校创业教育目标体系

（1）构建全面完整的高校创业教育目标体系

创业教育的目标体系必须符合全面性、整体性原则，才能全面提高受教育者的创业基本素质。布鲁姆把教学目标分为知识、技能和态度三大领域，这种分法尤其适合学校创业教育。因为在创业教育中知识的目标虽然重要，但是最基础的，也是最低层次的目标，创业的技能目标和态度目标才是创业教育的中心。因此，高校创业教育目标的厘定既要有基础知识和基本技能目标，更要重视态度目标和实践体验目标，只重视知识和只重视项目体验都是不可取的。而当前高校创业教育的问题恰恰出在这里，由于各种局限性因素（师资力量、场所资源等），高校的创业教育要么停留在知识的目标层面上，要么只抓创业项目实践，缺乏系统规划和实践方案。

（2）制定相对灵活而又客观的高校创业教育目标

首先，为适应受教育者的学习和发展，目标体系的设计和构建应具有一定程度的弹性，要能及时根据形势的变化做出相应的调整，并根据受教育者的特点进行灵活的处理，形成因地制宜、因需而变、因材施教的快速调整机制。其次，根据一般的教育学理论，教学目标不是完全客观的，主观目标也是教学的重要目标。但从教学质量控制与评价的角度看,创业教育目标的制定也要追求客观性,这至少有两方面的好处:首先,对于受教育者的学习掌握来说,目标设计越明确具体,也就越容易把握。其次,只有切实可行的目标,才是可观察、可测量、可操作的,才能贯彻到创业教育的实践中去。在这一点上,还是要恰当吸收行为主义学习理论的主张,以便于对高校创业教育质量进行合理控制。

(3)高校创业教育总体目标体系的基本构架

创业教育的总体目标是"培养受教育者的创业基本素质和开创型个性特征"。创业教育的培养目标可分解为认识领域、情感领域和技能领域三类具体目标。认知领域的具体目标是:领会、理解和把握有关创业知识,综合运用所学创业知识处理创业实际问题,通过求异思维、多向思维提出独到见解,力争能有新的突破和创新。情感领域的具体目标是:认真、积极参加创业教育的学习活动,认识创业意识与创业心理品质的价值意义,完善创业素质以实现自我价值,在创业实践中对独立开展工作充满信心,不怕困难和挫折,善于与他人交往和合作,以坚定的信念和社会责任感来规划自己的未来。技能领域的目标则是创业过程中的各种目标管理技能,包括财务管理技能、信息管理技能、团队管理技能以及项目管理技能等。技能的掌握与知识的掌握不同,不能通过理解和记忆获得,技能的掌握必须通过实践锻炼。当然,三类技能的获得不是相互孤立的,而是互相联系和互相促进的,在创业教育目标体系的总体规划中要统一规划、合理配置。

(二)课程设置:国际化、本土化与地方化相融合

从目前我国高校创业教育课程的设置来看,主要存在以下问题:没有关于创业能力培养课程的设置;缺乏中国创业环境背景下创业能力培养的研究和教材;一些高校虽开设了相关的选修课,但仅仅是孤立的课程而已,创业教育课程同其他课程之间的逻辑性以及创业教育课程内部的逻辑性问题都有待于进一步理清和完善;当前创业教育尚无明确的教育目标和学科内容。当前我国很多高校把大学生的创业教育和创业大赛混同起来,导致了创业教育极强的精英化痕迹,它只关注到了少部分人的骄人业绩,而大多数学生只是袖手旁观的"看

客"。事实上，我国高校实施的创业教育覆盖面太窄，在相当程度上还只是存在于"正规教育"之外的"业余教育"，还没有融入学校正式的教学课程体系中去，与学科和专业教育缺乏有机联系和结合，这也在很大程度上影响和制约了我国大学生创业的广度和深度。我国高校创业教育课程设置的未来方向包括下列方面：

1. 构建完善的高校创业教育课程模块

从课程设置模块来看，整个课程知识体系分为三个模块：创业精神、创业基础知识、创业实践三个模块。大板块的逻辑关系为创业精神催生出不懈的和良性的创业动力，创业知识是顺利开展创业活动的基础，创业实践是在创业精神与创业知识的基础上对创业过程的设计与模拟。创业精神是学生进行创业实践的灵魂和支柱。通过创业哲学、创业伦理学与创业心理学的系统学习，培养学生的辩证思维能力，自信、自主、自立、自强的企业家精神与良好的道德情操。创业知识使学生通过创业管理学、创业法学、创业财务、市场营销等的学习，掌握创立企业、合法经营、培育企业的创业文化和企业如何应对社会环境与市场需求变化的各种基本知识。"创业实践"是学生由理论到实践的中间环节，通过针对性、操作性极强的创业设计、案例教学与企业运营的实践来培养学生解决具体问题的能力。

2. 在各个模块课程教学中体现国际化、本土化与地方化相融合的策略

高校创业教育首先要有国际视野，培养有国际视野和相应素质的未来创业人才。在经济全球化、人类命运共同体深入发展的背景下，创业人才要熟悉国际商业游戏规则，也要熟悉隐藏于商业游戏规则背后的多元文化。因此，国际化的创业课程不仅包含国际法、国际贸易等方面的基础知识，也应当融入多元文化教育，增强学生国际贸易知识的同时，提升学生跨文化理解能力。其次，高校创业教育课程要立足于本土，创办本土的企业，打造本土企业的核心竞争力。而且创业教育本身是需要实践体验的，这也只能通过本土化的创业教育课程来实现。而对于中国高等教育的使命来说，还承担着发展地方经济、农村经济的重任，因此在创业教育中融入地方性知识也非常必要。地方

性知识使学生能够理解地方文化,在创业过程中依靠地方性文化、发展地方性文化。就企业发展来看,地方性文化也是企业的根之所在、魂之所系。国内的水业巨头之一农夫山泉和国际知名品牌可口可乐等商业无不在诠释这一点。创业企业的发展不仅是企业的壮大,更是企业文化的壮大,而企业文化无不源自于它扎根其上的地方性文化。

(三)基地建设:开拓体验式教学实践基地,探索创业教育实践的途径和方法

1. 我国高校体验式教学实习基地建设的成绩和问题

首先需要肯定的是,当前我国部分创业教育开展得比较早的高校已经创办了灵活多样的大学生创业实践基地:一些高校依托当地的科技园区,采用校企联合的方式,为学生创业体验拓展平台。也有些高校利用当地产业聚集的优势,引领学生进行创业实践,甚至纷纷开办创业学院。在这方面,义乌工商管理学院堪称典范,学校借助于义乌这个世界小商品集散地的优势,成功开办了创业学院,开展灵活的教学形式,创业业绩甚至可以用来抵学分。也有很多高校将学校的一部分后勤服务进行外包,尝试把部分高校后勤服务承包给大学生经营,为大学生提供创业实践平台。另外,国家政策在帮助学校开拓体验式教学实践基地方面也是不遗余力,例如,借鉴欧美经验,国家要求学校为学生创建"众创空间",各级政府也把学生创业教育产业基地建设作为考评学校的硬性指标。但是总体来看,具体政策措施在落实过程中也存在一些问题,主要是落实力度不够,效果有待检验。很多高校的众创空间,有名无实,应付上级检查的成分多。教学模式老旧,知识传授、应试教育在大学阶段仍有表现,师生观念仍然有待转变。创业实践基地同样有名无实,扯虎皮当大旗,不做事的现象仍然时有发生。总之,高校一些创业教育举措只是为了被动应对上级检查,为了避免学校在各种评比中处于不利地位,创业教育质量并没有发生实质性改变。

2. 我国高校体验式教学实习基地建设的未来方向

首先需要对高校各种创业教育举措的实效进行严格考核,彻底清除形式主义、政绩式的所谓创业教育,关键是克服创业教育评价的形

式主义。要制定具体举措，实质性落实创业实践基地和众创空间建设，切实为学生打造一个创业体验空间。目前全国各地推出众创空间，并实行了一系列税收等政策优惠。但这些空间是面对所有的社会创业者，与在校学生创业教育的衔接仍然存在一些问题。今后，这些所谓实践基地或者众创空间需要成立"教学部门"，像接待实习生一样接待来自大学的创业体验者或者创业者。通过上述途径，建立规范的学生创业实习制度，同时为真正创业者提供发展通道。

另外要做的是变革教学方法，主要从以下几方面努力：第一，注重进行以应用能力培养为中心的案例分析。虽然基础知识教育是创业教育不可或缺的，但系统知识的学习只占教学的小部分时间，更多的知识是通过碎片化案例教学获得的。在学校创业教育过程中，碎片化案例教学具有无可比拟的优势，通过它获得的是情景化的知识。系统知识的传授无非是将碎片化知识串联起来的一个简捷途径。第二，举行以获取创业实用知识、经验为中心的专题讲座。专题讲座主要请有创业经验的教师来承担。有实践经验的创业教师一般以亲身故事叙述的形式进行教学，而关于创业的丰富信息蕴含在完整的故事叙述之中。当然，创业教师也可以进行经验总结式的偏理论的教学，但事实上这并不是好的方式，一方面，抽象了的知识往往滤除了大量的信息，缺乏鲜活感；另一方面，系统理论的传授并不是企业家（创业者）的优势，而是学校教师的优势。第三，多运用参观教学法，以获取创业经验，并尽可能争取与企业家面对面交流。最后，进行课程改革，帮助学生开拓更多创业实践机会。传统的课程设置模式并不适合创业教育，甚至二者之间是互相冲突的。这需要围绕创业教育的观念和实践重塑课程结构和学业成绩评价模式，以便于学生能够灵活选课，并实现必要的学分互认和替代制度。

第二部分
教师作为创业行为主体的理论与实践

第六章　高校教师参与创业的理论依据与合法性基础

　　教师创业教育的理论与实践在学校创业教育的理论体系中占有重要地位，是重要组成部分。首先，教师创业问题关系到学生创业教育的质量。当前我国学校创业教育缺乏有创业经验的师资，教师创业不仅可以优化创业教师的组成结构，也可以通过创业教师为学生创业提供实践平台。其次，教师创业关系到大学产学研结合和大学组织的变革，对于学校创业教育来说，不仅关系到学校创业教育环境的形成，而且大学组织变革将重塑大学管理构架、重塑学校各职能部门之间关系，有利于理顺创业教育的环节。最后，教师创业也是学术资本主义兴起的必然诉求，是现代大学精神的主要指向之一，也是教师实现学术抱负促进专业发展的必然途径。可以说，教师创业既关乎大学的发展、知识的发展，也关乎教师自身的发展，更是学校创业教育和创业型大学建设的关键环节。但从另一方面看，教师创业也存在着种种文化制度、学术制度和管理制度的约束，有一系列未尽的困惑和复杂的关系需要理顺。再者，关于学校创业教育的既有研究主要聚焦于学生创业教育，忽略了教师创业教育在整个学校创业教育中的地位和作用。因此，下面研究部分将聚焦高校教师创业的理论与实践，深入剖析教师创业的合法性基础、理论依据、制度保证、政策措施、实践路径等方面的问题，从探讨大学的社会功能、产学研结合、大学知识生产等方面入手研究教师创业的理论与实践问题，丰富学校创业教育的理论。

第一节　教师创业的理论研究与实践现状

一　教师创业理论研究的现状与问题

2015年，国务院印发《关于进一步做好新形势下就业创业工作的意见》，鼓励高校、科研院所等事业单位专业技术人员在职创业、离岗创业。我国各高校也相继出台了鼓励高校教师创业的一系列政策措施。从当前来看，高校教师参与创业促进产学研结合，政府的政策支持是充足的，但高校教师参与创业的具体机制机理则需要进一步梳理和探究，并在此基础上进一步完善促进高校教师参与创新创业的制度生态。教师创业教育需要进一步梳理的问题包括下列方面：其一，在已有法规、政策、理论的基础之上，研究教师创业的动机、条件、影响因素、合作方式和具体收益等。其二，澄清大学教师参与创业的身份及相应的管理方式问题。通过大学精神和大学目标的视角就"教师作为创业者"引起的角色冲突进行理论探讨和制度调适，为政府和高校管理教师的创业活动提供必要的理论指导和操作方案。其三，在"政府—高校—社会"的三维框架内探讨进一步优化高校教师创业的制度生态的具体路径，以及激发教师创业的动机、提升教师创业能力的具体策略。尽管目前政府、社会、高校对教师从事创业活动具有一致性认同，但是三者之间的协调机制需要进一步探索，特别是社会、企业方面如何为高校教师创业提供必要的支持平台问题亟待解决。

高校教师参与创业的理论探讨是产学研合作理论研究的重要组成部分，也是政府鼓励高校教师创业政策的实践理论化。产学研合作的相关理论，比如"知识生产模式"（Gibbons，1994）、"学术资本主义"（Slaughter和Leslie，1997）、"后学院科学"（Ziman，2002）、"三螺旋理论"和"创业型大学理论"（Etzkowitz和Leydesdorff）等，均为教师参与创业的策略、途径、方式提供了有益的启示。但是，直接用产学研合作的相关理论表述去指导高校教师的创业活动仍然有诸多不足，也需要从微观层面聚焦高校教师创业问题，探索高校教师参与创业活动的具体机理，并在微观分析的基础上完善相应的制度

第六章 高校教师参与创业的理论依据与合法性基础

生态：

第一，由于既有理论主要是宏观尺度的探究，"这样的宏观视角容易掩盖掉学术科学工作内部的多样性和活泼性，特别是教师在其中的战略角色，因为正是教师的态度和行动诠释和塑造了大学和产业间的关系"。而且，教师参与创业活动具有丰富的动态性和多样性，比以大学为行为整体研究产学合作具有更大的复杂性。例如，不同的年龄、性别、研究能力、研究资金、学科、所属院系对教师参与创业的态度、教师具体创业行为的选择以及带来的利益都是有差异的。这些微观层面的极为生动的复杂性是产学研层面理论的宏大叙述和概念所无法解释的。正如，纯粹地探究学生创业教育无法诠释高校的产学研结合一样，纯粹大学功能层面的分析也无法诠释大学的创业活动，需要在大学功能、教师创业、学生创业这一三位一体的结构中理解当代大学的精神及大学功能的实现。因此，需要在高校产学研理论叙述的背景下，以"教师创业行为和影响因素"为线索，探究大学的创业活动和创业教育。

第二，西方大学自启蒙时代以来，沿袭了理性大学、研究型大学和创业型大学的发展路线。但在这个过程中，始终伴随着"自由教育"理想、"专业教育"理想和"职业教育"理想的冲突，具体体现为"专业化教育"和"人的全面发展教育"之间的争论、"教学与科研"关系的争论以及"专业教育与普通教育"之间关系的争论等。这些争论映射了大学内部的复杂关系以及大学的多重使命。这一系列论争也为"大学教师作为创业者"框定了一系列边界，大学教师在参与创业活动的过程中，如何平衡大学教师的各种角色，以及促进这些角色之间的良性互动，需要进行理论上的阐释。另外，教师是大学的重要主体之一，如果忽略这个重要主体的活动去谈产学研结合、去谈大学的创业活动和创业教育显然不能解决很多问题。在整个大学的运转过程中，学生仍然是相对被动的群体，学生的发展要受教师能力结构的制约，而大学的一切运转最终也要落实到教师的行为之中。因此，针对教师主体行为的分析，能够解释大学运转的一系列矛盾，也是理解大学创业活动、创业教育的关键切入点，还是理顺高校创业教

· 113 ·

育中各种矛盾关系的重要途径。

第三，离岗创业是政府促进高校教师创业的重要制度安排。高校教师创业的成功不仅与个人的特质相关，也取决于具体的制度环境。制度环境是创业过程中更为可控的因素。但在我国高校教师创业的制度环境中，来自政府方面的制度充足，而高校的执行相对滞后，来自社会方面的认知程度较高，但未有具体的支持行动，高校教师自身的创业动力和内生性因素缺乏，等等（魏红梅，2015）。这说明，高校教师创业的制度生态并不完善，需要在"政府—高校—社会"的三维框架内进一步优化高校教师创业的制度生态，并在优化的制度生态下激发教师创业的动机，提升必要的创业能力。

二 理论指导实践方面的现状存在的问题

理论不仅来源于实践，而且对实践起重要推动作用，丰富的教师创业理论不仅为教师创业奠定合法性基础，而且在推动教师创业方面至关重要。但理论本身不能过于抽象和一般，理论越抽象就越远离实践，理论越一般，理论就可能缺乏具体针对性。我国现有关于教师创业的理论基础主要的不足可以简要概括为两个方面：

（一）现有关于教师创业的理论缺乏差异性分析，导致政策依据不充分，不能有效指导实践

教师创业教育理论研究的目的是，为政府和大学制定激励和管理高校教师创业的政策提供指导，但现有理论仍不足以完全实现该目标。首先，教师参与社会创业的多样性和复杂性说明，教师会受到不同因素的影响而选择不同的创业合作方式，因而面向所有教师的单一的创业政策很难起到最佳的激励效果。已有研究显示，单一的金钱激励政策对教师的创业活动（专利申请、许可和创办衍生企业等）起到的影响很小甚至没有影响。因而，有必要对现有的具体政策安排进行重新审视。后续研究需要通过对教师参与创业的影响因素、方式和收益及其之间的关系的研究，深入挖掘教师参与创业的差异性，为政府和大学提供差异化的教师创业政策提供有益的指导，从而达到更好的激励效果。

（二）政府宏观政策导向明确，但无论是学校还是企业界都没有详细具体的操作方案，导致教师创业活动仍然缺乏必要规章制度的支持

教师创业的相关理论应当为教师的具体创业活动提供制度支持和策略指导，但是从当前制度条件来看，政府的政策导向虽然明晰，但高校的制度建设并不完善，也缺乏相应的经验；来自社会的认可虽不缺乏，但来自社会的具体支持仍然很少。这说明，当前高校教师创业的制度生态并不完善，需要在吸收国内外经验的基础上，探索政府、高校和社会协同的创业制度生态环境。宏观政策的落实需要学校主体出台详细、有力的支持措施，消除教师参与创业活动的后顾之忧，这需要学校管理部门互相协调，理顺一系列关系。另外，在大学"学院"传统中熏陶出来的大学教师和科研人员，在创业意识、创业动机、创业能力等方面都存在不足。鼓励大学教师创业，仅仅依靠产业政策和学校具体的支持措施仍然是不够的，还要对教师进行"创业教育"，培养教师的创业意识，为教师提供创业体验的平台，形成创业能力。因此，需要构建教师创业的支持系统，不仅为教师的创业能力提升提供平台，还要为教师在创业过程中自我定位提供咨询帮助，帮助教师选择合适的创业方式，应对创业过程中出现的种种困难，取得预期结果。

总体来看，既有创业教育基本理论问题的研究成果，缺乏对教师创业问题的揭示，针对性不强，多停留在宏观层面问题的描述，对教师创业现象的解释力不强、指导力不足，制约了教师创业的健康发展，影响了大学产学研结合的深入推进，也影响了学生创业教育的发展。今后的创业教育基本理论问题研究应当更重视教师创业的理论与实践，这也是本研究花费大量篇幅探讨教师创业基本理论问题的初衷。

第二节　教师创业的理论基础

分析大学教师创业的理论基础，有必要首先分析大学发展史中的

几次转型，以及相应的大学精神、文化、目标的变迁。

一　知识的转型：从高深学问的场所到世俗的机构

必须强调，这里所谓的"世俗"并非相对于"宗教"，而是相对于"高深学问"而言。追求高深学问的知识生产方式是"超凡脱俗"的，对世俗的功利性、物质性追求并不在意，甚至表现出很强的拒斥态度。因此，高深学问的知识生产方式是超越俗世的纯粹知识性追求，而世俗的知识生产方式则具有唯利是图的特征。在此，唯利是图也并非一个贬义词，它只是相对于纯粹的知识追求而言的。纯粹的知识追求要么追求绝对的价值理性，要么追求绝对真实的知识，唯独不重视"效用"的知识。唯利是图的知识在这里描述追求效用的知识，是追求制造和生产的知识，它满足人的低层次的追求。

如果同意现代大学起源于中世纪的行业协会，那么自大学以降，大学即带有世俗的特色和使命。各类大学均有各自的行业使命，大学从本源来说并不是追求自命清高的"高深之学问"的场所，而是行业的协作组织和发展促进组织。但是后来，由于一些原因，在一些特定传统的影响下，高等教育陷入了对"高深学问"的执迷。这在一定条件下，为大学逃避世俗的污染提供了理想的借口，成为大学推动社会理性发展的绝佳契机。直到现在，大学作为高深学问的场所仍一直在或多或少地影响着大学的决策者的思路，进而影响着大学的发展战略，也成为教师甘守清贫，在精神的丰富追求中享受自己职业品格的动力来源。但是，在目前条件下，高深学问旗帜下的对纯粹学术追求的知识自治正在受到冲击，以至于"职业型大学"和"创业型大学"代替了对"研究型大学"的追求。所有的高等教育机构、科研院所，甚至中小学校都被纳入了大众创业、万众创新推进计划的视野。知识开始世俗化，或者知识的生产和传播都已经无法摆脱"世俗的决定力量"，离开了经济来源，一切知识生产都可能陷于停顿。

（一）知识生产的纯粹性到世俗性的转换

1. 纯粹性知识生产及其特征、影响

在高深学问的大学传统理念之下，知识的生产并不直接指向生产领域，大学知识形成了一个相对封闭的自治领域。大学的知识生产主要指向求真和求善的领域，并形成了一个较为明晰的大学知识生产与自治领域。

所谓求真，一是追求知识的客观真理性。尽管学者对知识真理性的标准争论不休，但真理性一直是知识客观性的标尺。在最经典的释义中，真理性与客观性形影不离，真理意味着知识的表达与客观的事实相合。知识的真是独立于人的情感、态度和价值观的。尽管这种知识的绝对客观性被社会建构论的知识观所否定，但不得不说在这种知识范式之下，大学在知识的生产过程中，尽可能努力地去追求一种客观中立的知识逻辑和知识力量。这种知识只是某种"规律"的发现，人们只能认识并利用这种规律，而不能违背这种规律。因此，科学家们（其中一部分与大学教师的身份是重叠的）的任务，就是生产（毋宁说是发现）这些知识，他们以知识的追求为职业的使命，并不情愿将知识纠缠于世俗社会中充满着偏见、权利、利益，甚至争斗的领域中去。二是追求知识的正义性。对于社会科学领域的学者而言，知识的真则存在于知识的"正义性"，知识的正义性不仅来源于知识的"客观现实"性（在马克思主义那里，这种客观性即历史的社会的规律性），也代表着多数人的诉求，因为在人文社会领域大多数人的诉求（大多数人的意见）构成了知识客观性的内在含义与外在形式。与自然科学家一样，追求正义性真理的社会科学家并不屑于把知识生产与物质生产直接勾连起来。在他们看来，他们的职业使命乃是纯粹知识的生产者，他们追求的是社会性的规律，以至于知识如何被使用，也是关于正义的事业，而非市井流会之类从事的生产性营利性活动。

所谓求善，乃是说客观真理性并非高深学问时代大学知识生产追求的唯一目标。求善，是知识生产的另一标尺，并且与知识的求真维度一起框定了知识的边界，并型塑着建立在这些知识范型基础上的人类社会。如果说，求真的知识是我们了解客观世界的依据，那么求善的知识则是人们关于生活的价值、意义的终极追问。众多的哲学家在面对科学知识的不断发展的时候，他们不去狂欢，而是冷眼旁观，考量科学知识、科学技术工具将会把人类带往何处。他们思考着芸芸众生认为的不是问题的问题,思考着"凡人俗子们"认为没有意义的极富有意义的问题。比如,康德为我们设置了道德的星空,洛克为我们设置了正义的理性。海德格尔等在人类开始享受技术盛宴的时候大肆批判技术,揭露技术的罪恶和人类社会的无目的性。以这些人为代表的追求高深学问的人文社会学者,鄙视与世俗利益结合在一起的知识行为,到处搜寻关于"善"的知识,而且他们对于善的理解往往是以对知识的世俗化理解和运用的批判为基础的。高高在上而又对人类生存至关重要的"善"的知识(其实也是与人类命运密切相关的知识)构成了一个相对自治的领域,构成了知识纯粹性生产的另一个重要领域。

上述知识的纯粹性生产与自治构成了创业型大学发展与创业型教师的诞生必须打破的一个背景。这个背景是自欧洲大学产生以来,大学传统的力量所塑造的。但是对于我国的大学发展而言,大学的创业活动不仅受到大学传统观念的掣肘,还受到我国传统历史文化的影响。在我国的传统文化中儒家主导、墨家式微的历史已经证明,在现代性的表象之下,传统文化仍然会影响教师创业的行为。比如,我国传统文化中的理想人格是"君子",君子喻以义、小人喻以利就充分说明了文化对追求物质利益的"学人"的观念性排斥。即具备君子人格的"士人"无论将来从政还是从教,都不能唯利是图,那样不仅毁掉个人的君子形象,也会污染官场或者其他人。

虽然我国古代没有现代意义上的大学,但这种观念对我国现代大学的发展仍存在着影响。影响了我国大学向创业型大学的转型,更是影响了对大学教师的创业教育。无论是在大学教师的成长阶段还是大学教师的在职阶段,创业都不是大学教师的强项。大学教师极其缺乏创业的意识,与传统文化熏陶的大学文化有很大关系,即便在国家政策导向一再推动的情况下,大学教师或者缺乏创业意识,或者在创业过程中力不从心。

2. 世俗性知识生产及其特征、影响

世俗性知识主要是与物质生产生活直接相关的知识,也可以说是

第六章 高校教师参与创业的理论依据与合法性基础

知识生产性的一面。比如说，科学知识是求真的，但求真的知识往往可以用来进行物质生产。就知识总体而言，知识可以启发智慧，也具有工具性价值①。世俗性的知识生产凸显了主要具有工具价值属性的知识和真理性知识都可以用来生产的属性，即科学知识和纯粹知识都具有生产性的一面，都可以促进社会生产领域的创造、发明和创新。

在古典时期，人们对知识的认识是感性的、模糊的和不精确的，知识的生产能力没有被充分开发出来。知识的生产主要是带有宗教色彩的神秘知识。人们用这类神秘的知识来解释人自身、世界以及人与世界的关系，该类知识只在特定的情况下具有非常微弱的生产性。这种非生产性知识的生产和控制在中世纪达到了顶峰。在物极必反的辩证发展过程中，非生产性知识被求真的科学知识所取代。同时由于求真的知识打破了宗教神秘知识的束缚，科学知识的生产性被极大地开发了出来。同时，随着资本主义的发展，在知识的真、善、用的三维发展张力中，三者的力量对比发生了变化，求用的知识成了知识生产的首要追求，然后才是真和善的知识。这种知识力量对比的变化直接导致了知识生产形态的变化。求真的科学开始与技术密切联姻，对科学的真理性追求转变为对科学技术工具的不断追求。比如在当前的科学技术哲学研究中，科学第一性、技术第二性的研究范式逐渐让位于"技术本体论"，即认为技术才是科学之母。这显示了人们对技术性（有用性）知识追求的极致。另外，经济学成为当今的显性科学，逐步在学科制度上和人们的观念中居于核心地位。

知识生产性的凸显甚至造成了新的知识结构的失衡，生产性的知识不仅挤压了关于人自身存在的知识（关于善的知识），也挤压了神秘知识中曾经折射的人与自然和谐的生态类知识，而且使曾经客观的真理性知识不再客观。在现代技术生产条件下，众多社会学家和哲学家表现出对现代技术的种种指责，社会建构论者否定知识的客观性，认为知识的客观性即真理的客观性只不过是人类的幻象。这种真理的客观性危机事实上与科学知识的有用性被过度放大不无关系。追求真

---

① 宋晔：《生产性知识力及其教育实现》，《现代教育论丛》2003年第1期。

理的知识被人类的实用主义哲学扭曲了。虽然这种矫枉过正的知识生产模式让人担心，但其价值却不可被完全否认：知识的生产性是当代知识生产的核心议题，具有时代的合法性基础。这正是教师从事创业活动的理论依据。当然，作为大学的教师，不可能与传统的大学精神彻底决裂，求真和求善仍然是大学和大学教师的重要使命。但是求用已经成了时代的精神，也成了大学和大学教师的新的重要使命。大学教师不应当忘记传统，但更应该拥抱新的任务。在新的历史条件下，求真、求善、求用成了大学教师对待知识生产的三个支柱。需要指出的是，在本研究的叙述中，我们讨论的是如何让大学教师用知识去创业，去促进社会财富的增长，但这仅仅是问题的一方面。另一方面大学教师作为创业者必须平衡其作为知识传播者和价值引导者的角色，并不是在创业型大学建设和高校产学研结合的背景下彻底用求用的知识范式代替求真和求善的知识范式。这是理论叙述教师参与创业问题必须坚持的首要的基本原则。

二 教师的转型：从知识的生产者到知识的转化者

在我国的传统文化中，教师作为生产者的角色一直是被压制的，教师"不为五斗米折腰"，甘于清贫乐道。比如，在我国古代的教育类典籍中，对教师形象的描述是"传道、授业、解惑"，教师主要扮演知识的传播者的角色，教师知识生产者的角色并不突出，更不用说将知识转化为生产力了。这是因为，在古代有极少的教师参与知识的生产，知识生产形式也仅限于对经过统治阶级审核的典籍的编纂和整理上。知识体系相对稳定，大多数教师仅仅是知识的传播者，这与当时的政治经济文化条件相适应，而且这种文化基因深刻塑造了中国人心目中的教师形象，即便在现代社会一些人也会认为教师从事生产性活动和营利性活动是"师德堕落"的表现。

近现代社会的典型特征是生产性社会，社会组织的基础不是伦理本位而是生产本位。经济生产成了近现代社会组织的核心，也是现代社会发展的基础动力。在这种背景下，旧有的伦理体系也被新的伦理体系所替代，那就是资本主义伦理以及与之相适应的、经过改造了的

第六章 高校教师参与创业的理论依据与合法性基础

"新教伦理"。功利主义成为近现代社会伦理体系的精神内核。尽管纯粹的功利主义会使人们迷失目的和方向，忘记生活的形而上意义，人们也对功利主义进行各种形式的批判和包装，但功利主义一直都是生产社会精神伦理的基础。功利主义和社会生产力互相促进，创造了灿烂丰腴的现代社会文明。因此，功利主义并不是什么让人害羞的东西，而是社会发展的巨大推动力量。只不过，功利主义需要其他非功利伦理体系的矫正。但无论如何矫正，都不应当抑制功利主义激发出来的巨大生产力。因此，在生产性社会的历史条件下，教师参与知识生产就是合理的了。

当然，即便在生产本位的社会里，教师也不仅仅要参与科技知识的生产，还要参与社会性、人文性知识的生产。因为在生产性社会里，科学技术带来的物质积累，以及由此带来的社会结构的变化，需要人类社会意识和人文意识的重构。社会不再是僵化不变的相对稳定的实体，而是解构和重构不间断发生的变动不居的结构。在这种状况下，教师只是传道授业解惑不仅不可思议，而且无法满足社会对教育的要求。教师需要思考各种社会问题、解决各类社会问题，并将这种能力教给学生。因此，知识的创新成了对大学教师的基本要求。但是社会经济组织的进一步扩张使大学被进一步纳入生产性的组织之中，产学研结合就是这一趋势的体现。这就为大学教师将知识进行生产性转化提供了便利条件。另外，市场的供求关系为一切贴上了价格的标签，包括教师的知识。如果这种知识是原创性的，具有潜在的产业价值，它就有可能给教师和教师所在的大学和研究机构带来巨大的利益。现代社会的产权制度、专利制度等法律法规为这一切提供了保障。

总之，在当前条件下，制度环境、政策环境、文化环境都完全接受了教师作为知识的转化者这一角色。但由于传统文化的潜在影响，主要是当代教师成长过程中没有得到过应有的培训，即便外部宏观条件具备，很多教师仍难以胜任知识转化的任务，或者说他们在知识转化为生产能力过程中的表现差异巨大。下面，我们先选择一个经典的案例来说明这个问题：

1942年5月19日，加里·基尔代尔出生于美国西北部的西雅图，他在那里生活到27岁，是盖茨的同乡。在高中，他并不是明星学生，他喜欢新奇的玩意儿和汽车。他设计制造过一个自动防盗报警器，一个用磁带录音机来使用摩斯代码的机器和一个触发二进制转换器。他喜欢长时间地摆弄电话装置，其痴迷程度不亚于后来黑客对于计算机的痴迷。获得计算机科学博士学位后，参加了美国海军，秋天被分到加州蒙特利的海军研究生院，担任电脑讲师，主要从事软件方面的研究。他喜欢教书，是位出色的教师，和学生关系融洽，出过几部著作。他的工作也使他有时间编写程序。可以说，学术界的氛围让他如鱼得水，对计算机发展做出了巨大贡献，然而自己却没有抓住用这些来攫取巨大财富的机会。

他所从事的专业和他的天才以及他所处的时代，具备了让他成为一代富豪的条件。但是他对知识、技术和商业化的追求只有小的成功。比如，他和一位戈登·恩巴克斯的学生一起，开发微机和控制程序CP/M的操作系统，这是世界上第一个磁盘操作系统（DOS）。盖茨曾经用Basic语言开发出一个很简单的DOS，但很不好使，而且和别的微机不兼容。后来盖茨找到基尔代尔，以25000美元买下CP/M的许可使用权，并通过一系列商业运作，成就了后来的微软帝国。而加里·基尔代尔本人，则由于创业的不顺，整天借酒浇愁，成了不折不扣的酒徒，并和曾一同创业的妻子多露西离婚。1994年7月，年仅52岁的基尔代尔在加州蒙特利的寓所里，头部撞地，三日后不治身亡。一代大师凄凉离世，彻底告别了他爱恨交加的电脑业。媒体只是轻描淡写地提及了几句，在如火如荼的产业中，作为多才多艺的飞行员、教师、软件大师、作家和计算机先驱，基尔代尔彻底进入了历史，走入被人遗忘的角落[1]。

---

[1] 《计算机天才的凄凉人生——加里·基尔代尔》（https://wenku.baidu.com/view/e-7c40c44336c1eb91a375dbb.html）。

第六章　高校教师参与创业的理论依据与合法性基础

美国作为一个创业型的社会，具有浓厚的创业氛围，大学教师的创业意识比较强，加里·基尔代尔算得上是一个优秀的科技知识生产型教师，但是他缺乏商业头脑和营销技巧。而盖茨则是一个未完成学业就"辍学"的大学肄业生，然而他凭借对技术的未来发展趋势和商业机会的敏感以及娴熟的商业运作技巧，获得了极大成功。这说明，教师作为知识的转化者，并不是具有技术天才就足够了，还需要针对教师进行商业意识和商业能力方面的训练。教师从知识的传播者到知识的生产者，再到知识的转化者，不仅取决于大学文化的转变，还取决于一系列教育、培训等保障制度的建立和作用的发挥。

三　大学的转型：从教学型大学到研究型大学再到创业型大学

事实上，教学型大学、研究型大学和创业型大学构成了我国当今大学群落的基本生态系统，几类大学可以同时存在于一个大学生态结构中。但是这种区分并不是完全没有问题：在我国的大学分类结构中，教学型大学往往是不得已而为之，是各种力量筛选的结果，当然也与行政力量的介入不无关系。就大学办学的理想追求来看，存在一个什么样的发展顺序？西方一流大学的发展历史已经告诉我们，这个顺序就是从"教学型大学"到"研究型大学"再到"创业型大学"，创业型大学聚集了发达国家（特别是美国）最顶尖的高校。也就是说，大学的创业理想是脱胎于研究型大学的，创业型大学也是一个国家大学最高水平的体现。我国高等教育研究领域也一直在跟踪这个趋势。国内相关研究也揭示了国内顶尖高校在不同发展历史阶段的追求，一开始都在追求研究型大学的建设目标，现在则在追求创业型大学建设的目标。证据至少有两个，一个是国家推进高校产学研相关政策的陆续出台，另一个就是在大学普及创业教育。当然，进行创业教育的学校未必是创业型大学，创业型大学往往是那些顶尖的高校，是那些引领大学发展潮流的大学，但创业教育的推进至少显示了整个大学精神的重塑。

从我国高校的发展历史来看，我国刚刚恢复高考的时候，大学仅仅以传授知识为主要任务，经历了以十年计的非正常教育秩序，大学的知识使命已经"丢失"了太久，大学传授知识的使命重新捡起已属不易。当然，高校也在基本教学任务完成的基础上开始进一步追求大学的"研究目标"，21世纪初数量众多的高校提出了"研究型大学"的建设目标。在这种背景下，我国的高校被区分为"教学型大学""教学研究型大学""研究教学型大学"和"研究型大学"。然而，当我国仍在如火如荼地进行研究型大学建设的时候，西方发达国家的一流高校已经实现了向创业型大学的转型。也正是在这样的背景下，一些研究者开始关注国内研究型大学向创业型大学的发展情况[①]。但总体来看，我国创业型大学发展较为缓慢，相对欧美发达国家，我国创业型大学发展水平较低。

（一）教学型大学及其特征

1. 以知识教学为主体任务

教学型大学主要以招收本科层次的学生为主体，培养具有本科学历的高级专门人才和高级研究型后备人才，拥有学士学位授予权[②]。也就是说，教学型大学在学生的构成上主要是大中专生为主体，也许会有少量的研究生，但是研究生的比例会非常低。从大学教师的工作任务来看，教学工作为主体；从教学评价来看，教学评价是学校评价的主要标尺。教学型大学的培养目标主要是培养"职业人"，即将来能胜任特定工作岗位的人才。但是由于种种原因，教学型大学在完成该目标方面也存在种种问题，主要是以学业目标代替职业目标：学生学习成绩很优秀，但在职业胜任能力方面往往会出现种种问题。这主要是因为大学系统过于封闭，形成一个相对自治的学校系统导致的，即教学和实践的分离。

从根本上看，教学型大学也并非是知识传授的大学，而应当是把知识传授与社会上的各种职业密切结合的大学。但事实上，这种结合

[①] 王雁、孔寒冰、王沛民：《创业型大学：研究型大学的挑战和机遇》，《高等教育研究》2003年第3期。
[②] 时明德：《中国教学型大学的特征》，《信阳师范学院学报》（哲学社会科学版）2006年第2期。

往往偏重于对职业能力标准的被动迎合，并不强调对工作的创新和开拓。因而，教学型大学分门别科，这种分科对应于社会上的种种职业。因此，大学里面的学科和系所林立，相对分割，每一个分割的单元形成一个相对完整的知识传授单元。这种分门别科的优势是，能够针对社会上的职业类型有针对性地进行知识的传授和培养人才，缺点就是对社会的变化反应不够灵敏，不能及时调整学科专业，也不利于不同学科知识的交流。这种观念传统和管理传统的不断沉淀事实上塑造了教学型大学"知识传授"的传统，而不是"职业导向"的传统。换句话说，职业导向是教学型大学的应然特征，知识传授则是教学型大学的实然现状。

2. 普及高等教育的历史使命

教学型大学承担着高等教育大众化、普及化的历史使命。教学型大学的主要职能是为社会培养大批应用型高级专门人才和高级研究型后备人才，生源都是学业水平中等及中等以下的高中生。教学型大学在校生规模十分庞大，不仅多数超过研究型大学本科生的规模，有的甚至还超过研究型大学在校生的总规模。因此，教学型大学本身更多地承担的是一种大众化高等教育的职能，教学型大学应是中国实现高等教育大众化的主力军[①]。因此，也可以说，教学型大学承担着提升整体国民素质的重要历史使命，并且在中国的语境中这种国民的素质并不直接指向具体的职业素质和创业素质。总体来看，教学型大学主要为国家和地方经济、社会培养各类高级专门人才，偏重于对知识的应用，但主要的教学方法体现为让学生掌握必要而充足的知识，为未来生活做准备，客观上为社会生产生活服务。

展望未来，即便是在精英大学向研究型大学、创业型大学转变的过程中，教学型大学也并不会消失。但教学型大学的确需要一些变革，比如打破学科的限制、打破学校与产业部门的隔离，等等。因为纯粹的知识传授，既不能使学生获得鲜活的知识，也不利于大学的发

---

① 时明德：《中国教学型大学的特征》，《信阳师范学院学报》（哲学社会科学版）2006年第2期。

展和社会的发展。教学型大学将继续向应用型大学的方向发展，而且会通过学科整合，包括学科的替代与更新等方式使教学型大学与社会的生产生活联系得更加紧密。当然，教学型大学不可能都向研究型大学、创业型大学升格，但教学型大学一定会吸收现代大学的生产性精神，成为更"有用"的大学群体。

(二) 研究型大学及其特征

研究型大学是知识生产型大学的主要代表。研究型大学在本科阶段的教学中提供全面的学士学位计划，即在本科阶段就注重培养学生的知识生产意识和能力。研究型大学是把研究放在首位的大学，致力于高层次（精英化）的人才培养。在本科生和研究生比例方面二者大致相当。大学的师生积极参与科学研究和先进技术工具和方法的研发。我国根据研究型大学的不同发展水平或者阶段把研究型大学划分为研究型大学、研究教学型大学、教学研究型大学等类别。研究型大学在中国知识创新体系中有着关键性的作用，相应的高质量生源是其重要特征[①]。

通过分析西方发达国家主流大学的发展历程可以发现：西方一流大学的发展经历了从教学型大学到研究型大学的发展路线，而研究型大学又从高深学问的研究型大学发展到产学研结合的应用型研究大学。我国的大学在学习西方大学办学模式的过程中，也采取了类似的跟跑策略，先是教学型大学要升格为教学研究型大学、研究教学型大学，然后是研究教学型大学要打造研究型大学。而世界研究型大学的排行则以知识产出的数量和质量作为重要的参考指标。比如，我国在建设"双一流"高校的计划中就深受研究型大学考核指标体系的影响，把一流高校、一流学科定位为大学产出知识的高引用数量和质量的量化积分，那么这些知识产出的背后则是知识生产型人才的堆积。比如，李寿德等将研究型大学的特征归结为知识生产型的教师、探索

---

① 赵沁平：《精英教育：高水平研究型大学的人才培养理念》，《中国高等教育》2004年第8期。

型人才的培养，以及新成果、新学科形成的中心①。

1. 知识生产型的教师

拥有一大批知识生产型的教师是研究型大学存在的根本。世界一流大学哈佛大学和斯坦福大学等正是拥有了数量可观的研究型教师，使它们保持在了世界顶尖大学的行列。在学校一百多年的历史当中，特别是近四十年的历程中，斯坦福大学在工程科学、物理及空间科学等自然科学，以及在社会科学、人文科学、文化艺术、医学和生物科学等领域都保持了世界顶尖大学的水准。斯坦福大学的研究型教师在为人类做出巨大贡献的同时，也培养出了大批具有研究天赋的学生。目前，在斯坦福大学的1300多名教师中（这个数字要比我们大多数高校的师资少得多），有6名教师获普利策奖、20名获国家科学奖、3名获国家技术奖、5名获总统自由奖。自1974年以来，共有125名古根海姆奖获得者、5名沃尔夫奖获得者、14名麦克·阿蒂尔基金会奖获得者②。目前，我国在建设世界一流大学和一流学科的规划中，显然也意识到了这一点，"抢人大战"一直从国内蔓延到了海外。不仅国内的顶尖人才成为香饽饽，人才价格飙升，而且用人单位直接将招聘台设置在了欧美一流大学的校园内。北京大学、清华大学、上海交通大学等高校的欧洲人才招聘专场和美国人才招聘专场相继展开。

不得不说，在建设世界一流高校的过程中，我们目前采用的是"研究型"一流高校建设的策略。因为只要有了人才，就有高质量的知识产出，就可以提升ESI指标，就可以提升世界大学排名，到了一定程度就可以名正言顺地挤进世界一流高校行列。在这种情况下，只会进行知识传授的大学教师的工作甚至变得无足轻重，他们只是维持大学基本运转的基础性力量。科研型教师才是有雄心的大学最为看重的对象，因为在关键时刻，一位研究型教师的一篇高引用ESI就可以大幅提升学校的国内外排名，这种情况在国内高校的排名中已经是屡见不鲜。知识生产被大学推到了至高无上的地位。

---

① 李寿德、李垣：《研究型大学的特征分析》，《比较教育研究》1999年第1期。
② 同上。

2. 探索型人才的培养

研究型大学声誉的背后除了那些研究型的教师大师之外，无疑就是那些给学校带来持久声誉的知名校友了。在美国的一流高校中，这些知名校友有科学家、文学家、经济学家等。这些杰出的校友无论是在科学领域开拓的先驱还是人文社会科学领域的大师，都是探索型的人才，这些人才的判定标准就是他们获得的诺贝尔奖等世界知名大奖的盛名。比如，哈佛大学自成立以来，在政治、经济、科技领域内培养和造就了许多探索型人才，这所世界著名的研究型大学不但培养了美国历史上的若干位总统，如约翰·亚当斯、约翰·昆西·亚当斯、西奥多·罗斯福、富兰克林·罗斯福、约翰·肯尼迪等，而且从1944年T.W.理查兹由于确定一系列元素的原子量而获得诺贝尔化学奖，至1984年卡洛鲁比亚因发现新的亚原子粒子而获得诺贝尔物理奖期间，共有29名教授荣获诺贝尔奖。同时在不同历史时期还培养出了一大批著名的文学家、哲学家、科学家和享誉海内外的诗人、作家、评论家，如C.S.皮尔斯、威廉·詹姆斯、乔治·帕尔默、爱默生、罗素、华莱士·史蒂文斯、约翰·里德等[1]。剑桥大学培养的杰出的探索型人才则包括著名物理学家牛顿、迈克斯韦、汤姆生、波尔、卢瑟福、布拉格，化学家托德，生物学家达尔文等，诗人和作家拜伦、尼丹尼生、华兹华斯、萨克雷等。另外，斯坦福大学、麻省理工学院、伯克利加州大学等世界名校无一不是拥有群星灿烂的探索型、创新型人才。

3. 新成果、新学科形成的中心

与研究型大学大发展相随的是影响人类社会进程的科研成果的诞生，以及新的知识学科的产生。比如，雷达技术产生于第二次世界大战时期的麻省理工学院，它不仅影响了战争的形态，也深刻影响了第二次世界大战的进程，以至于当今对雷达的各种应用都是建立在MIT的原创性技术之上的。再比如，"原子弹之父"奥本海默同时也是加利福尼亚州立大学的教授，其对氢弹及核聚变技术做出的重大贡献就

---

[1] 李寿德、李垣：《研究型大学的特征分析》，《比较教育研究》1999年第1期。

是在加州大学洛斯·阿拉莫斯实验室里完成的。也正是因为世界知名研究型大学为世界科学技术做出的重大贡献，以及由此带来的国家发展和竞争力，让世界各国不遗余力地建设研究型大学。因为有了顶尖的研究型大学，就意味着拥有了领先世界的科学技术，进而也就拥有了独步天下的国家实力，在这一方面，美国的成功就是最具有说服力的例子。我们国家不惜重金进行研究型大学的建设，无疑也是为了占领知识生产的制高点，进而能让我们的复兴之梦尽早实现。

另一方面，与研究型大学知识生产相伴随的则是一流学科的产生。比如，哈佛大学的商业管理、政治学、化学、哲学；斯坦福大学的心理学、电子工程、植物学、教育学；麻省理工学院的经济学、语言学、物理学、生物学；伯克利加州大学的原子物理学、化学、生理学、人类学；加州理工学院的航空学、天文学、应用数学、应用物理；康奈尔大学的农业及农业科学、医学、旅店管理、政治经济学；普林斯顿大学的数学、哲学、理论物理、天文学、化学。我国在推进"双一流"建设的过程中显然也考虑到了一流学科的内涵和意义，并推出了研究型大学建设背景下"双一流"高校建设名单[①]：

一流大学建设高校42所：

A类36所：北京大学、中国人民大学、清华大学、北京航空航天大学、北京理工大学、中国农业大学、北京师范大学、中央民族大学、南开大学、天津大学、大连理工大学、吉林大学、哈尔滨工业大学、复旦大学、同济大学、上海交通大学、华东师范大学、南京大学、东南大学、浙江大学、中国科学技术大学、厦门大学、山东大学、中国海洋大学、武汉大学、华中科技大学、中南大学、中山大学、华南理工大学、四川大学、重庆大学、电子科技大学、西安交通大学、西北工业大学、兰州大学、国防科技大学

---

① 《"双一流"建设高校及建设学科名单》（http：//edu.people.com.cn/n1/2017/0921/c367001-29549883.html）。

B类6所：东北大学、郑州大学、湖南大学、云南大学、西北农林科技大学、新疆大学

一流学科建设高校95所：

北京交通大学、北京工业大学、北京科技大学、北京化工大学、北京邮电大学、北京林业大学、北京协和医学院、北京中医药大学、首都师范大学、北京外国语大学、中国传媒大学、中央财经大学、对外经济贸易大学、外交学院、中国人民公安大学、北京体育大学、中央音乐学院、中国音乐学院、中央美术学院、中央戏剧学院、中国政法大学、天津工业大学、天津医科大学、天津中医药大学、华北电力大学、河北工业大学、太原理工大学、内蒙古大学、辽宁大学、大连海事大学、延边大学、东北师范大学、哈尔滨工程大学、东北农业大学、东北林业大学、华东理工大学、东华大学、上海海洋大学、上海中医药大学、上海外国语大学、上海财经大学、上海体育学院、上海音乐学院、上海大学、苏州大学、南京航空航天大学、南京理工大学、中国矿业大学、南京邮电大学、河海大学、江南大学、南京林业大学、南京信息工程大学、南京农业大学、南京中医药大学、中国药科大学、南京师范大学、中国美术学院、安徽大学、合肥工业大学、福州大学、南昌大学、河南大学、中国地质大学、武汉理工大学、华中农业大学、华中师范大学、中南财经政法大学、湖南师范大学、暨南大学、广州中医药大学、华南师范大学、海南大学、广西大学、西南交通大学、西南石油大学、成都理工大学、四川农业大学、成都中医药大学、西南大学、西南财经大学、贵州大学、西藏大学、西北大学、西安电子科技大学、长安大学、陕西师范大学、青海大学、宁夏大学、石河子大学、中国石油大学、宁波大学、中国科学院大学、第二军医大学、第四军医大学

我国目前推出的"双一流"高校建设计划与原有的"985工程""211工程"项目有一定的重叠，但也体现出了重要的不同。最主要

第六章 高校教师参与创业的理论依据与合法性基础

的不同之处就是"双一流"高校建设在重点扶持的基本政策上体现出了更大的灵活性。首先,与"985工程""211工程"不同,一流高校建设计划进行数年一调整,不再实行一贯制。其次,一流学科建设体现了更大的灵活性,体现了学科建设的差别化处理。任何一所大学都有打造一个一流学科的机会。同样,一流学科实行若干年一考核、调整,充分发挥自由竞争机制的调节作用。虽然这个竞争机制在特定的文化氛围下也会产生一些弊端,但较以前的大学工程建设项目体现出的灵活性、丰富性,无疑是值得肯定的。

另外需要注意的是,就目前来看,在我国的大学分类体系中,政府部门的官方文件并没有明确提出"创业型大学"的概念,只是一部分高等教育的研究者在追踪国外"创业型大学"的发展状况。但是,从政府政策文件对高等教育办学使命的引领方向来看,却能够发现明显的转型,那就是在科学研究与社会服务的两项大学使命中,政府越来越重视后者的作用,可以看作是政府对"创业型大学"概念的认可,在我国第一批次"双一流"建设高校的名单中可以看到这个导向,在政府对高校进行各类评估的指标中也可以看到这个趋势。另外,从国外大学的发展现状来看,通常研究型大学和创业型大学的概念区分也不十分明确,这说明在国外,从研究型大学到创业型大学是一种非常自然的过渡。西方国家具有浓厚的实用主义哲学传统,西方的研究型大学的知识生产模式早就是实用主义导向了。这从上面的分析也可以看出,研究型大学培养出的那些"群星们"都是创造了对人类非常"有用"的知识。在西方国家,也有众多学者并不区分研究型大学和创业型大学,但也有可观的学者在谈论 Entrepreneurial universities。但无论如何,趋势是明确的,世界范围内的顶尖研究型大学都越来越重视大学社会服务功能的实现。我国打造"双一流"高校的重要背景之一就是:建设一流高校,培养一流人才(创新人才)、占领知识生产的制高点,推动产业转型升级,提高国家竞争力。因此,我们有必要在探讨研究型大学概念的基础上进一步分析"创业型大学"的相关问题。同时,创业型大学的组织特点、管理方式、教师政策对于我们理解教师创业现象和构建大学创业教育的基本理论具有重要启发意义。

(三) 创业型大学及其特征

前面提到,当我国大学在向西方研究型大学苦苦追赶的同时,发达国家的研究型大学已经在悄悄地再次转型——向创业型大学转变。如果说研究型大学主要以知识的产出作为重要的评价指标,创业型大学则更注重知识向社会应用的转化。亨利·埃兹科维茨教授将创业型大学定义为:"经常得到政府政策鼓励的大学及其组成人员对从知识中收获资金的日益增强的兴趣正在使学术机构在精神实质上更接近于公司,公司这种组织对知识的兴趣总是与经济应用紧密相关的。"伯顿·克拉克将创业型大学描述为:"凭它自己的力量,积极地探索在如何干好它的事业中创新,它寻求在组织的特性上作出实质性的转变,以便为将来取得更有前途的态势。"

总之,创业型大学具有强烈的创业精神和丰富的创新研究成果,与传统大学相比具有更强的科研实力、团队合作精神、应对外界环境变化和资源获取的能力、教学与研究更注重面向实际问题和更为有效的知识转移运作机制。它们与政府和企业有着十分紧密的联系,更直接地参与研究成果商业化活动,是推动经济与社会发展的不竭动力。也就是,与研究型大学相比,创业型大学更注重知识的社会应用,其中最突出的是知识的商业化转化。在此,也可对教学型大学、研究型大学和创业型大学的教学目标或者培养目标做一个简单对比:若说,教学型大学注重学生的学业成绩的话,研究型大学则更注重学生的学术能力,职业能力只是两类大学培养目标派生的后果。创业型大学则在培养目标方面实现了反转,更注重学生职业能力,尤其是创业能力的培养。

联合国教科文组织曾经提出现代大学生毕业时应该得到的三本护照,分别是学业护照(学术能力)、职业护照(职业能力)和创业护照(创新创业能力),这正是在创业型大学兴起的背景下提出的。也就是现代大学对于大学生的培养首先应着眼于生存能力,不仅仅能够胜任某一职业,而且能够在某一职业上做出创新,而创办企业是这一创新能力的集中体现。另外,创业型大学的兴起对教师的使命也做出

第六章　高校教师参与创业的理论依据与合法性基础

了相应的调整，教师不仅是知识的生产者，而且可以直接参与知识的转化，自己创办公司，或者以技术入股的形式成为公司股东。大学也不必离开繁华的商业中心到幽静之地进行纯粹的科学研究，而是依托产业中心并和产业中心之间互相哺育。比如，斯坦福大学的成功就与其处于硅谷的心脏地带不无关系。斯坦福大学的教师们亦商亦师，学生们也可以边学习边创业，亦工亦学，形成了举世闻名的产学研结合生态结构。与此相适应，创业型大学相对于研究型大学和教学型大学在组织制度方面也发生了深刻变化。伯顿·克拉克把创业型大学的组织要素概括为五种[①]：强有力的驾驭核心（A strengthened steering-core）；扩宽的发展周边（The expanded developmental periphery）；多元化的经费来源（The diversified fundingbase）；激活的学术中心地带（The stimulated academic heartland）；整合的创业文化（The integrated entrepreneurial culture）。也有学者将创业型大学组织概括为以下几点：组织目标是知识应用与服务经济发展；组织构成元素是多元组织的交互渗透；组织运作方式是创业活动与商务运营；组织文化注重实效与倡导创业[②]。我国学者付八军则提出了关于大学参与创业活动的冷思考，"学术资本主义从营利动机出发，其本质乃是学术创收、商业运作、逐利动机等功利性利益诉求，容易将创业型大学引向创收型大学"[③]。

总之，研究型大学和创业型大学之间有密切联系，但从大学的精神层面和目标层面来看，也体现出诸多不同，概括起来，下列主要特征使创业型大学组织区别于教学型大学和研究型大学组织：

1. 创业型大学组织有向企业组织转化的特点，大学组织开始具备一些企业组织的特征。

首先，企业组织化变革给大学带来的变化就是院校控制力的加

[①] 王雁、李晓强：《创业型大学的典型特征和基本标准》，《科学学研究》2011年第2期。

[②] 邹晓东、陈汉聪：《创业型大学：概念内涵、组织特征与实践路径》，《高等工程教育研究》2011年第3期。

[③] 付八军：《学术资本转化：创业型大学的组织特性》，《教育研究》2016年第2期。

强。相对而言，教学型大学的院校控制力较为条块分割，虽然表现出较强的科层制管理特征，但是科层之间的运作效率相对较低，这是由于科层制本身的先天缺陷决定的。在教学型大学组织中，各个教学单位形成相对独立的实体，有严密的分工、自成系统，但就院校控制力的效果来看，并不能形成统一的力量和目标指向。研究型大学倡导学术自由之风，强调知识生产的自由环境，大学教师主要表现为独立的个体，他们不附属于某个组织，而是呈现出更为鲜明的原子化特征。但在创业型大学，教师的自由知识分子形象不得不再次进行改变，因为知识的商业转化需要将教师通过某种途径纳入一定的商业化组织之中。其次，大学作为一个整体，为了更好地融入产学研结合的链条，不得不对自身的组织进行改造，以便于能够更好地进行企业化运作。而企业组织的特点就是一个高校的控制系统。创业型大学不仅要进行扁平化的运作，而且要将商业规则纳入学校的管理规则。比如，在历史上，传统的欧洲大学长期以来表现出较弱的院校控制力，较强的政府控制力。而那些向创业型大学转型的大学已经加强了院校的控制力，弱化了政府的控制力，以便于更好地与市场化、商业化的社会企业组织衔接。

2. 创业型大学内部的组织结构开始变化，出现了专门与市场衔接的部门

创业型大学内部专门与市场衔接的部门，比如科技孵化中心和社会服务中心等，称谓不尽相同，但目的是一样的。教学型大学和研究型大学也或多或少存在这样的中心，但是从来没有像创业型大学那样将这些中心变成学校的核心部门。"创业型大学在大学传统结构的周边出现许多更大更复杂的运行单位，这些单位较之传统的系或学院更容易跨越旧大学的边界，与外部利益结合。"[①] 这些单位运行的形式大体分为两大类别：一类是专业化的校外联结组织，负责向外推广，从事与产业界的联系、知识转让、知识产权开发、咨

---

① 王雁、李晓强：《创业型大学的典型特征和基本标准》，《科学学研究》2011年第2期。

第六章 高校教师参与创业的理论依据与合法性基础

询和服务、继续教育、资金筹集以至校友事务；另一类是跨学科研究项目导向的研究中心（project—oriented research centers），这是一种规模比较大而且比较基本的形式，与学院、系并肩成长。大学发展出来的这种"双元性结构"，不仅能够保证教师进行科学研究和技术创新，而且能够把解决应用性问题的知识和能力进行商业转化。目前我国的大学评价体系也在进行缓慢的改进，社会服务和技术转化逐渐成为大学评价和大学教师评价的显性指标。我国在建设"双一流"高校的指标体系设计中也体现出了这一点。大学在教师激励政策方面的变化则是打破了单一的教授评聘类型，而是把教授划分为教学型教授、科研型教授和转化型教授等类型，尤其是为转化型教授提供了专门的合作平台和通道。

3. 创业型大学组织变化的第三个方面则是办学经费来源的多样化

作为教学型大学和研究型大学，其办学经费主要来源于各级公共财政。因为教学和追求真理的高深学问并不直接受资本的青睐。尤其是在我国这种公立教育占主体的高等教育系统中，财政资金几乎成了高校运营经费的唯一来源。这也从客观上决定了政府主导高校发展命运的历史和现状：政府可以决定哪些高校是一流大学或者是未来的一流大学；大学也可能因为政策的变化而一蹶不振，比如一些不在省会等中心城市的地方高校就因为政府支持政策的变化失去发展良机。但是，创业型大学的发展将打破上述怪圈，最重要的原因就在于创业型大学可以通过自身的商业运作进行科技转化，将收入用来办学。随着我国市场经济的不断发展，以及产学研结合日益紧密，企业家特别是那些作为学校杰出校友的企业家开始投资教育（校友捐助也是投资，无偿的捐助换取的建筑物冠名权等形式的声誉就是"投资"获取的回报，对企业而言是一种价值金贵的无形资产），一笔不菲的企业捐款就可以改变一所大学的命运。比如李嘉诚在汕头大学所作的那样，50亿元的捐款足以让汕头大学有机会迈入国内一流大学的行列，这一切都与国家的行政财政政策没有太大关系。

伯顿·克拉克认为，大学财政来源主要有三个渠道：一是来自政府对大学的拨款；二是通过争取补助和合同筹措经费；三是所有其他来源的自由资金，包括从工厂企业、地方政府各部门（非教育部门的财源）、慈善基金会、学生学费、捐赠的收入，以及知识财产的版税收入、校办产业所获得的利润、校园服务的收入等。事实上，来自政府的资金到处都在减少。政府资金不可能无限制地满足高校的规模扩张，也不可能无限制满足高校在竞争环境中对教学资源、对教学质量的无尽追求。公共财政只能为公立学校提供基础性经费，或者在一定程度上对重点高校和重点学科实现倾斜。创业型大学顺应了这些趋势，从而努力从第二个和第三个收入来源取得资金，特别是不断拓宽和加深第三个收入来源渠道。尤其是第三个来源代表着真正的财政多元化，并且这种趋势因"创业精神"的激励而在加速发展。从这个角度来看，随着创业型大学的不断发展，具有创业传统氛围的大学能够借机实现跨越式的发展，随着我国市场经济的不断深入发展，大学的生态将有机会告别政府主导大学发展命运的现状，从而为那些精英大学提供无限的发展空间。

4. "学术中心—商业中心"共生的大学发展生态

我国大学作为学术中心，一般与"政治中心"具有更高的共生性。比如，北京是我国最核心的政治中心，因而也是我国最核心的文化中心，著名高校、文化期刊北京所占的比例要遥遥领先于其他地区。"双一流"A类高校分布在18个省市，其中北京拥有8所，遥遥领先，位置其次的上海仅仅拥有4所；而拥有2所的有8个省市，包括天津、江苏、山东、湖北、湖南、广东、四川和陕西，基本都分布在经济和教育发达区域。这一分布，凸显中国高等教育发展和投入的地域差异。但事实上，我们可以进一步比较北京和上海，上海的经济实力是要强于北京的，但是上海的著名高校数量与北京有巨大差异，说明我国高校分布与政治中心具有更强的耦合性。也可以进一步分析各省的情况，在河南，位居省会的郑州大学代替了河南大学，而河北的河北大学也遭遇了同样的命运。因此，当前我国的大学生态主要表现为"学术中心—文化中心"的样态。

第六章　高校教师参与创业的理论依据与合法性基础

表2　　　　　各省市国家"双一流"入选情况统计

序号	省份	"双一流"高校数	一流大学高校数	一流学科高校数	比原"211工程"增加高校数	入选学科总数
1	北京	34	8	26	8	162
2	江苏	15	2	13	4	43
3	上海	14	4	10	4	57
4	陕西	8	3	5	0	17
5	四川	8	2	6	3	14
6	湖北	7	2	5	0	29

资料来源：搜狐教育统计（https://www.sohu.com/a/19449641699916992）。

但创业型大学的发展很可能改变这一状况，上文中提到李嘉诚对汕头大学的捐款就显现了这一趋势。那些处于商业中心或者商业之乡的大学将迎来千载难逢的发展机遇。世界上最著名的例子就是斯坦福大学和美国硅谷之间共生和互相哺育的关系，因为在斯坦福大学，人们已经分不清很多大学教授到底是大学教授还是企业董事，也很难分清很多大学生到底是学生还是创业者。在这些学校，即便是传统科学，如物理、化学、数学、经济、社会、文学等，在当前市场逻辑及"应用性"的需求中，虽然无法获得较多的资源，但是在"企业化精神"的刺激下，如果能改变价值观，采取有效策略，加强合作意识，也都可以争取更多的资源，从而增强其竞争力和发展特色，强化其学术研究的地位[①]。这样，大学与商业组织之间形成了千丝万缕的联系，同时在自由市场精神的影响下，大学相对于政府则表现出越来越多的独立性。

5. 创业文化和氛围逐渐超越学术文化和氛围

最明显的现象就是大学的教学中心旁边出现了越来越多的"创业

---

① 王雁、李晓强：《创业型大学的典型特征和基本标准》，《科学学研究》2011年第2期。

中心"。在我国，随着国家对学校创业教育的推进，越来越多的学校开始兴建创业中心，选取的地块正是行政划拨的教育用地，显示了国家政策的巨大改变。教学中心与创业中心相映成趣，宣示着当今大学的精神导向。但这些一开始并不是没有遇到抵触，一些秉承高深学问大学理念的教授和管理人员对此就坚决反对，认为创业中心兴建在教学中心旁边是天大的笑话，是对大学精神的亵渎。但是他们可能并没有注意到世界范围内大学的转型以及相应的大学精神重塑。只不过，在我国一些高校兴建创业中心的过程中，各种权力滥用、各种以学生创业中心之名谋取不当商业利益的现象的确存在。但这些问题不应当成为阻碍创业型大学发展的绊脚石。当然，这种兴建创业中心的风潮并不能保证每一所大学都成为创业型大学，从世界范围内看，创业型大学是建立在学术资本主义之上的，它首先要有雄厚的学术传统和实力。因此，创业型大学都是由顶尖的研究型大学转变而来的。大学普遍地兴建学术中心，只是显示了大学创业意识的觉醒，以及大学创业功能的凸显。不同类别的高校根据自己的特色和具体实际开展创业活动，它们虽然层次不一、形式各样，但都有成功的范例。它们虽然称不上创业型大学，但衬托了创业型大学发展的现实土壤。在这种背景下，没有创业意识的大学已经不能适应现代社会的发展。大学精神也在创业型大学兴起的背景下被慢慢重塑。

　　值得注意的是，虽然创业型大学建立在学术研究和知识生产（主要是科学技术研究）的基础上，但创业文化逐步与学术文化并驾齐驱，甚至开始超越，创业文化成为新时代大学发展的引领精神。因而，在精神层面上，创业型大学很像高科技行业中的企业，开始追求一种创新、创业的文化。这种新的文化信念一开始只是作为相对简单的制度变革的理念，后来经过详细的说明而形成一系列信念，这些信念在学术中心地带广泛传播，变成了一种整个校园的文化或灵魂。而这种创新创业文化与大学的组织变革互相印证、互相强化。文化根植于强有力的实践，文化观念和实践是相互影响的，如果借用伯顿·克拉克的观点来表达，那就是良好的文化可以产生对组织的认同，并形成最大的决心来实现组织的目标。因此，也可以说，当今的商业文化塑造了大学精神，新的大学精神塑造了新的大学组织，从而使大学组织越来越具有企业化的特点。创业型大学的发展正在证明这一点：一种新的大学文化精神的产生，正在塑造着大学师生、管理人员的创业精神。因此，从大学的文化和价值体系与大学组织互构的关系中分析师生的行为尤其重要，这也为理解教师创业行为提供了重要分析视角。

第七章　教师创业的能力构成、影响因素及提升路径

在20世纪后20年，高等教育领域中逐渐兴起了一场影响深远的变革。正如美国两位学者指出的："作为院校的高等教育和作为其劳动力的教学科研人员在20世纪面临前所未有的变革。"[①] 也正是在这种变革之中，欧美等发达国家的部分研究型大学开始向创业型大学转型，而且对这些国家的经济社会发展产生了巨大影响。创业型大学的出现标志着学术纯粹主义向学术资本主义的转变，知识开始在市场环境中被定价，并且被纳入了社会生产部门生产要素的重要考量之中。这种变革不仅深刻地影响了高校的办学模式，并且也使得高校教师的角色发生了转变。高校教师正逐渐从"学者"转向"创业者"。教师的理想形象不再是脱离世俗功利的知识的化身和纯粹道德的典范，企业家和教授的身份在大学里实现了融合，教师曾经纯粹的职业道德开始融入功利主义道德的元素。这种创业型教师的形象正在对大学教师的身份和刻板画像进行重塑。这也从客观上引发了对大学教师创业能力问题的关注，创业型教师教育问题[②]以及教师创业者的能力构成成

---

① ［美］希拉·斯劳特、［美］拉里·莱斯利：《学术资本主义》，梁骁、黎丽译，北京大学出版社2008年版，第1页。
② 王占仁、常飒飒：《欧盟"创业型教师"教育研究》，《比较教育研究》2017年第6期。

了教师发展的重要课题①。

第一节 教师的创业能力

一 大学教师创业能力的内涵理解

（一）教师创业能力理解的多样性

创业能力原本是管理学的概念，创业能力首先指创业机会的发现能力，拥有发现或创造一个新的领域，致力于理解创造新事物（新产品，新市场，新生产过程或原材料，组织现有技术的新方法）的能力；其次是把握创业机会的能力：能运用各种方法，然后产生各种新的结果，带来社会价值和经济价值。创业能力也指创业者的资源整合能力，即整合表现为硬件和软件的资源。硬件就是人力、物力和财力，软件就是创业者的个人能力，包括专业技能和创业素质。创业素质包括创业热情、价值观、发现能力及创新能力。在这里也可以把创业能力概括为：资源整合能力、驾驭市场的能力和创业者的个人特质等。

另外，关于教师的创业能力我们也能从罗伯特·加涅那里得到启示。罗伯特·加涅曾经对人的能力进行过分类：先天的能力、发展中形成的能力和习得的能力。先天的能力表现为学习者个体的先天性特质，类似于我们说的"先天的创业者敏感性等"，这部分内容是不可教的。哈佛商学院等精英性的商学院在招录创业者的时候是非常重视这一点的。发展中形成的能力是个体在后天发展的漫长生命史中形成的能力，这部分能力取决于个体的生活经历、家庭背景等，这部分能力是"不容易教的"。习得的能力是通过后天的学习比如商学院的课程等培养起来的创业者能力，学校教育可以在这方面发挥重要作用。加涅对这种习得的能力进一步进行了分类：言语信息、概念和规则、智慧技能、技能和态度。这种分类应用在商业

---

① 黄扬杰、黄蕾蕾、李立国：《高校创业教育教师的创业能力：内涵、特征与提升机制》，《教育研究》2017年第2期。

领域可以进行以下解释：即创业者的创业基础知识储备、商业基本概念、基本规则掌握和运用能力、创业技巧和创业态度（情感、意志、价值观）等方面。

不同学科视野对创业能力的理解也不尽相同。心理学的研究把创业能力理解为一种心理特质：比如风险偏好，创业能力可以用创新嗜好、风险偏好、先于竞争对手积极行动的能力这三个维度来测度[1]。也有学者采用自我效能感或自我评估的方法来测度能力概念，例如，美国心理学家班杜拉就从这一视角提出能力的概念，它是指"人们对自身能否利用所拥有的技能去完成某项工作行为的自信程度"[2]。而管理学的传统则从机会识别和公司运营的需要对创业者能力进行分类，有学者把创业能力分为两个部分，构建了二阶六维度的创业能力概念模型[3]。二阶即关乎自身的创业能力两个层面：创业自我效能与自我评估的创业能力。其中，创业自我效能体现在市场、创新、管理、风险承受、财务控制五方面。创业能力的六个维度包括：机会识别能力、机会开发能力、组织管理能力、战略能力、关系能力和承诺能力。也有学者从职业胜任力的角度理解创业能力[4]。胜任力概念最早由哈佛教授戴维·麦克利兰于1973年在《测量胜任力而非智力》一文中提出，之后胜任力理论引起了学术界的极大重视。所谓胜任力，通常是指在组织中绩效优异的员工所具备的能够胜任工作岗位要求的知识、技能、能力和特质。

（二）高校教师创业能力理解的特殊性

教师创业者和企业家的创业能力有相同的理解视角和组成部分，但教师又是具有独特学术属性和特征的创业者，他们所处的组织以及

---

[1] 龙勇、常青华：《创业能力、突变创新与风险资本融资关系——基于中国高新技术企业的实证研究》，《南开管理评论》2008年第3期。
[2] 柴旭东：《基于隐性知识的大学创业教育研究》，博士学位论文，华东师范大学，2010年，第56页。
[3] 唐靖、姜彦福：《创业能力的概念发展及实证检验》，《经济管理》2008年第9期。
[4] 柴旭东：《基于隐性知识的大学创业教育研究》，博士学位论文，华东师范大学，2010年，第56页。

第七章 教师创业的能力构成、影响因素及提升路径

他们独特的身份决定了教师创业者与一般的创业者具有差异性。黄扬杰等[1]将这些差异性归结为三个方面：高校创业教师的创业能力本质上是个体层次的学术创业；高校教师创业角色的多样性决定了其创业能力提升的不同路径；高校创业教师创业能力受多种因素的影响等。总体看，可以从以下几方面区分理解教师的创业能力：

1. 平衡学术研究与创业者不同身份之间的关系的能力

学术研究有学术研究的规范，商业运营有商业运营的法则，两者存在着诸多不同之处。学术研究必须恪守学术研究规范，并对国家划拨的科研经费负责，不能将科研经费和自己公司运营经费混淆应当是大学教师创业者的基本常识。然而十分可惜，大学教师由于缺乏相关的法律常识或者法律意识淡薄导致严重的后果，造成个人、学校和国家的巨大损失。这种案例并不鲜见，比如：

> 浙江大学原教授陈英旭将科研经费划入自己控制的公司，贪污945万余元，被判刑10年；北京邮电大学原教授宋茂强借用他人身份证件办理银行存折冒名领取劳务费，将68万元科研经费据为己有，被判刑10年6个月；北京中医药大学原教授李澎涛、王新月夫妇二人以虚假采购耗材的方式向一家生物技术公司支付264万余元，涉嫌贪污，被移送司法机关处理；山东大学刘兆平采取虚开发票的方式，骗取科研经费等公款341.8万元，被判刑13年。

在这些令人扼腕叹息的案件中，虽然现行管理规章制度的漏洞难辞其咎，但是也提出了一个严峻的课题，那就是在鼓励科研型教师创业的同时，应当对他们进行基本的财务知识和国家法律法规方面的常识教育和警示教育。

其次，作为教师的职业道德和作为企业家的商业道德之间有何不

---

[1] 黄扬杰、黄蕾蕾、李立国：《高校创业教育教师的创业能力：内涵、特征与提升机制》，《教育研究》2017年第2期。

同？如何平衡？这是另一个亟待解决的问题。比如在河北，就有学生因拒绝为硕士生导师公司打工被打0分。①

　　小坡目前在北京做建筑师，2011年9月至2013年6月就读于河北某大学风景园林硕士专业。小坡介绍，自己就读研究生期间，原导师是该校园林与旅游学院副教授王某。从2011年7月左右（当时还没有正式入学），他开始为王某管理的公司保定市瑞德环境艺术发展有限公司打工，一直到2012年7月左右大约一年时间，每月获得的报酬只有数百元。"一年间经常通宵达旦为其赶项目，有时撑不住了会到卫生间去吐，有时还被要求不去上课，节假日不能回家。"2012年7月左右，小坡拒绝继续为这家公司打工。王副教授要求他更换导师，但是按照规定更换导师需要前任导师在转导师申请表上签字。为了得到签字，小坡一直等了8个月，在此期间虽然是王某名下的学生，却没有人对其进行教授和管理。2012年12月份左右，王某给小坡的"导师评价"为0分，这种情况极其罕见。

　　在小坡提供给记者的《某某大学信访事项答复意见书》中，校方初步调查认为，关于做出"0"分评价问题，园林与旅游学院及研究生院存在对综合测评成绩审核不力、把关不严、管理不到位的问题，学校将依据有关规定对相关人员和单位进行责任追究。

2. 教师创业者需要平衡更多的角色和职责

高校教师的创业角色可以分为多种类型，比如，可以分为顺其自然型创业者和关系型创业者等。"顺其自然型创业者被动寻找创业机会"，并不渴求创业；关系型创业者往往具有得天独厚的社会条件，比如恰好是高校科技服务转化中心的负责人等。也可以分为孵化型创

---

① 《河北一硕士生导师给学生打0分惹争议》（http：//m.ifeng.com/news/shareNews?aid=113215168）。

业者和机会型创业者。孵化型创业者是研究型教师出身，他们手里有项目、有技术，可以采取科技入股或者单独创业；机会型创业者主要是发现商机、整合资源，自己并不一定要有技术，而是拥有较强的商业整合能力。目前高校并没有规定只鼓励技术转化型的创业者。所以商科教师和其他具有创业意向的教师都可以积极把握机会参与创业。这就需要对不同类型的创业者能力采取不同的提升策略，补其所短，扬其所长。因此他们能力养成的路径也各不相同。

也有研究者根据大学教师的创业准备状态对其进行分类。比如有学者据此提出了新兴型、守旧型、勉强型、正统型四种类型的大学教师创业者[1]。这些对大学教师创业者的分类研究也对高校教师创业能力提升策略的选择具有重要启发意义。但这种分类研究目前来看也并不充分，综观高校教师创业的分类研究，国内多数是进行定性的分类和定义，对不同专业发展阶段特征或内在动机的研究还较为缺乏。在这些方面的进一步细分研究将会给创业教师能力提升带来更多帮助。在该方面，国外学者开展的一些定量实证研究具有启发意义，例如Czarnitzki通过对美国生物科学家进行实证研究，认为科学家若追求在私人部门的创业将使学术产量下降，而当重新返回学术时，产量也将不如从前[2]。这些提醒我们在提升大学教师创业能力的同时应采取措施保持优秀教师的学术产出能力，比如在教师创业团队的配置方面予以帮助，等等。

3. 教师创业能力的提升受制度和文化观念的双重影响

目前，虽然国家出台了一系列政策鼓励教师从事创业转化活动，但是学校和地方政府具体政策和相关配套措施并没有跟上。高校创业教育教师的创业能力，在宏观上受政府政策的影响；中观上受学校制度、学科归属、激励措施等方面的影响，这里面仍存在着千丝万缕没

---

[1] 黄攸立、薛婷、周宏：《学术创业背景下学者角色认同演变模式研究》，《管理学报》2013年第10期。

[2] Czarnitzki D., "Is There a Trade-off between Academic Research and Faculty Entrepreneurship? Evidence from US NIHSupported Biomedical Researchers", *Economics of Innovation and New Technology*, Vol. 19, No. 5, 2010.

有理顺的关系。由于利益无法保证、科研成果市场接受度低及考核评价制度受限等原因,作为创新主体的高校教师,对于科技成果的转化应用,参与度比较低,积极性还不高。首先,科技成果自身的适用性不强,这与科研机构与社会脱节有一定关系。许多高校教师科技成果的立项虽然经过了市场调研,征集了企业意见,但主要还是专家单方面进行的需求和价值判断,难以真正体现"市场价值"。其次,现行评价体制并不鼓励高校科技人员进行成果转化。许多高校对科技创新的评价是以成果论文数、获奖数、专利数为依据,而不是最终形成的产品、商品的数量与质量,在"以论文论英雄"的导向下,高校科技人员一味追求论文,对于成果转化没有动力。一些项目承担单位把研发必要性写得天花乱坠,而对应的技术指标却避重就轻,评审人员也对生产应用不予考核。最后,促进科技成果转化的原动力是有效的利益分配机制。高校教师的专利属于国有资产,需先评估再处置,评估价超过一定数额还需审批,不少专利的评估、审批费用都超过了处置费用。

再者,文化观念也是一个不可忽视的因素。中国的文化传统历来是轻视职业教育的,在封建文化的影响下,职业分为劳心的职业和劳力的职业,劳心者治人、劳力者治于人的观念可谓根深蒂固——"习儒家书为正道","习技艺器为下贱"。经历过"实业救国"洗礼的现代社会文化也不能完全摆脱固有文化传统的影响,劳心的职业仍然是就业群体成员的首选。固有文化传统仍然影响着当今大学的理念,加固着普通大学的身份区分于职业技术学院的理念——普通大学是培养领导阶层或者高级精英人才的场所,这种人才是基于"专业"的,而非"职业"的。即便是在职业和专业的边缘日益模糊化的今天,大学也不能尽快适应自身身份的变化,而对办学目标做出适时调整。传统文化对于教师的刻画是"不为五斗米折腰",由此形成的社会舆论在某种程度上成了阻碍教师正当从事创业活动的约束性文化力量。

(三)高校教师创业的胜任力模型

大学教师创业的胜任力模型为分析大学教师创业能力提供了更为

第七章 教师创业的能力构成、影响因素及提升路径

具体和可操作性的分析指标。胜任力概念最早由哈佛教授麦克利兰1973年在《测量胜任力而非智力》一文中提出，书中对胜任力模型进行了详细阐释，提出的胜任力概念和相关理论引起了学术界的极大重视，成为管理学中的重要概念，也成为创业管理理论基本理论来源之一。在组织中绩效优异的员工所具备的能够胜任工作岗位要求的知识、技能、能力和特质即所谓的岗位胜任力。但在后续研究阐释中，不同的学者对胜任力的描述也不尽相同。比如，有学者把胜任力定义为个体内在的潜质，主要包括两方面内容：可以是动机、特质、自我形象或社会角色方面的内容，也可是知识体系方面的内容[1]。也有学者从能力、态度及个性角度出发，认为胜任力包括人际关系、言语表达、社会敏感性、创造性、灵活性、组织能力、计划能力、决策能力等不同方面[2]。如果把大学教师的创业行为能力培养理解为职业胜任能力的提升过程，那么，大学教师的创业胜任力应当是指在创业过程中表现出来的价值观、动机、个性或态度、技能、能力和知识等关键特征。

胜任力分析视角的独特性在于，胜任力并不是说任何技能、知识、个性都是胜任力，它是上述诸要素的综合性运用而不是简单叠加。也即胜任力是指在具体的工作岗位和特定的工作环境、工作条件下完成任务绩效的差异性，因此很难说胜任力是某一种具体的知识。从这个角度来看，胜任力比具体的知识结构和素质结构更能准确说明大学教师的创业能力。下面我们将借助于胜任力的冰山模型和洋葱模型对教师创业的胜任力进行说明：

胜任力冰山模型（Iceberg Competency Model）。冰山模型就是将人员个体素质的不同表现形式划分为表面的"冰山以上部分"和深藏的"冰山以下部分"。胜任力由五种形态的胜任特征构成，它们构成了在水中漂浮的一座"冰山"，"技巧"和"知识"特征是冰山的

---

[1] 崔冰子：《关于胜任力的研究》，《社会心理科学》2009年第2期。
[2] 柴旭东：《基于隐性知识的大学创业教育研究》，博士学位论文，华东师范大学，2010年，第57页。

水上部分，是比较容易发现的浅层胜任力构成部分，这部分胜任力类似于加涅所说的后天习得的素质，可以通过系统的教育和培训加以提升。而"特质"和"动机"特征则位于冰山底层，难以探索与发展，是"看不见"的部分，但却是决定人们行为表现的关键因素。这部分构成类似于加涅所说的后天形成的素质，它们不容易被改变，但是至关重要。"自我概念"特征介于冰山的上层和底层之间，是贯通上下两层的重要通道，而自我意识是可以"启蒙"的，因此可以通过特意安排的教育和培训形成教师创业的自我意识。

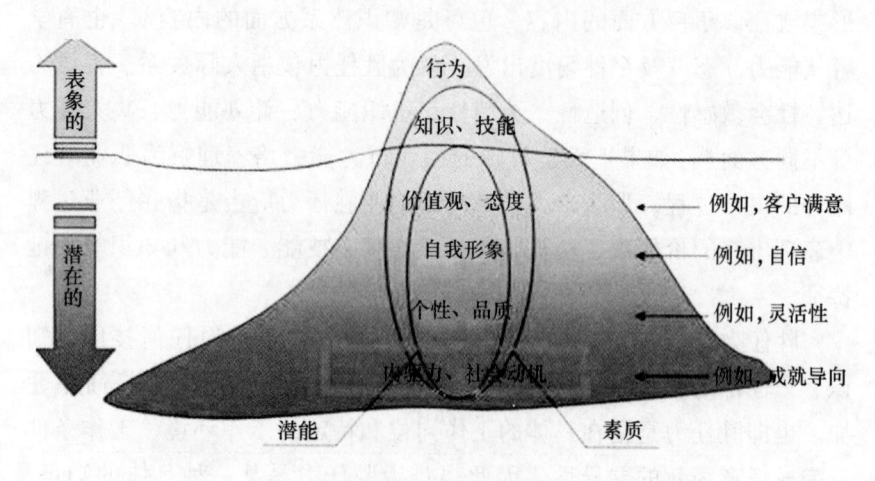

图1 胜任力冰山模型

洋葱模型（Onion Model）是在冰山模型基础上演变而来的。美国学者理查德·博亚特兹深入研究了麦克利兰的冰山模型之后，提出了"洋葱模型"。洋葱模型的不同之处在于把胜任素质由内到外概括为层层包裹的结构，其中动机位于最核心的地带，然后依次以个性、自我形象与价值观、社会角色、态度、知识、技能等层次向外展开。有意思的是：越向外层，越易于通过教学和培训进行培养和评价；而靠近内层的部分则越不易习得。

由于冰山模型和洋葱模型存在着内在的关联性，下面我们将基于对两种模型的理解具体讨论大学教师创业的胜任力问题。

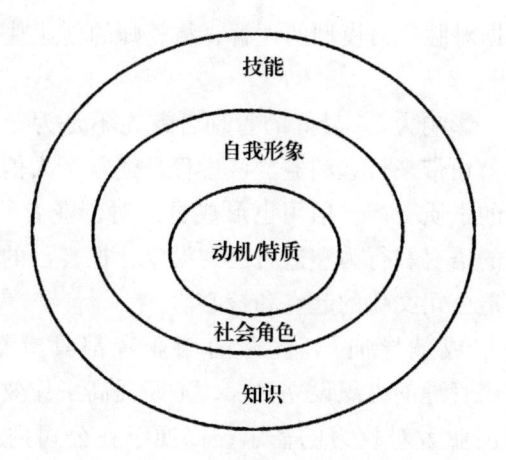

第七章　教师创业的能力构成、影响因素及提升路径

图 2　胜任力洋葱模型

（由内到外：动机/特质、自我形象、社会角色、知识、技能）

大学教师创业胜任力的素质层级：一般认为，创业管理者的胜任力包括下列方面：

表 3　　创业管理者的胜任力

素质层级	定义	内容
技能	指一个人能完成某项工作或任务所具备的能力	如：表达能力、组织能力、决策能力、学习能力等
知识	指一个人对某特定领域的了解	如：管理知识、财务知识、文学知识等
角色定位	指一个人对职业的预期，即一个人想要做些什么事情	如：管理者、专家、教师
价值观	指一个人对事物是非、重要性、必要性等的价值取向	如：合作精神、献身精神
自我认知	指一个人对自己的认识和看法	如：自信心、乐观精神
品质	指一个人持续而稳定的行为特性	如：正直、诚实、责任心
动机	指在一个人内在的自然而持续的想法和偏好，驱动、引导和决定个人行动	如：成就需求、人际交往需求

· 149 ·

也可以根据对胜任力模型的理解，将教师的创业胜任力归结为12个方面的素质[①]：

素质1为"影响力"。最好的管理者首先不是为自己谋利，而是去影响别人为公司带来长远利益。该过程是建立个人信用的过程，信用不仅是个人的素质资产，信用也形成员工对创业者的"印象"。创业者通过自己的语言和行为塑造自己的形象，把自己的行为文化、语言文化作为打造公司文化的起点和核心。

素质2为"成就导向"。优秀的创业者都具有较高的成就动机，他们为自己管理的组织设立目标，不断提高工作效率和绩效。成就导向还包括创业者对权力的需求，以便于在公司内部进行必要的运作。

素质3为"合作与参与"。合作精神或参与式的管理是管理者重要的胜任特征。创业者不仅能与团队成员进行合作，也能与员工形成必要的对话机制。对于大学教师创业者来说还能够在学术参与和创业参与之间进行协调。

素质4为"分析式思考"。及时发现情况或信息的暗示或结果；用系统的方式分析情况以确定原因或结果；以务实的态度预测障碍，规划解决方案；事前思考行动过程的步骤，分析完成任务或目标的条件，等等。

素质5为"主动积极"。创业者都不是被动性的行为者，而常常表现为超出预定目标、主动寻找机会、事先防范危机、迅速处理危机、超越权威界限、不懈努力、不愿退缩等方面。

素质6为"培养他人"。主要表现为关心下属、激励下属和团队建设等方面。培养他人是管理者必须具备的关键特征之一，通过各种指示、建议或其他指导方式培养下属。培养他人是一个公司持续发展的关键保障。

素质7为"自信心"。杰出管理者身上都表现出较高的自信心。主要表现为：对自己的能力和判断力普遍有信心；喜欢具有挑战性的

---

① 王怀明：《组织行为学：理论与应用》，清华大学出版社2014年版。

任务；勇于直接质疑或挑战上级主管的行动，面对问题或失败勇于承担责任并采取各种方法改善绩效。

素质8为"人际理解"。人际理解能力是创业者的重要心理素质。主要表现方式为：了解他人的态度兴趣、需求和观点；能够解释他人的非语言行为、了解他人的情绪和感觉；知道什么可以激励他人；了解他人的长处和短处，了解他人行为的原因。

素质9为"直接/果断性"。雷厉风行、严格执行标准、态度明确、不绕弯子。爱憎分明、赏罚严明。创业者的这一特质可以避免在公司经营过程中出现不必要的猜测，因而在特定情况下非常重要。

素质10为"信息搜集"。信息搜集是发现机会、分析状况、形成决策的重要前提条件，因而也是创业者的一项重要特征。该项技能在一般情况下可以用来诊断问题或找出未来的潜在问题，通过系统地搜集资料，从各种来源搜集资料，亲自观察或接触实际情况。

素质11为"团队领导力"。虽然创业者团队的领导方式不同，有星状创业管理团队、虚拟星状创业团队和网状创业团队。但真正的team-leader都拥有较好的领导力。主要表现在管理者为其所在团队设立绩效目标，在更宽泛的组织层面上维护所在团队的利益，为团队争取所需要的资源等方面。

素质12为"概念式思考"。胜任的创业者不能完全依靠经验主义，而应上升到概念层次的理论水平。这种概念化理解和创业者的直觉存在着联系。主要表现为：发现他人没有发现的某种联系或模式；注意到他人没有注意到的各种矛盾或差异；迅速把握问题的关键并采取行动。

以上所讲的是适用于所有管理人员的共同素质特征，不同层次的创业人员在具体表现上会存在一些不同。比如，更高层创业人员除了具备上述素质以外，需要有以更复杂的方式整合自己的能力。创业者在不同的环境条件下，或者从事不同行业、不同内容的创业项目时也会表现出一定的差异性。上面已经提到，创业者对不同创业任务的适应能力正是创业者最核心的胜任力之一。

第二节　我国大学教师创业能力提升的路径

一　大学教师参与创业活动动机及激发措施

（一）大学教师参与创业的动机分析

教师参与创业活动的动机可以分为外部动机和内部动机。有学者提出，教师的创业动机包括：荣誉、经济报酬和解疑的愉悦（Stephan 和 Levin, 1992），其中，荣誉和经济报酬属于外部动机因素，解疑的愉悦属于内部动机因素。Merton（1957）认为，学术创业（即将科技成果用于创业）属于大学教师科学荣誉的组成部分，因而包含着强烈的内部创业动机。另外，作为大学教师的科学家进行创业活动本身就是获得同行的认同和科学声誉的途径和方式。这也说明，在政策制定上和具体的激励措施上应对此予以充分考虑。同行的认同和荣誉作为大学教师创业的重要动机完全不同于资本市场的规则，尽管这些动机和金钱的激励一样，属于外部的动机。

作为内部动机，科学家研究的主要动机是解决挑战性和创造性的任务，因为这些可以给他们带来满足和乐趣（Lam, 2011）。这些和经济利益无关，因为工作本身的愉悦感就是对他们的最大激励。科学家为什么要从事创业活动呢？从根本上看，企业经营的理念并不是拜物教，真正的企业家和企业家精神追求的仍然是探险和挑战。企业家们每天都在从事挑战性、创新性工作，甚至很少有时间去休闲和享受，他们享受的是开拓创新的快乐，物质财富的数字化增长对于这些企业家来说只不过是创业创新活动的表现形式而已。因此，企业家和科学家的劳动在本质上有共同之处，他们都不喜欢按部就班，都喜欢创新，都喜欢声誉，只不过科学家的声誉是科学威望、企业家的声誉是财富效应和社会贡献，但财富本身并不是问题。科学家和企业家追求的内部动机都是创新和探险带来的愉悦感。从该层面上看，科学家有成为企业家的先天特质。大学对教师文章数量、被引用率以及其他对科学知识的贡献进行奖励与大学教师通过期权、股权、咨询费、许可合同获得物质报酬有什么不一样呢？

(二) 大学教师创业动机的管理与激励

从大学教师的职业追求来看，他们的创业动机是不可能完全被物质化的。诚然，大学教师的创业活动也可能存在不同的层次：生存型创业、兴趣型创业和自我实现型创业，不同创业形式教师的动机与诉求存在着差异。但就大学的机构性质和大学教师的职业性质来看，大学促进教师的创业政策导向应当主要激励自我实现型创业。生存性的教师创业只能说明大学的薪资体系出现了问题，使大学教师无法安心工作，只能靠低端的创业活动养活家庭，形成高级知识分子与低学历的小商贩竞争低端市场的窘境。而以追求物质财富为兴趣的创业者也不符合大学教师创业者的特点，但无论如何，具有大学教师身份的创业者和唯利是图的企业老板都是有区别的。而在自我实现的层面制定高校激励教师从事创业的政策，既可以兼顾企业的诉求也可以满足大学作为教学机构的诉求。在现代市场经济条件下，大学教师的自我实现不单单表现为知识的产出，而应当更专注于知识的转化，无论是转化为生产力还是转化为其他社会影响。前文也曾提到，目前高校教师的科研成果不是转化率低的问题，而是"可转化率低"的问题，这也恰恰说明，教师的知识生产需要密切与社会需求领域进行协作。

也就是说，依据大学教师创业动机进行政策制定时，首先要对大学教师的创业动机进行筛选，政策只能支持那些符合大学精神的创业动机。在大众创业、万众创新的时代，也在产学研密切结合的年代，这些仍不足以彻底消除大学的围墙。大学与社会虽然存在着千丝万缕的联系，但大学不能彻底沦为企业组织或者企业组织的附属机构。因而，鼓励大学教师创业并不是鼓励教师全员创业，而是鼓励那些具有知识生产能力的大学教师去创业，这部分教师只是大学教师金字塔结构的顶端部分。比如，医学的教授可以开发药物研发和医疗治疗的公司；计算机技术的教授可以设立软件公司和硬件公司；文学艺术的可以开设文化创意公司；哲学和心理学的可以开设人类心灵按摩的公司，等等。总之，大学教师的创业动机应当建立在自己的专业之上，尤其是自己的研究成果之上，是一种独自拥有的智力的转化活动。创业政策不能随便给予那些纯粹为了迎合政策，以便于在学校捞取利益的那部分教师，他们用所谓的创业经历粉饰自己的职业生涯，纯粹是为了职称和官职的晋升，他们可能攫取学校的资源，而不是为学校带来声誉和利益，他们不是创业者，他们只是投机者。因此，在制定创业促进政策时必须对大学教师的创业动机进行筛选，对他们的创业行为进行评估，对创业的绩效设定一定的标准。另外，无论处于什么时代，也无论大学组织如何转型，大学的教学活动都是学校最核心的任务，不可能让所有的大学教师都去创业，因此只能让那些通过评审标准的教师和项目进入创业环节，未达到标准的教师则应安心于校内的各种教学活动。

二 大学教师创业能力的提升

（一）我国高校教师创业能力的总体现状

学术资本主义在西方高校的兴起已有相对悠久的历史，并且涌现出了一大批学术型企业家。而在我国，由于历史条件的特殊性直到20世纪80年代才出现了第一批校办工厂，为高校教师参与企业管理和创新提供了平台。这些校办企业由学校后勤组织或者专职人员进行管理，高校利用拥有的现代科技知识、具备的信息处理能力和较高的文化人力资源，建立了一系列应用型科研机构和技术型服务型校办企业，推动了国家科技进步和社会经济发展。但这些校办企业主要是由专职人员进行管理的，大学教授直接参与度并不高，即便参与也只是作为普通技术人员，而非作为管理者参与的。校办企业作为学校实体的附属机构相对独立运行，企业的运营主体和责任主体主要是高校而不是教师。

另外，我国高校对学校创业活动的重视开始于20世纪90年代。1989年前后，我国教育部联合教科文组织开始在中国进行第一个大型的学生创业扶贫活动，主要是为偏远农村地区无法考上大学的孩子谋生路设立的教育项目。那时，大学仍然是围墙深深的象牙塔，作为天之骄子的大学生根本不需要创业，学生没有创业的使命；教师也没有创业的意识。直到1995年以后，我国经济创新不足的问题日益凸显，而美国则借助于互联网革命领域的众多创新，开始引领世界经济的新一轮发展。在这种背景下，国家开始注重推动精英大学的创业活动，选取了十所大学作为产学研合作的重点，并同时鼓励教师和学生个体的创业活动。但是学生和教师对突如其来的政策导向的准备都是不足的，特别是对教师创业的支持，直到2015年三部委才开始发布相关具体文件。

我国高校教师创业的意愿和比例都比较低，而且创业形式保守，比如，有研究显示，我国大学教师在岗创业比例远远高于离岗创业[①]。另外，我国高校科技人员创业扶持平台建设相对滞后，而且实效不强。超过75%被调查的科技创业项目没有进驻相关科技园，无法形成规模效应和互助结构，创业教师主要是自己在外租场地，雇佣自己的研究生和其他工作人员进行创业，或者是以大学生的名义进驻科技园进行孵化[②]。再者，科技人员创业产业类型相对比较集中，不够多元化。高校教师科研人员创业的领域主要集中于计算机、软件、信息技术等行业，超过50%，从事这些专业的群体也是创业比例较高的，而人文社科类高校科研人员更倾向于通过去企业讲课、参加各类论坛讲座和从事各类兼职培训师[③]。最后，由于意识不足和制度建设滞后，缺乏对高校教师进行创业活动专门培训的机构，导致高校教师从整体上看创业能力准备严重不足，不能适应我国"鼓励有条件教师从事创业活动"的政策导向。

（二）教师创业能力缺乏的原因分析

1. 来自政府支持层面的原因

总体来看，我国政府对高校教师的支持政策出台较晚。人社部关于高校教师创业的文件直到2017年才正式出台，而人社部的政策是与教师的职称评审、项目申报、岗位竞聘、培训、考核、奖励等方面权利密切相关的。另外，对于高校教师创办科技型企业而言，其可持

---

① 张菊、吴道友、张巧巧：《高校教师创业现状及其管理机制研究》，《兰州教育学院学报》2016年第3期。

② 张呈念、谢志远、徐丹彤等：《高校科技人员离岗创业的问题研究》，《高等工程教育研究》2015年第3期。

③ 同上。

续发展受内外部多重因素的影响，创业是风险高的行为，而现在的相关创业扶持平台建设还不完善。国家和政府层面需加快完善场地、网络、资金、人才等扶持政策配套，确保科技型初创企业的稳步发展。其次，在转化创业中，现行的《专利法》虽然确定了职务发明制度，但对职务发明及其判断标准的规定仍存在诸多不足，尤其是职务发明权属的"单位优先"原则"缺乏对发明人权利的保护和激励，导致高校教师在创业过程中收益占比小"[①]。最后，金融支持配套措施跟不上。创业教师在资本金、市场开拓方面存在困难，难以获得经营发展所需的借贷资金和风险投资，导致创业企业经营困难的问题普遍存在。

2. 高校内部管理体制因素

高等院校是智力资源集中的场所，是产学研互动链条中的关键环节，在国家技术创新战略制定和国民经济转型升级的过程中具有举足轻重的作用，但高等教育行业具有自身的运行规律，相对封闭的运营系统不可能在短时期内完全适应教师参与创业的诉求。目前，在我国高等院校的智力资源向社会生产活动的转移过程中仍然存在诸多问题，大学鼓励教师创业积极性仍然不高。无论是在意识上，还是在具体的教师创业激励政策上都跟不上需求。多数高校在教师创业管理方面的政策过于笼统和模糊。而且由于教师的工作千头万绪，作为教师管理主体的高校并不愿意打破原来的秩序，因此，鼓励高校教师创业的政策根本不能切实深入院系，因为院系有很多自身的利益需要平衡。

很多情况下，学校对于国家鼓励教师创业政策的反应只是停留在文档的报备上。那么上级部门如果考核实践基地建设情况呢？比如说创业基地？通常的做法就是与当地的产业集聚区签署一个合同，让教师在那里兼职或者挂名就可以应对上级的检查。因此，学校关于教师创业的很多具体政策都还是处于空白而无监管的状态，既没有鼓励教

---

① 张呈念、谢志远、徐丹彤等：《高校科技人员离岗创业的问题研究》，《高等工程教育研究》2015年第3期。

师创业，也没有明确反对高校教师创业。如果教师决定去创业，就会面临种种顾虑和条件限制。而在高校的科研评估政策中，横向项目（更能体现教师的创业潜力和机遇）和纵向项目也面临不同的境遇，特别是国家级纵向项目的申请已经形成了详尽具体的申报机制和激励机制，有平台、有辅导、有团队、有激励，而横向项目在任何一方面获得的支持都难以相提并论。尽管高校对社会服务项目的重视程度越来越高，但无论是在高校评估还是在教师个人评估中，社会服务项目仍处于明显劣势。

3. 来自教师自身的因素

首先是教师成长路径的影响。相对于西方的大学，我国的大学更为封闭，教学理念更为保守，在这样的大学体系里训练出来的教师的"学业水平"和"学术水平"都很高，但是他们的"职业水平"和"创业水平"相对较低。在大学教师成长的中小学教育阶段主要是应试教育模式，而研究生阶段又是专业化极强的学术训练阶段，他们很少接触到职业类和创业类课程。其次是传统文化观念的束缚。我国传统文化对于大学教师的型塑是"教书育人"，创业属于"不务正业"的范畴，这种狭隘观念对教师的影响根深蒂固，让高校教师转变成创业者一时难以突破。同时，教师与企业家是两种不同性质的职业身份，角色的成功转换需要教师素质构成的重新组织。无论是在岗在职创业，还是离岗离职创业，在高校和社会支持环境还不充分的情况下，高校教师在角色取舍中难免有所顾虑[1]。

上述种种原因导致我国大学教师整体上缺乏创业相关的知识和能力。因为没有接受过任何创业教育培训，缺乏将知识产品与市场相结合、把资源转化成市场商品的能力，没有与企业对接的平台导致创业经验不足，高校教师在创业过程中困难重重，市场竞争力偏弱。有研究发现，绝大多数教师都有科技成果转化的需求，对创业也有一定的

---

[1] 魏红梅：《高校教师创业制度环境分析——基于制度环境三维度框架的视角》，《教育发展研究》2015年第17期。

兴趣和认识，但最后还是选择放弃①。

（三）大学教师创业能力提升的路径

1. 大力构建高校教师创业能力提升的政策支持体系

政策体系是高校教师创业的基本制度性支撑力量，目前，来自政府和学校、学院层面的政策支持并不能满足大学教师创业的需要，需要从宏观、中观和微观不同层面构建政策生态系统。

在宏观层面，政府需要改变对大学的评估方式。目前在我国建设世界一流高校的努力过程中，采取了一系列国际上高校评估的指标体系，比如 ESI 指标，这些指标体系的引入激发了高校之间的"人才大战"，那些能在国际有影响力期刊上"发文章"的人才成了香饽饽。但这种导向并不是没有问题的，我们在构建"双一流"高校的指标体系中仍然十分忽视来自社会的评价维度。世界上的知名高校并不是靠"论文"确定其国际声望的，而是靠杰出校友的社会贡献，美国的哈佛大学、麻省理工学院、斯坦福大学以及英国的牛津大学和剑桥大学无不如此，美国等发达国家高校的科研和学术的核心圈子在尖端产业而不在《自然》和《科学》等杂志的圈子里。并不是说，这些杂志反映的基础科研成果不重要，而是说这样唯论文的高校评估体制可能阻碍技术的转化。因此，国家对高校的评估政策应当适时纳入社会服务的指标，这一点在我国第四轮学科评估和"双一流"建设的具体操作过程中仍然表现出很大的缺失，需要对相关问题及时做出评估，提出针对性解决方案。

另外，除了改造政府对高校的评价指标体系之外，还要对高校放权。在我国，经济体制改革先于政治体制改革，经济领域的活力得到了充分的释放，企业作为市场主体焕发出了巨大活力，但是政治体制改革相对滞后，作为事业单位的高校被认为是我国市场化改革仅剩的两个堡垒之一（另一个是公立医院）。也就是政府对高校的管理模式仍然处于计划经济时代，这一管理模式构成了高校教师灵活创业的根本性制度障碍。政府应当进一步向高校简政放权，尤其是对一些新兴

---

① 张菊、吴道友、张巧巧：《高校教师创业现状及其管理机制研究》，《兰州教育学院学报》2016 年第 3 期。

行业、技术更新换代日新月异的行业等含金量高的行业,创业支持政策应当果断"打包"下放,保障高校使用人、财、物方面的自主权。

2. 在教师教育课程体系中纳入"创业教育学科",完善高校教师创业能力提升保障体系。

在发达国家的国民教育体系中,从初等和中等教育阶段皆纳入了创业教育的元素,最早从幼儿园起,课程设置中就开始融入"创业教育"的元素。比如通过商业模拟体验各种创业者角色,也可以在现实生活中体验简单的创业活动,比如送牛奶、买小商品等。在美国,90%以上的中学为普通中学,在普通中学中,职业类课程为三大课程模块之一。因此发达国家培养的教师一早就具备了一定的创业基础知识和实践能力,而且设置创业教育的专门学位[①]:

> 截至2015年,美国有42个州(2009年为19个)有创业教育的K-12标准及指导方针。同时期,在高中开设创业教育课程的州的数量已从5个增加到18个。此外,美国将创业教育纳入正式发展轨道,建立了创业学学科,开展了创业学的专业教育,设置创业学硕士和博士学位,而大批经过系统培训的创业学硕士、博士是美国创业教育处于世界领先地位的重要原因。这些策略从源头上确保教师队伍的数量和质量,实现了创业教育教师培训的专门化。

但我国的中小学课程体系很少融入职业类教育内容,认为职业教育只有在毕业的时候才开始教,即便有一些职业类教育的内容,也会因为影响升学成绩而被边缘化,导致我国大学教师创业基础知识和能力方面十分缺乏。弥补的办法就是在教师继续教育的课程体系中纳入"创业教育"类课程,使创业素质成为每一位大学教师的基本素质。

---

① Mark Marich, *Entrepreneurship Education Increasing in American Schools* (http://www.kauffman.org/blogs/policy-dialogue/2015/november/entrepreneurship-education-increasing-in-american-schools).

另外，也可以设置一些"创业学位"教育。目前，浙江大学等少数高校已经开始开展创业教育方面的博士教育，但是招生条件过于苛刻、招生范围过于狭窄，远不能满足我国高校教师对于创业培训方面的需求。在当前的条件下，应当以招收专业博士的形式推进招收创业类"专业博士"的试点（与贵族化的 MBA 教育互相补充），在总结经验的基础上尽快推广。

此外，还要尽快完善保障体系，促进教师创业能力的提升。首先，要完善教师的评聘体系和绩效考核制度，改进科技成果转化收益分成相关的法规体系，提升创业人员的物质收益水平。比如，学校要在政策中明确创业类教师的职称晋升，必要时可以单独列出。设置优秀创业教师年度人物、创业精神激励奖，以及举办教师创业的各种模拟大赛等。其次，减少教师的各类行政事务性工作。我国高校整日忙于各种表格的填写和应付各种行政检查，很少有心思去进行自我实现式的创业活动，这需要院系为教师进行行政性减负，保障教师有精力和时间进行创业活动。

3. 为高校教师创业打造合适的平台和空间

政府引导地方、企业和学校合理打造众创空间。近两年在国家和地方两个层面陆续出台政策打造大学生创业"众创空间"，但却没有将教师的创业活动统筹进去。而我们为学生打造的众创空间很多具有临时拼凑和机械整合的性质，并没有实质性的融合。下一步，要在统筹考虑教师和学生创业活动的条件下进一步整合企业、学校和地方政府的资源，切实打造师生创业创新空间。美国的高校都打造了自己独特的开放协作、公众参与产学研互相结合的创业教育生态空间。比如，美国亚利桑那州立大学（ASU）的创业教育生态系统包含五个层次[1]：各类学科为底层基础、大量丰富的首创活动（Initiatives）、先进的创业基地"天空之歌"（Sky Song）、政策、高度网络化（Networks）。各个层次之间既相对独立又互相联系成为一个完整的创业生态空间。德国慕尼黑工

---

[1] 黄扬杰、黄蕾蕾、李立国：《高校创业教育教师的创业能力：内涵、特征与提升机制》，《教育研究》2017 年第 2 期。

第七章 教师创业的能力构成、影响因素及提升路径

业大学的创业教育主要是通过管理学院和 Unternehmer TUM 提供,学校通过"TUMentrepreneurship"计划鼓励师生进行创业,该创业计划主要支持四个"未来技术"领域,积极推动基于研究的初创企业的发展。发达国家的创客空间具有一个共同的特征,那就是集创业流程指导和模拟、创业网络构建、创业实践体验、创业文化熏陶为一体,最后形成了一套独特、集成的创业教育生态系统。国外知名创客空间:Artisan's Asylum[①] 也是一个很好的例子:

Artisan's Asylum 由一位热衷大型机器人制造的创客 Gui Cavalcanti 在 2010 年创建,最初是源于他自己想完成的一个机器人的想法。Artisan's Asylum 是一个非营利团体,采取会员制方式运作,每月会员从选择时段的 60 美元起价,最高 200 美元即可以获得 24 小时全天候的会员资格和全部公共工具的使用权限。目前,Artisan's Asylum 每月的会员数量已经达到大约 250 人,长期入驻的工作室约 140 个,珠宝设计制作、机器人制作、电子电路设计、布艺设计、机械加工、焊接、木工,林林总总。会员加入后,可以获得这里提供的各种专业设备、工具的使用,包括切割、焊接设备,激光 3D 打印机等一些昂贵的设备。相互交流激发灵感的创客氛围也是吸引会员加入的一个方面,Artisan's Asylum 为会员提供了专门的交流空间,甚至还有厨房。总体上说,Artisan's Asylum 有些类似于研发基地,创客们在这里做产品原型,然后再另找地方批量生产。在筹资方面,创客们常常会与 Kickstarter 等众筹平台合作,募集项目有纯商业类项目,也有非营利的公益项目。此外,Artisan's Asylum 还定期举行培训,主讲人有很多是其中的创客,创客借此可以一边完成创作,一边赚取谋生费用。Artisan's Asylum 的创客有一些是全职,但更多是因兴趣而起,自己另有稳定的工作和收入。

---

① 《12 创客空间国外案例借鉴》(http://3y.uu456.com/bp_1ugrt2ziej0wk4s3w2de_1.html)。

4. 通过帮扶提升高校教师的创业能力

对高校教师创业能力提升的帮扶可以采取多种策略，也可以有多种来源，也可以根据教师的不同类型分为多种类别。比如，我们知道创业教育的前两个阶段分别是 KAB 阶段和 SYB 阶段，而在教师开设公司之后则是 DYB 阶段，在不同的创业阶段可以采取不同的策略。帮扶的来源可以来自企业、政府或者高校自己内部。

（1）分类帮扶

创业者有不同的类型，大学教师虽然以科技创业为主，但仍然可以区分为不同的类型，如根据高校教师创业技能的不同方面可分为技术创业型、创办企业型、管理创业型三种，可以先了解教师遇到的问题究竟是技术转化问题、开办企业问题还是管理问题，然后进行针对性指导。Klofsten 曾经将教师学术创业活动的形式从活动的硬性到软性详细划分为科技园、衍生企业、专利和许可、合同研究、产业培训课程、顾问咨询、筹资、学术出版等，以便能对他们的具体特点进行针对性指导[1]。需要注意的是，帮扶的策略定位主要是引导而非越俎代庖，主要通过引导、帮助和推动高校教师多样化、自主式发展。Lam 则研究了高校教师的创业动机，依据创业教师的具体动机采取帮扶措施，他发现高校教师参与学术创业的动机主要是出于谜题（puzzle）和声誉（ribbon），而较少出于物质奖励，因而提出了对高校教师进行精神层次帮扶的策略[2]。黄扬杰等则研究了不同职称和学术成就大学教师的创业动机，发现"先是出于外在的物质激励，然后才是内在的兴趣或声誉的激励"，从而为不同需求阶段教师创业的辅导策略提供了启发，即"对高级职称者，过多的物质奖励未必有效，应以内在激励（兴趣）为主，而对较年轻的教师则要有效结合内在激励

---

[1] Klofsten M., Scheele J., "Academic Entrepreneurship: University Spin-offs and Wealth Creation", *International Small Business Journal*, No. 2, 2005.

[2] Lam A., "What Motivates Academic Scientists to Engage in Research Commercialization: 'Gold', 'Ribbon' or 'Puzzle'", *Research Policy*, No. 10, 2011.

和外在（物质）激励"①。

　　分类帮扶还需要注意的就是依据教师不同的专业背景进行分类指导。在大学里，最具有创业优势的教师无疑是手握专利技术的那些教师，他们通常是技术方面的天才和极客，但这些教师很可能缺乏企业管理的知识，可能缺乏必要的人际沟通技能和领导力等。对他们的帮扶主要是进行商业知识、能力和人际交往等方面的培训。商科院校的教师具有企业管理的技能，但他们如果没有合适的技能和项目，也难为无米之炊，他们即便具有很强的资源整合能力，但如果对技术一窍不通，也难以创立优质的企业并使其发展壮大。因而也需要对他们进行一些现代技术方面的培训，使他们跟上技术发展的趋势并敏感于现代社会的技术需求。另外，不同学科的技术发展和应用趋势也有不同之处，转化模式和应用形式也可能具有不同规律，也需要进行特殊分析，因此要尽量为这些大学教师安排行业内的培训师资。最后，大学教学的分门别科也是大学的优势，大学里面汇聚了各种层次各种类别的人才，不同类别人才之间的整合也十分必要，而且这种整合能为大学教师创业者提供巨大的竞争优势。在一所实力强的综合性大学里面，创业的大学教师几乎可以得到任何必要的帮助。因此，院系之间资源的交流、项目的交叉使大学教师创业具有了得天独厚的土壤，各个院系的校友资源更为大学教师提供了广阔的空间。

　　（2）适时帮扶

　　首先是依据创业者的年龄阶段制定不同的帮扶策略。美国考夫曼基金会报告（2016）的数据分析了20年间不同年龄段成为新创业者的平均比例，发现35岁前（年龄段20—34岁）成为新创业者的比例大幅下降了约10%，20年后（2015年）各个年龄段成为新创业者平均比例对应的年龄段分布更加均匀，说明各个年龄阶段的大学教师通过培训有同样的机会成为创业者。德国慕尼黑工业大学的研究把创业教育分为"STARTUM"七个阶段，前面三个阶段主要培养创业者

---

① 黄扬杰、黄蕾蕾、李立国：《高校创业教育教师的创业能力：内涵、特征与提升机制》，《教育研究》2017年第2期。

对创业的感知、接触和评估，内容相对简单，这部分创业者处于金字塔底端，数量最大，这一阶段由于对教师的创业能力要求不是很高，因而培训任务相对简单。而在后两个阶段，对教师创业能力的要求相对较高，必须匹配精通创业的教师或聘请兼职的高水平企业导师来承担教学任务。这种金字塔式创业教育辅导策略充分尊重创业教育的规律，把创业教育的各个阶段和教师创业能力发展的各个阶段有效地结合起来，有助于针对性提升教师的创业能力[①]。还有就是根据教师创业的阶段进行分类指导。如果一个教师处于有意识创业的阶段，那么就要进行 KAB 教育，让教师了解基本的商业知识和创业流程；如果一个教师有了好的项目，进入创办企业阶段，那么就要实施提供 SYB 的教育；如果一位教师已经创办了企业，需要在企业的发展过程中得到帮助，就要为教师提供 DYB 教育。其中 KAB 教育最为初级，通过传统的知识传授模式就可以完成，SYB 教育就需要具有一定创业经验的导师来完成，DYB 教育则需要领域内的优秀创业者来实施，是"做中学"甚至是"战略合作式"的教学形式。

---

① 黄扬杰、黄蕾蕾、李立国：《高校创业教育教师的创业能力：内涵、特征与提升机制》，《教育研究》2017 年第 2 期。

第八章 教师创业的制度环境、政策措施与实践路径

2017年3月22日,我国人力资源和社会保障部印发了《关于支持和鼓励事业单位专业技术人员创新创业的指导意见》,支持和鼓励专业技术人员挂职、参与项目合作、兼职、离岗创业,意味着国家在人事制度上有了实质性的动作,支持高校教师从事学术创业活动。但是,号角的吹响并不意味着我国高校教师从事学术创业活动的政策制度障碍已经完全解除,一切仅仅是个开始。我国社会现状脱胎于计划经济体制,根据历史制度主义的观点,一些沉淀的制度规范不会在很短的时间内消失,而是会以各种或明或暗的形式阻滞新政策的实施。由于我国管理体制的特殊性,改革又主要是自上而下推动的,在国家宏观政策导向之下,中观和微观政策的调整是一个长期艰苦的过程,牵涉到千丝万缕的关系,会遇到各种各样有待捋顺的问题。本部分的研究将系统分析我国高校教师进行学术创业面临的具体制度环境,以发掘问题和寻找对策。

第一节 我国高校教师学术创业的宏观政策环境

鼓励高校教师创业是国家产学合作科技创新政策的重要组成部分,是国家大众创新、万众创业工程的重要一环。高校教师创业活动的开展必然受到国家创新创业宏观政策的影响。在我国,政府的影响是国家科技创新发展的最关键因素之一,甚至是首要的因素,因而有

必要首先讨论我国高校教师从事创业活动的宏观政策环境。自20世纪80年代以来，我国政府在宏观层面上依次出台了三项推动高校教师参与产业经营活动的相关政策，分别是1983年《劳动人事部、国家经济委员会关于企业职工要求"停薪留职"问题的通知》及《补充通知》；2015年《关于进一步做好新形势下就业创业工作的意见》；2017年人社部印发的《关于支持和鼓励事业单位专业技术人员创新创业的指导意见》。其中2015年《关于进一步做好新形势下就业创业工作的意见》可以看作是1983年文件内容在新时代的重新表述，2017年文件则体现为国家具体职能部门对国务院政策的具体落实。

一 1983年《劳动人事部、国家经济委员会关于企业职工要求"停薪留职"问题的通知》中的政策精神

1983年我国经济体制改革刚刚开始，相应配套政策具有鲜明的"摸着石头过河"的特点，在鼓励职工"停薪留职"的政策表述上使用了一系列限定词，比如"富余职工""政策允许"等，而且还有严格的时间限制。其中原文第二条规定了哪些职工可以申请停薪留职：

> 凡是企业不需要的富余职工，可以允许"停薪留职"。凡是企业生产和工作需要而本人要求"停薪留职"的职工，要做好思想工作，使他们安心于现任的工作。对于未经批准而擅自离职的职工，按自动离职处理。

第一条规定则对停薪留职的政策意图做了明确说明：

> 企业的固定职工要求"停薪留职"去从事政策上允许的个体经营，对于发挥富余职工的积极性，克服企业人浮于事的现象，有一定好处。但是，鉴于要求"停薪留职"的多数是有一技之长或年富力强的人员，他们离开企业对职工队伍的稳定和生产的正常进行会带来不良影响，因此，必须根据工作是否需要，严加控制，区别对待。

第八章　教师创业的制度环境、政策措施与实践路径

上述条款清楚表明，停薪留职限于"富余职工"，而对企业经营需要的职工要做好他们的思想工作，使他们安心工作。这种政策表述折射了政策的出台是与当时企业改制，消减赘员的政策密不可分。教师在该情况下"停薪留职""自谋职业"，乃是一种被动的创业形式。如果把该政策看作是国家出台的第一个鼓励教师创业的政策，它也是一个被动出台的政策。

1983年文件还对职工"停薪留职"的时限做出了规定：

"停薪留职"的时间一般不超过二年，停薪留职期满，本人愿意回原单位工作的，需在期满前一个月向原单位提出申请，原单位应给予安排适当的工作（已关停的企业由原企业的主管部门负责安排）；本人要求辞职的，经单位行政领导同意，可以按辞职处理。"停薪留职"期满后的一个月以内，本人既未要求回原单位工作，又未办理辞职手续的，原单位有权按自动离职处理。

事实上，这种对停薪留职做出时限规定的做法，也恰恰说明了政府出台停薪留职政策是对待当时企业机构臃肿、人员过多所采取的无奈之举，通过停薪留职既可以实现职工的轮流上岗，同时客观上为有创业潜质的职工提供了"机会"。也正是在该项政策的推动下，教育领域有一批教师创业成功，不仅解决了自己的就业问题，也为社会创造了财富和就业机会。那么，对于高校这样的事业机构而言，教师是主体和核心，在20世纪80年代缺乏教师的情况下，是不需要他们去创业的，去创业的都是学校的附属机构人员或者后勤人员。那些在教学活动中处于边缘化的学校工作人员要么独立创业，要么利用学校的资源（如门面房、盘活校办企业等）获得了创业机会并获取了巨大的经济利益。

另外不得不说的是，1983年的文件对职工停薪留职去创业除了保留人事关系之外，并没有给予过多的政策优待，停薪留职的教师不仅要向单位交一部分钱，而且职称、晋升等问题都被暂时搁置：

· 167 ·

"停薪留职"期间，不升级，不享受各种津贴、补贴和劳保福利待遇；因病、残而基本丧失劳动能力的，可按退职办法处理；从事非法活动，符合《企业职工奖惩条例》规定的开除条件的，原单位有权按开除处理。"停薪留职"人员在从事其他有收入的劳动时，原则上应按月向原单位缴纳劳动保险基金，其数额一般不低于本人原标准工资的百分之二十。"停薪留职"期间计算工龄。

尽管1983年文件的出台与当时企业改制密切相关，鼓励优秀职工（包括教师）到经济领域创业并不是政策的首要意图，但客观上改变了我国企事业单位职工管理过死的局面，一些教师或主动，或被动适应了经济发展的潮流，取得创业经营的成功。这些成功者解决了自己的生计问题、盘活了国家的经济、带来了就业机会，同时也成为国家经济改革中的标杆性人物，对后来者影响深远。

二 2015年《关于进一步做好新形势下就业创业工作的意见》对于教师创业的影响

如前文所述，我国学校创业教育始于1990年前后，而高校创业教育主要始于1995年前后。1995年开始，国家开始选取十所理工科大学作为创业教育的试点，并且引入兴起于美国的大学生创业计划大赛。另外，1995年之后，我国大学开始扩招，高等教育逐步进入大众化时代，各级各类高校都开始推进适合自己特色的创业教育项目，以解决大学毕业生的就业危机。2012年教育部出台文件，在全国高校普及创业教育，大学正式进入全面创业教育时代，但是暴露出了创业导师缺乏的问题。在大学创业教育兴起的同时，大学的产学研结合政策也在逐步推进。应当说，学生创业和大学教师创业都是推进产学研结合的关键步骤，二者之间存在着内在联系，但事实上关于学生创业的促进政策连续出台，而关于教师创业的促进政策则相对稀少。这说明，我国高校的创业政策仍然具有浓厚的就业导向，在产学结合方

第八章 教师创业的制度环境、政策措施与实践路径

面仍然不够主动,由此导致的创业教师缺乏实质上也限制了学生创业活动的质量。2015年《关于进一步做好新形势下就业创业工作的意见》再次提到"鼓励高校、科研院所等事业单位专业技术人员在职创业、离岗创业",等于重新强调了教师在学校创业活动整体布局中的重要作用。该政策关于教师从事创业活动的政策规定也发生了一些变化,首先是对教师"停薪留职"年限的延长,从2年延长到3年,再一个就是保留了停薪留职教师更多的权利,文件中关于高校教师创业的政策支持主要体现在意见第二部分的第10条:

> 调动科研人员创业积极性。探索高校、科研院所等事业单位专业技术人员在职创业、离岗创业有关政策。对于离岗创业的,经原单位同意,可在3年内保留人事关系,与原单位其他在岗人员同等享有参加职称评聘、岗位等级晋升和社会保险等方面的权利。原单位应当根据专业技术人员创业的实际情况,与其签订或变更聘用合同,明确权利义务。加快推进中央级事业单位科技成果使用、处置和收益管理改革试点政策推广。完善科技人员创业股权激励政策,放宽股权奖励、股权激励的企业设立年限和盈利水平限制。

2015年文件可以看作是对"大众创业、万众创新"政策的整体规划,而关于教师创业的条款只是其中一个部分,具有引领作用,但相对笼统,并没有对教师创业问题做出细致规定。但是里面透露出的新信息的意义及其影响仍然是重要的、深远的。其中最重要的一条是创业超过3年期限之后怎么办:"原单位应当根据专业技术人员创业的实际情况,与其签订或变更聘用合同,明确权利义务",这就为创业者留一条后路,将来如果企业办得好,就继续经营企业,如果停薪留职出去创业不成功,还可以回原有岗位。另外,创业的教师可以"与原单位其他在岗人员同等享有参加职称评聘、岗位等级晋升和社会保险等方面的权利",也解决了创业教师的重要关切。但作为一个引导性文件,许多内容仍然需要细化。

比如，大学教师作为体制内的人到体制外去创业需要一些具体的政策支持，包括创业过程中间政策的支持问题，比如通过何种政策举措提升高校教师的创业素质，如何帮助他们降低风险、提高成功率，具体来说就是提升他们的机会能力、组织能力、战略能力等。还有就是怎么去跟新经济条件下、智能互联网时代的创业环境相结合，等等。针对上述问题，有学者提出以下建议[①]：

（一）高校教师技术入股，学校在未取得股权分红或股权未发生转让前，不必缴纳企事业单位所得税

按现行规定，学校技术入股掌握一定股权，在实际获得现金收入前，一次性缴纳所得税可能会存在一定困难，并将削弱学校实施技术入股的积极性。因此，应借鉴中关村先行先试的股权奖励个人所得税试点政策：获奖励者在未取得股权分红或股权未发生转让前，不必缴纳个人所得税，只需在实际取得相关收益后再行纳税。这将更有助于发挥股权激励效应。

（二）建立宽容成果转移转化失败的国资管理机制

我国目前对于国有知识产权的管理是与实物资产、其他无形资产一样的管理办法，要求国有资产保值增值，这和科技成果转化客观上存在的高风险性形成悖论，严重地束缚了校、所及科技人员的手脚，直接影响到科技成果的转化。建议出台明确国有知识产权的管理办法及宽容成果转移转化失败的相关政策，以解除教师的创业顾虑，并确保国有资产安全。

（三）教师创业，建议出台相关政策能够保留其至少三年教师身份

高校教师作为开发高新技术的主力军，有着得天独厚的技术优势，并在国家鼓励科技成果转化的政策引导下，完全有能力以技术入股形式创办企业，但由于许多教师担心创业后无法保留教师身份，导致许多优秀的科技成果不能有效产业化。建议国家出台相关政策，明

---

① 《完善政策，促进高校教师创业》（http://cppcc.people.com.cn/n/2015/0318/c34948 - 26708227.html）。

确规定教师创业至少保留三年教师身份,并明确相应的实施细则。

总之,2015年的这一政策文件是国家的一个引领性文件,为中长期推进高校教师创业制定了框架,绘就了蓝图,但是迫切需要进一步细化,即要进一步制定政策细则以解决一些具体政策落实问题。

三 2017年人社部《关于支持和鼓励事业单位专业技术人员创新创业的指导意见》的意义

人力资源和社会保障部是高校事业单位的最高主管部门,人社部相关政策的出台是对国务院政策的进一步具体化、实施化。该政策从具体支持方式和人事岗位制度上都做出了更为具体的规定:

（一）给高校教师更大的政策支持

除了"事业单位专业技术人员到企业挂职或者参与项目合作期间,与原单位在岗人员同等享有参加职称评审、项目申报、岗位竞聘、培训、考核、奖励等方面权利"之外,明确在职称聘任和职务晋升上从"保留资格"到"给予倾斜":"合作期满,应返回原单位,事业单位可以按照有关规定对业绩突出人员在岗位竞聘时予以倾斜。"再一个就是为创业高校教师提供更为灵活的人事管理制度:"所从事工作确未结束的,三方协商一致可以续签协议。专业技术人员与企业协商一致,自愿流动到企业工作的,事业单位应当及时与其解除聘用合同并办理相关手续。事业单位选派专业技术人员到企业挂职或者参与项目合作,应当根据实际情况,与专业技术人员变更聘用合同,约定岗位职责和考核、工资待遇等管理办法。"最后,提高高校创业教师的奖励和收益分成:"事业单位、专业技术人员、企业应当约定工作期限、报酬、奖励等权利义务,以及依据专业技术人员服务形成的新技术、新材料、新品种以及成果转让、开发收益等进行权益分配等内容。"

（二）鼓励高校专业技术人员兼职创业或者在职创办企业

首先,"支持和鼓励事业单位专业技术人员到与本单位业务领域相近企业、科研机构、高校、社会组织等兼职,或者利用与本人从事专业相关的创业项目在职创办企业";"事业单位专业技术人员在兼职单位的工作业绩或者在职创办企业取得的成绩可以作为其职称评审、岗位竞聘、考核等的重要依据。专业技术人员自愿流动到兼职单位工作，或者在职创办企业期间提出解除聘用合同的，事业单位应当及时与其解除聘用合同并办理相关手续。"其次，对兼职创业教师的职责也做出了明确规定："事业单位专业技术人员兼职或者在职创办企业，应该同时保证履行本单位岗位职责、完成本职工作。专业技术人员应当提出书面申请，并经单位同意；单位应当将专业技术人员兼职和在职创办企业情况在单位内部进行公示。事业单位应当与专业技术人员约定兼职期限、保密、知识产权保护等事项。创业项目涉及事业单位知识产权、科研成果的，事业单位、专业技术人员、相关企业可以订立协议，明确权益分配等内容。"

（三）鼓励高校教师离岗创业的政策措施

首先，明确规定了离岗创业教师工资待遇问题："事业单位专业技术人员离岗创业期间依法继续在原单位参加社会保险，工资、医疗等待遇，由各地各部门根据国家和地方有关政策结合实际确定，达到国家规定退休条件的，应当及时办理退休手续。"其次，明确了创业企业对高校创业教师的职责："创业企业或所工作企业应当依法为离岗创业人员缴纳工伤保险费用，离岗创业人员发生工伤的，依法享受工伤保险待遇"，同时"离岗创业期间非因工死亡的，执行人事关系所在事业单位抚恤金和丧葬费规定"。再次，是保障创业人员创业期间的专业职务晋升问题："离岗创业人员离岗创业期间执行原单位职称评审、培训、考核、奖励等管理制度。离岗创业期间取得的业绩、成果等，可以作为其职称评审的重要依据；创业业绩突出，年度考核被确定为优秀档次的，不占原单位考核优秀比例。"

（四）支持高校（事业单位）设置创新型岗位

为了充分发挥高校、科研院所等事业单位人力资源和技术资源优势，加快推动科技创新，"单位可根据创新工作需要设置开展科技项目开发、科技成果推广和转化、科研社会服务等工作的岗位（简称'创新岗位'），并按规定调整岗位设置方案"："通过调整岗位设置难以满足创新工作需求的，可按规定申请设置特设岗位，不

第八章 教师创业的制度环境、政策措施与实践路径

受岗位总量和结构比例限制。创新岗位人选可以通过内部竞聘上岗或者面向社会公开招聘等方式产生，任职条件要求具有与履行岗位职责相符的科技研发、科技创新、科技成果推广能力和水平。"另外，"事业单位根据创新工作实际，可探索在创新岗位实行灵活、弹性的工作时间，便于工作人员合理安排利用时间开展创新工作。事业单位绩效工资分配应当向在创新岗位做出突出成绩的工作人员倾斜"。

在薪金制度上也采取了更为灵活的政策，"创新岗位工作人员依法取得的科技成果转化奖励收入，不纳入单位绩效工资"，而且"取得的技术项目开发、科技成果推广和转化、科研社会服务成果，应当作为职称评审、项目申报、岗位竞聘、考核、奖励的重要依据"。还有就是运用合同方式保证创新岗位教师的权益，"事业单位应当与创新岗位工作人员订立或者变更聘用合同，聘用合同内容应当符合创新工作实际，明确合同期限、岗位职责要求、岗位工作条件、工资待遇、社会保险、合同变更、终止和解除的条件、违反合同的责任等条款，双方协商一致，可以约定知识产权保护等条款"。

最后，提出了高校创新岗位和企业单位之间的合作制度框架，"事业单位可以设立流动岗位，吸引有创新实践经验的企业管理人才、科技人才和海外高水平创新人才兼职"。事业单位也可以"设置流动岗位，可按规定申请调整工资总额，用于发放流动岗位人员工作报酬"。"流动岗位人员通过公开招聘、人才项目引进等方式被事业单位正式聘用的，其在流动岗位工作业绩可以作为事业单位岗位聘用和职称评审的重要依据。"高等学校和科研机构"应当与流动岗位人员订立协议，明确工作期限、工作内容、工作时间、工作要求、工作条件、工作报酬、保密、成果归属等内容"。

总体看来，我国鼓励高校教师创业的宏观政策环境日益改善，涉及教师切身利益的关切正在得到逐步解决，相应的制度也在逐步完善，但是政策具体实施过程也会不断面临复杂的新情况、新问题。另外，涉及利益调整的过程也会遇到各种各样的阻力，我们将在后面的部分对存在的问题做出更具体的分析。

第二节 我国高校教师创业的中观制度环境

本部分讨论的中观环境乃是地方政府在支持高校教师从事创业活动的具体政策以及相应的环境。我国各个地区经济发展不平衡，经济条件各异，因此地方政府在支持高校教师创业方面采取了不同的举措。发达地区利用自己优良的产业平台为高校科研人员创业提供了得天独厚的政策环境，中西部地区也结合自己的地域特色和具体情况出台了相应措施。

一 支持高校科研人员创业的中观层面政策及经验

（一）通过"编制松绑"激励高校科研创业的政策措施

编制问题是束缚高校科研人员创业的制度性障碍，高层次人才往往有个"身份"，要么属于党政机关、事业单位的"编制内"，要么属于编制外，而且优秀的科研人员更多属于编制内人员，在大学里更是如此。针对这一问题，一些地区从编制松绑入手，为高校科研人员创业提供便利。比如，深圳出台了《关于促进人才优先发展的若干措施》给"编制内"的优秀人才创业"松绑解套"，实行高层次人才机动编制管理。"凡市外事业单位在编高层次人才来深圳创新创业，可依托市人才服务中心、市科技金融服务中心、市科技开发交流中心等，在 5 年内按深圳市事业单位编制内管理。"

"支持事业单位科研人员离岗创业，深圳市高校、科研院所等事业单位科研人员经所在单位同意，可离岗在本市创办企业或到企业开展科技成果转化，离岗创新创业期限以 3 年为一期，最多不超过两期。离岗期间，其人事关系可保留在原单位，由原单位为其代缴离岗期间单位部分的养老、医疗等社会保险，返回原单位时接续计算工龄并保留原聘专业技术职务。"

通过编制松绑，深圳市还建立了"企业家和企业科研人员兼职制度"，"允许高等院校、科研院所以及职业学校、技工院校设立一定比例的流动岗位，吸引有创新实践经验的企业家和企业科研人员兼职。兼职期间的各方权利义务，由兼职人员与原单位、兼职单位共同协商确定"。

目前我国事业单位编制改革正在推进，趋势乃是推进全员聘用合同制，人事关系社会化管理，但由于受历史因素的影响，推进速度仍不够快。另外，高等学校等事业单位为了吸引高层次人才，仍然把"编制"作为吸引人才的主要举措。上述种种原因，造成了我国人事管理制度双轨制的普遍存在，这种状况一方面从制度上和观念上固化了"编制"的重要性，另一方面也从客观上束缚了人才的自由流动。从这些角度看，深圳市通过编制改革为高校教师创业松绑具有重要借鉴价值，也说明，在未来政策选择上，国家和地方政府应当场下决心取消"编制"这一计划经济时代留下来的人事管理制度。

（二）积极鼓励科研人员进行学术创业活动

总体来看，地方相关责任部门能够及时跟进中央政府关于鼓励高校教师创业的政策举措，积极鼓励高校教师从事创业活动，显示出我国高校的政策执行体制优势。比如，辽宁省人社厅《关于做好鼓励高等院校、科研院所专业技术人员离岗创业有关人事管理工作的通知》，提出"省属及各地所属高等院校、科研院所中试用期满且距规定退休年龄5年以上的已聘专业技术岗位工作人员，可申请离岗创业；离岗创业申请人中担任单位中层及以上领导职务的专业技术人员（含"双肩挑"人员），需辞去所聘（任）领导职务后，以专业技术人员身份离岗创业。离岗创业申请期限一般3年，离岗创业期满确需延期且提出申请的，经审核批准可延长2年，申请人在同一单位离岗创业只能申请一次"。

"离岗创业期间，原单位应停发离岗创业人员工资，保留其人事关系，单位和个人应继续按在岗同类人员政策规定和标准缴纳养老、失业、医疗等社会保险费和公积金（个人部分自行承担），正常晋升其档案工资，保留其享有参加专家评选、职称评聘、岗位晋升等权利。离岗创业人员所在创业单位应当为其缴纳工伤保险费并承担相应的工伤保险责任。"

辽宁省具体政策中最引人注目的一点就是"离岗创业申请人需向

单位提交书面申请、离岗创业项目书，明确创业意向和方式"，从而形成了一个对创业人员评估和衡量的机制，"经单位同意的离岗创业人员，单位与申请人应在充分协商的基础上，签订离岗创业合同（协议）"，就离岗创业期限、离岗创业期间双方权利义务关系、社会保险、科研成果归属、收益分配等事项予以约定，同时中止原聘用合同。同深圳一样，辽宁也在人事管理政策上为高校创业人员提供了灵活的选项，"离岗创业人员期满申请返回原单位工作或辞职创业的，应提前1个月向原单位提出书面申请，对于申请返回原单位工作的，原单位要及时审核其离岗创业期间的情况，办理返岗手续，恢复原中止的聘用合同和各项待遇"。

江西则通过扩大高校和科研院所自主权的方式为人事制度松绑，"支持用人单位自主开展职称评审工作，进一步健全职称评价体系。支持高校和科研院所在核定的岗位总量内，自主设置岗位聘用条件，自主决定聘用人员，允许教学科研人员离岗创新创业"。另外，江西鼓励和引导高校和科研院所教学科研人员以职务科技成果作价入股企业，"不再限制科技成果作价份额占注册资本的比例"，实施"教学科研人员创业创新的股权期权等税收优惠政策"。

河北省委、省政府出台《关于深化人才发展体制机制改革的实施意见》，提出全省将着力破除束缚人才发展的思想观念和体制机制障碍，向用人主体放权，为人才松绑，"允许高校、科研院所等事业单位科研人员离岗在冀创办企业或到企业开展科技成果转化，5年内保留人事关系，代缴社会保险和住房公积金，档案工资和专业技术职务正常晋升。期满重返原单位的，工龄连续计算"。

云南省出台《关于加快众创空间发展服务实体经济转型升级的实施意见》（下称《意见》）。《意见》提出，"高校、科研院所及其他研发、服务机构科研人员保留基本待遇到企业开展创新工作或创业，对于离岗创业的，经原单位同意，可在3年内保留人事关系，与原单位其他在岗人员同等享有参加职称评聘、岗位等级晋升和社会保险等方面的权利"。为支持科技人员到众创空间创新创业，《意见》明确，"对财政资金支持形成的，不涉及国防、国家安全、国家利益、重大社会公共利益的科技成果使用权、处置权和收益权，全部下放给符合条件的项目承担单位；高校和科研院所科技成果转化所获收益用于奖励科研负责人、骨干技术人员等重要贡献人员和团队的比例不低于60%"，对"高校、科研院所的创业项目知识产权申请、转化和运用，按照国家有关政策给予支持"；同时鼓励"企业通过集众智、汇众力等开放式创新，吸纳科技人员创业，创造就业岗位，实现转型发展"。

二 支持高校科研人员创业的中观政策环境存在的问题

我国的政策变更一般都是自上而下的路径，地方政府对国家相关政策贯彻执行力高，但该过程中也可能出现政策失灵的问题，比如国家政策与地方政策间的矛盾问题，以及具体细则出台不及时等问题。范慧明的研究发现，高校科技成果转化的相关政策就存在教师技术转化收益比例规定不同以及科技成果处置权规定不同等问题[1]，这可能是由于地方政府可基于各地具体情况的不同，在不能达到国家政策规定的预期结果的情况下，出台比国家政策更为激进的措施，比如在教师技术成果转化收益比的规定中，地方政府的激励幅度更大。另外，由于我国行政体制科层制的影响，同级行政部门之间条块分割，在政策出台时间和具体内容上也可能出现相互矛盾的规定。

（一）教师技术成果转化收益比例规定之间的矛盾现象

比如[2]，《教育部关于积极发展、规范管理高校科技产业的指导意见》（教技发〔2005〕2号）规定："高校鼓励技术持有人和参与成果转化、产业化的主要人员，以及企业管理人员持有高校控、参股企业的股份。要按照国家有关政策，在以科技成果等无形资产投资入股企业时，给予技术持有人和其他主要人员不低于所占股权20%、原则上不超过50%的奖励。"但是，湖北省《促进高校、院所科技成

---

[1] 范惠明：《高校教师参与产学合作的机理研究》，博士学位论文，浙江大学，2014年，第70页。

[2] 同上。

果转化暂行办法》提出,"高校、院所研发团队在实施科技成果转化、转让的收益,其所得不低于20%,最高可达50%"。武汉市《市人民政府关于深化武汉地区高校科研机构职务科技成果使用处置和收益管理改革的意见》(武政〔2014〕27号)提出,"高校、科研机构职务科技成果转化所得净收益,按照不低于70%的比例归参与研发的科技人员及团队拥有"。《武汉市人民政府关于促进东湖国家自主创新示范区科技成果转化体制创新的若干意见》(武政〔2012〕73号)提出,"转化收益中至少70%归成果完成人或者团队所有"。

《江苏省科学技术厅江苏省教育厅中共南京市委南京市人民政府关于印发深化南京国家科技体制综合改革试点城市建设打造中国人才与创业创新名城的若干政策措施的通知》(宁委发〔2012〕9号)提出,"允许和鼓励在宁高校、科研院所和国有事业、企业单位职务发明成果的所得收益,按至少60%、最多95%的比例划归参与研发的科技人员(包括担任行政领导职务的科技人员)以及团队所有"。《北京市人民政府办公厅关于印发加快推进高等学校科技成果转化和科技协同创新若干意见(试行)的通知》(京政发〔2014〕3号)提出,"高等学校科技成果转化所获收益可按不少于70%的比例,用于对科技成果完成人和为科技成果转化做出重要贡献的人员进行奖励"。

这种矛盾令人深思之处在于,地方政府普遍采用了更为激进的激励政策。但是这种和中央政策之间差异的背后原因值得进一步调查和深思。

(二)政策与法规、同级部门之间的政策也可能出现抵触

武汉市《市人民政府关于深化武汉地区高校科研机构职务科技成果使用处置和收益管理改革的意见》(武政〔2014〕27号)提出:"高校、科研机构转化职务科技成果以股权或者出资比例形式给予科技人员个人奖励,获奖人在取得股份、出资比例时,暂不缴纳个人所得税;取得按股份、出资比例分红,或者转让股权、出资比例形成现金收入时,应当依法缴纳个人所得税。"事实上,我国个人所得税法没有规定针对这种情况可以暂缓缴纳个人所得税。同样,地方政策在税收政策上提供了更为激进的激励措施。这些无疑为高校教师提供了更加宽松的创业环

境,但是与国家法律法规相抵触,因此也可能与市场主体之间公平竞争的精神相悖,并不利于培育有竞争力的创业项目。

同级部门之间的政策矛盾甚至出现在国家部委之间,"在产学合作领域主要是科技部门、教育部门和国有资产管理部门之间的政策矛盾"。地方政府各厅级部门之间的政策也会出现时间上不协调,内容上相抵触的现象。这种状况的改进取决于我国行政体制的改革,实现不同部门之间职能的协调、交叉和融合。

(三) 地方鼓励高校教师创业创新《意见》缺乏具体实施细则

例如,上海依托其全国经济金融中心地位得天独厚的条件,在贯彻落实国家政策上属于走得比较快的地区。2015年,上海出台了《关于完善本市科研人员双向流动的实施意见》,旨在"鼓励和促进高等院校、科研院所与科技企业之间的人才流动,以达到促进科技成果转化,进一步提升科技创新能力的目的"。政策保障方面也有一系列具体的举措,"离岗创业的科研人员在创业孵化期3—5年内,保留与原单位的人事关系,保障基本工资待遇,除受到规定的处分(罚)外,每年可以正常晋升薪级工资,原单位代为缴纳社会保险和职业年金,可以正常参加专业技术职务评审和聘任,并可连续计算工龄及本单位工作年限等"。但这些规定在国家层面的政策中基本已经体现,上海市的规定并没有在具体条款上做得足够细致。对此,许多高校的调查情况显示,一些教师特别是理工专业的教师或者已经开始创业或者准备打算创业,但是目前《实施意见》刚刚出台,具体的细则还没有出台,特别是牵涉到人事用工方面的衔接,目前还没有成熟的做法推出,因而还存在较多顾虑[①]。

另外,地方主管部门对中央文件在执行上也并非完全积极主动,很多文件以"转发"的形式往下通知,一些文件精神随着文件转发的结束而结束。这种状况存在的原因是多重的,一些主管部门不作为是原因之一,需要对它们的履职状况进行督促,并建立起必要的问责

---

① 《沪新政鼓励科研人员离岗创业,因无细则高校尚未操作》(http://sh.sina.com.cn/news/k/2015-11-04/detail-ifxkhcfq1118718.shtml?from=wap)。

机制。再者，就是关于高校不同层面不同政策诉求之间存在着矛盾现象，比如高校的评估政策没有根本性转向，教师创业的短期行为对高校"双一流"竞争并没有直接作用，甚至造成优质人才向企业的流失，使得高校在鼓励高层次人才创业方面并不是很积极，甚至在一定层面上采取抵触措施。地方政府的管理绩效与此也密切相关，因此，在国家对高校评估方式没有根本性、实质性转变之前，地方政府在鼓励高校教师创新创业方面也会"留一手"。

第三节 我国高校层面机制环境对教师创业的影响

目前，在"双一流"高校建设的背景下，处于人才金子塔尖的高层次人才政策才是高校人才政策的核心，其他方面的人才政策都是可有可无的，而金字塔尖的人才恰恰是学校不愿意撒手的。但现行的大学排名与"双一流"遴选机制过度依赖于学术指标，SCI、SSCI 指标，ESI 高引用才是目前我国高校争夺的制高点，在这种背景下，高校关于教师创业的政策显然是居第二位的。还有就是我国高校独特的管理体制，行政化比较严重，形成了固化的管理套路，而且这些固化的管理方式环环相扣、层层制约，推出鼓励高校教师创业的具体细则往往触碰到多方的管理方式，而高校也存在人浮于事等问题，"多一事不如少一事"的管理思想在一定范围内也影响到了具体实施细则的推出。除此之外，大学研究能力、科研经费、大学学校类别、创业文化、大学的政策对高校教师创业行为也存在不同程度影响。

根据教学和学术的关系，可以把我国高校区分为教学型大学、教学研究型大学、研究教学型大学和研究型大学。一般而言，研究型大学具有更强的研究实力、更多可用于转化的技术成果，但研究发现大学的研究实力和高校教师参与创业活动之间的关系是复杂的，而不是简单的正相关关系[1]。

---

[1] 范惠明：《高校教师参与产学合作的机理研究》，博士学位论文，浙江大学，2014年，第42页。

一 大学教师所在大学的研究实力只是提升了大学教师创业的可能性

Feller 和 Roessener 等研究认为，学术能力越强的大学，科研成果越多，申请的专利也会越多、质量越高，学术声誉越好，而企业自然会寻求研究能力强、学术成果多、学术声誉好的大学进行合作（1995）。但这仅仅是可能，事实上，两者之间的相关并不显著。Azagra-Caro（2007）以西班牙巴伦西亚地区的大学为例进行研究，发现学校的研究实力和学校教师参与创业的行为之间并没有显著相关。相反，Y. S. Lee（1996）和 Ponomariov（2008）的研究发现"大学的研究实力和教师的创业行为之间存在负向影响"，比如，研究型大学教师得到更少的学校方面的政策支持，首要的原因是这些精英大学一般都不愿意将专利发明等作为教师职称晋升的一个考核指标以促进产学合作。

这些大学的教师更倾向于将大部分的精力和时间用在基础研究上，而不是短期的应用性研究。而排名中间或靠后的大学之所以对技术转移更为青睐，是因为比起精英大学，这些大学研究实力显然一般，得到政府经费支持少，因而他们对所在地区更有经济上的依赖性，他们更主动通过产学合作中的教师创业活动解决经费不足问题。另外一个有趣的现象是，人均公开发表论文数量质量与教师创业活动呈负相关。这一点国内外大学有一定的相似之处，目前仍然以论文和基础研究等衡量大学的学术能力，衡量教师的业绩，所以学术能力排名靠前的大学为保持学术领先地位，更注重激励教师开展基础性的学术研究，进行知识生产，从而影响了科研人员从事创业活动的积极性。另外，学术共同体作为一个自治的领域，更注重对学术声誉的维护，而不是直接参与到经济活动中去。学术共同体的这种文化的潜在规制在未来是否转变，以及如何转变仍然存在不确定性。

二 大学的经费来源构成对大学教师创业行为的影响

大学的办学经费来源一般有政府经费、企业赞助经费和技术转化经费等。Y. S. Lee（2008）的研究显示，研发经费小于50万美元的大学能够积极参与产学研合作，而研发费用大于50万美元的高校则没有更高参与当地经济活动的欲望。这说明，高校在满足基本研发需求经费之后，经费的增加并不会进一步激励高校推动教师参与创业活动。也即"并非大学的科研经费越多，教师参与产学合作就越多，反而是大学科研经费少促使了教师更多参与到产学合作中来"。

但是产业界的经费往往能够促进大学参与到产业活动中来，比如以不同方式"创业"。这主要是因为产业界对大学资助的动机决定的，产业对大学的资助往往是为了获得大学的技术和人力资源，这一点，已经得到相关研究的证实。而来自政府的科研经费能够增加对大学整体的发明的数量，但对于大学教师参与技术成果转化活动的促进作用仍未明确。

三 大学的类别和创业文化对教师创业行为的影响

研究发现是否为理工大学对教师参与产学合作的影响有限，理工大学中的教师参与了形式更多的产学合作活动，但也只限于基础学科，而大学的创业文化对教师参与创业活动的影响则更为显著。比如，斯坦福大学的教师比伯克利加州大学的教师参与了更多的创业行为，斯坦福大学位于美国创业活动最活跃的硅谷心脏地带，斯坦福大学从学校、院系和学科层面都积极鼓励和支持教师的创业行为，因而这些教师也有动力投入到更多的产学合作活动中，从斯坦福大学获得博士学位的教师比那些从其他大学获得博士学位的教师会参与更多的产学合作活动。这些得益于斯坦福大学全校上下极其浓厚的创业文化：

> 宽容失败、推崇创业、鼓励冒险的宽松、自由的环境，开创自己的企业，创办自己的公司成为每个斯坦福大学人的奋斗目标。在这种精神激励下，从教授到学生都积极投入创业活动。在制度文化方面，首先，给师生提供一个宽松的创业环境，允许教师和研究人员每周有一天到公司兼职，从事开发和经营活动；允

许他们有 1～2 年的时间脱离岗位到硅谷创办科技公司或到公司兼职；教师在学校获得的科技成果，由发明者本人负责向公司转移的，学校与其签署许可合同，所得的知识产权收益学校只提取 10%～15%；学校的应用性成果在一年之后仍未向企业转移的，发明者可自主向企业转移，学校一般不再收取任何费用。对于创业的学生给予两年时间，无论成败都可以继续学业。这些灵活的政策造就了斯坦福师生，使其成为硅谷中活跃的创业力量。其次，设置专门机构为师生创业提供便利条件，设有知识产权办公室来负责合同的签署和管理，设置技术许可办公室负责办理师生的专利申请和许可等相关事宜。再次，学校设有孵化资金，亦称种子基金。主要有三种形式：一是研究激励基金，即为支持具有创新性的研究想法而设的基金；二是鸟饵基金，即资助已初步成型但尚未获得许可的技术，不过每项技术的资助不会超过 2.5 万美元；三是缺口基金，即资助那些有商业前景但较难获得许可的发明①。

四 大学的政策支持对高校教师创业行为的影响

研究发现，高校教师从学校分配到的技术转移收入的比例越高，越倾向于参与到创业活动中，我国地方政府在产学促进政策制定中给予高校教师更大比例的收入优惠的原因可能也在于此，而且这种活动本身又可以从整体上给高校和政府带来技术转移收入的增加。对美国多所研究型大学技术转移相关的人员的研究也发现，"技术转移的奖励系统对教师参与产学合作起着重要作用，追求金钱的奖励是教师参与产学合作的一个重要诱因"②。另外，在美国高校的评价系统中也存在着将公开出版物和联邦政府基金作为教职晋升的主要指标，而忽视教师的社会服务业绩在教师职称晋升上的作用，这与我国高等教育

---

① 赵淑梅：《斯坦福大学的创业教育及其启示》，《现代教育科学》2004 年第 11 期。
② 范惠明：《高校教师参与产学合作的机理研究》，博士学位论文，浙江大学，2014 年，第 45 页。

评价指标体系构成中的问题具有相似性。总之，在学校微观层面，国内外的通行做法是将教师创业活动中教师收益的比例和职称晋升制度作为促进教师创业的主要突破点，这些被认为是影响教师创业活动的主要因素，但仅仅如此是否足够仍然是值得进一步研究的。

第四节 促进我国高校教师创业的政策改进措施

从1983年文件到2017年人力资源和社会保障部文件的出台，我国促进高校教师参与创业的相关政策体系建设取得了长远进展，无论是顶层设计还是地方政府的配套政策和措施，还是高校的具体做法，都有很多值得书写的地方。但由于我国政策和制度环境的特殊性，加之学校创业活动的推进牵涉到诸多方面，一些更为具体的问题也有待解决，因而促进我国高校教师创业的政策体系和具体内容在各个层面上仍然存在着改进空间，而且一些问题显得十分急迫。

一 顶层政策优化的方向

（一）优化高效评估指标体系，淡化研究与应用的区分

前文提到，由于我国教育管理体制根本特点的影响，国家的政策导向对高校的办学制度具有根本性影响。为了促进高校教师更为积极参与社会服务、参与创业活动，就需要优化对高校的评价指标体系，将高校教师的创业活动的数量和质量作为高校评估的重要指标，特别是要在"双一流"建设的遴选与评价过程中认真落实。在高等教育发展史上，洪堡曾经提出了"研究与教学统一"的大学办学原则，这一原则经过现代社会精神的洗礼已经得到了进一步的发展，那就是"教育—研究—服务"的统一，大学已经走出了象牙塔，拆除了围墙，大学已经被融入社会产学研结合的构架之中，而且这一点已经被主流的经济学家和教育学家接受，只是在具体的体制机制上大学有时候还以各种形式"故步自封"。要改变这种现状，首先需要在顶层设计上重塑大学的评价指标体系。

目前科研成果是衡量高校绩效的一个重要方面，也是高校考核教

师的重要方面，而科研成果主要通过承担课题、出版专著、发表论文及成果获奖等量化指标反映。而在科研课题的考核指标中又把政府课题（纵向课题）作为第一指标。而发表论文篇数为发表在国内学术刊物和国外学术刊物的合计数。在国内，又把发表在国际期刊上的文章数量作为首要指标，在某种程度上使我们的教师成为"西方科研的打工仔"，进一步疏离了我们自己的产业需求。课题方面又以国家级、省部级、地市级获奖数量的合计数作为考核的指标。看似各级研究课题是为社会服务的，事实上，这些课题大部分不能解决社会急需的问题，存在着"为课题而课题"和"为奖项而课题"的弊端。因此，要从顶层设计上改进对高校的评估方式：一是要考核大学教师的经济服务效益，主要是考核高校科研成果转化率，即科研成果直接创造的经济效益；二是考核高校教师参与经济活动的效率和质量，将杰出校友（纳入企业家校友）和创业教师的成就纳入考核体系；三是考核学校产业经费的数量，随着我国经济发展进入新常态，以及税收天花板的出现，国家财政办学的瓶颈正在出现，因此，通过考核高校产业经费的数量，既可以解决学校财政经费不足的问题，也可以切实推动教师参与创业、参与科技成果转化。上述国家政策导向的变化，必然引起地方和高校对于教师职称考核晋升制度的调整，从而从学校具体考核层面消除教师参与学术创业的障碍。

（二）从供给侧结构改革高度调整大学运营资金来源

供给侧结构性改革是政府管理高校方式的变革，这种改革可以改善高校运营方式，调节高校工作的重心，而对高校运营财政资金供给方式的改革能在整个改革中起到关键作用。我国以公立高校体系为主，运营资金主要依靠政府，这种靠政府吃饭的状况不利于高校积极参与产学研结合，不利于激励教师走出象牙塔与企业展开联合或者创办自己的企业。因此，政府可以根据各地经济发展的实际和国家教育发展战略适时调整对不同学校的财政供给方式。比如，国家财政经费只划拨大学所需运营经费的80%，发达地区可以更低，剩余所需资金鼓励高校通过产学研合作的方式进行筹措。国家可以根据国家整体教育的发展状况建立大数据实时监测系统，动态调整各地区各高校运营经费的划拨比例，实行非充足、按比例划拨的方式。表面上看，相对于美国政府，我国政府资金更为雄厚，但事实上我国政府需要统筹的事情更多。美国高校以私立教育为主，经费来源主要依靠企业捐助和产学研合作，我国政府则必须保证公立高校的基本运营，长此以往势必造成国家财政不堪重负。因此，非常有必要逐步降低国家财政主导的高校经费拨付方式，而是让产学研合作的经济活动来反哺教育。唯有如此，才能合理减轻国家财政负担，推动高校真正进入创新驱动的发展模式。

创新驱动[1]是供给管理理论的核心内容所在，创新就会创造出新的需求。创新能够创造巨大的需求，已经被现代经济社会中的事实所验证。美国的高等教育创新创造了苹果、谷歌等知名公司，这些公司的创意创新性产品创造出了巨大的消费空间、工作岗位，并开拓了美国新一轮的产业革命和经济增长巨大空间。我国高等教育只有通过不断创新，才能源源不断地创造出新的教育需求，增加教育的吸引力，创造新的教育价值，促进经济社会的发展。近些年来，国内不少民间的教育培训机构也能够在我国公立教育体系占绝对主导地位的情况下做大做强，成为市值上百亿元的上市公司，靠的就是教育形式和内容的创新，提供了公立教育体系无法提供的教育资源。这从一定程度上说明我国公立学校体系缺乏足够的灵活性和创新性，不能及时反映市场的需求。

创新驱动首先意味着高等教育通过制度、体制、机制创新，充分释放高等教育的办学活力。我国高等教育供给侧管理存在的主要问题是受计划时代管理方式影响，管理体制机制不活，高等教育体制改革滞后，高等教育对社会的变革和市场的需求变化反应不够灵敏。因此，高等教育要通过制度创新放松供给约束、解除供给限制、优化供给结构，重新制定高校选人用人游戏规则，建立起不拘一格的用人制度，落实非升即走、轮岗定位等内部挖潜的人力资源发现机制。其

---

[1] 张务农：《从经济学命题到教育学命题——供给侧改革之于高等教育发展意义审思》，《江苏高教》2017年第3期。

次，创新驱动也意味着高校要积极改革人才培养模式、课程设置、教学方式方法等微观要素，积极适应社会发展需求，创造出能够满足各级各类消费需求的"磁石学校"。最后，创新驱动也意味着高校要释放创新、创业活力，积极参与科技创新、产业革命、重大基础性原创研究，培养创新型人才、产生创新性科研成果，服从国家产业转型升级的社会需求。

而对于我国的大学而言，财政供给方式的创新是保障创新驱动的重中之重，财政资助方式的改变将改变高校运营的"政府依赖"，充分释放大学创新的潜能与活力。纵观大学教育的发展史，政府经费从来不可能无限制增加，"从现代大学诞生的那一天起，资金短缺就一直是其面临的世纪难题，大学也总是需要更多的经费"，而大学"越来越上涨且难以削减的办学成本，更是加重了大学经费短缺的现实及预期程度"，大学要维持不断地发展"单独依靠某一项或少数几项收入，既不可取，也不可靠，甚至会将自己带向一种危险境地"，对我国公立院校来讲，则需要"多方寻求额外的支持以使其财政来源多样化，走出'少钱少干、没钱不干'的公币模式"[①]。而出路正在于鼓励高校从产学研合作，鼓励教师身份的科研人员参与到产学研结合的创业活动中去。

（三）进一步扩大对高校教师创业活动的政策优惠措施

目前，国家在政策顶层设计上对科研人员创业活动出台了一系列优惠措施，但根据各地的具体实践，以及横向比较国外的情况，这种政策优惠措施有进一步扩大的空间。首先，地方政府在贯彻中央政策过程中，基于实际的需要大都采取了高于中央规定的政策优惠比例；其次，国外也有成功的案例，比如美国政府在教师创办企业过程中的优惠措施幅度更大。因此，在顶层政策设计中，仍然有较大改进空间：

1. 进一步扩大对教师创办企业的税收优惠政策

根据《财政部、国家税务总局关于全面推开营业税改征增值税试

---

① 罗志敏：《新时期公立院校财政的抉择与转型——从大学的"世纪难题"谈起》，《中国高教研究》2017年第10期。

点的通知》（财税〔2016〕36号）相关规定，转让技术成果是销售无形资产（包括专利技术和非专利技术），免征增值税。而申请免征增值税时，技术成果投资入股书面合同须经所在地省级科技主管部门认定并出具审核意见证明文件，报主管税务机关备查。但对"个人转让技术"取得的所得，应按照"财产转让所得"项目计算缴纳个人所得税，个人在技术成果转让、取得被投资企业股权时，在确认收入的实现后，按评估后的公允价值确认转让收入，减除原值（即技术成果研发费用）及合理税费后的余额为应纳税所得额，按照"财产转让所得"项目计算个人所得税，若一次性缴税有困难，可5年内分期缴纳。应当说，新政策对于创业人员技术入股的创业形式给予了更大的政策灵活性，但仍然有进一步优惠空间，比如对一些项目降低个人所得税的比例等。比如，南京市出台的相关政策（南京九条）中就提出"高校、科研院所转化职务科技成果以股权或出资比例等股权形式给予科技人员个人奖励，按规定暂不征收个人所得税"。本文认为南京的做法有值得参考的地方，可以根据具体情况免除一定比例或者全部的个人所得税。

2. 赋予高等学校更大的国有资产管理权限

在该方面美国是一个成功的案例，1980年，美国出台了《贝多法案》，该法案的主要意图是规定联邦资助的科研项目产生的专利等知识产权归属高等学校和科研机构，大学有权决定其是否实行转移以及以何种方式转移，转让收益也归高等学校和科研机构所有。该法案避免了原来因知识产权归联邦政府所有而产生的技术转移的复杂程序和收益归属纠纷，同时收益归高等学校和科研机构所有也提高了大学开展技术转移的积极性。从我国的国情来看，政府对高校的控制力更强，因而更需要类似《贝多法案》的法律出台，赋予高校在管理国有资产过程中更大的自主权，相关法律应当明确将无形国有资产的管理权限下放到高等学校，由高校决定是否进行技术转移，收益可以由项目出资单位、学校和教师个人协商分配。在我国，学校是公立的学校，国有资产权利的下放实质上并没有减少国有资产的总量，而且促进技术转移的举措可以带来税收、就业、技术进步等经济和社会效益,同时为学校带来更多的经费,摆脱高校对政府的财政依赖。如果将先进的技术牢牢控制在各级上级政府国有资产管理部门、教育部,只会增加转让过程的复杂性,造成权益不分明,增加各类灰色环节,对高校发展和国家经济运行都不会有更多好处。

3. 改进地方政府产学合作项目资助政策

一些发达国家已经出台了政府资助合作项目的优惠政策。比如,一些国家规定"凡向企业流动两年以上的大学科研人员,可以得到相当于一年工资的资金,并在工资、福利和退休条件等方面给予优惠"[①]。奥地利政府为了鼓励大学教师的创业活动,树立了一批"科学家服务经济发展"示范项目,并对项目进行了不同形式的资助,其中一条规定,企业每接受一名大学教师,如果时间不少于5年,就可以从学校科研部门得到16万先令的无偿资助。英国政府也出台了相关规定,要求地方政府以各种形式资助高校和企业之间的产学合作项目,在学校和院系的层面上,设立"教育与企业合作奖",用以奖励那些积极参与企业类活动的教学单位。例如,不列颠技术集团工业部就设立了"高校企业竞赛奖",以奖励那些做出突出贡献的教师个人。英国的相关奖励政策成功促进了高校科技人才向工厂企业的流动,激发了高等学校和科研机构教师的创业热情,以灵活多样的形式进行创业。在英国,75%以上的大学工程学部的教师和90%以上的市立、郡立工业大学的工程学科教师至少在企业工作一年以上,半数以上的大学工程学部的教授和研究人员的薪金是从企业领取的。同时,在政府相关政策的影响下,企业界也能积极参与到对产学合作项目的资助中来,比如,大学博士研究生在这些合作项目中可以领取企业拨给的各类奖学金。

因此,我国政府也应当尽快制定和颁布产学合作条例及其相应实施细则,鼓励高校和企业对产学合作项目提供不同形式的奖励。比如,对那些参与创业活动的教师,在他们创业初级阶段(经济比较困

---

① 胡四能:《发达国家政府促进产学合作的政策与措施研究》,《五邑大学学报》(社会科学版)2000年第1期。

难阶段）给予必要的收入补偿、减免税费、计算工龄等等，同时鼓励企业对参与产学合作的教师提供支持基金，比如通过企业家或者大学校友捐助的方式，成立大学教师创新创业基金，资助那些有前景的大学教师创业项目。

二　学校管理层面的改进方向

国家的政策精神归根到底要靠具体的学校主体去落实，在新形势下，高等学校自身要从办学观念、教师评价方式、职称评定等方面进行改变，在落实国家相关政策的同时，各具特色地开展教师参与创业的项目，促进产学研的进一步渗透融合、互相哺育。

（一）在产学研结合的背景下适当修改大学章程

大学章程是高等学校内部的"宪法"，是由大学的权力机构为了保证大学独立地位，根据高等学校设立的特许状，国家或地方政府教育法律法规，按照一定的程序制定的有关大学组织性质和基本权利的并且具有一定法律效力的治校总纲领。大学经历了教学型大学、研究型大学和创业型大学的发展阶段，大学章程应当反映这种发展趋势，融入新时代大学和大学教师创业的时代精神。当然，大学应该要有多样性，在发展上应该多元化，并非所有大学都应该发展为创业型大学。但是毫无疑问，所有的高校都应当意识到大学都是产学研合作链条上的一环，只是定位有所不同，合作方式有所不同而已。在"大众创业、万众创新"的时代，创业精神不可或缺，任何类型大学和大学的老师都可以从一定形式上参与到创业活动中来，每一所大学都可以形成自己创业的点和突破的尖刀。比如，马云学的是外语，但是他却可以在互联网领域施展拳脚，说明创业精神和创业成功跟学校的类型和层次地位并没有必然联系，该观点前面也已有论述。

总之，产学合作对我国所有大学的发展都非常重要，对于"如何参与产学合作""参与到何种程度"等问题，每个学校则可以寻找适合自己的定位。但是创业精神进入大学的章程不仅是必要的，而且是不可违背的潮流和趋势。教学型大学的"教书育人"和古典大学的"高深学问"已经远远不能阐释当今时代的大学精神和大学运行现象,现代大学的章程必须在吸取此前大学精神的基础上融入"创业精神"的元素,只有如此,才可以从根本上,从学校层面为高校教师参与创业、为产学研的深度融合奠定观念基础。

1. 调整和改进大学教师考核晋升方式

首先是要对教师进行分流设岗,分为不同的职称职务序列,采用不同的考核办法和晋升指标体系。比如,在以教学为主的大学时代,我们的教授主要是"教学型"教授,然而随着国家对科研的重视,"科研型教师"逐渐在高校占据主导地位,他们在身份和物质待遇上甚至要高于教学型教授。以科研型为主的教授甚至可以不为学生上课,只进行科研和培养研究生即可以合格履职了。然而,由科研型教师主导的局面正在改变,"转化型教授"逐步成为教师序列中的重要组成部分。目前,我国高校对转化型教授的考核,主要是知识转化率,即横向项目的数量和质量,很好地反映了大学教师在产学研合作中做出的贡献。目前,教学型、研究型和转化型教师的分类已经在我国一些高校展开,取得了一定经验,这种分流将是未来高校师资管理的主要趋势,同时转化型教师的"江湖地位"也将越来越突出。

与教师的岗位分流相对应的是对教师考核具体指标体系的修订,上文提到,我国高校目前对高校教师的考核存在着"唯论文"的取向,主要是发表在国际期刊上的 SCI 论文数量,但事实上 SCI 期刊论文研究成果偏基础而不是应用。因此,对于那些创业型教师,要求他们遵从同样的指标体系,不仅会占用教师大量的工作时间,消耗大量的实验材料和国家经费,而且最后发表的成果对于科技转化并没有太大意义。因此,用 SCI 数量和质量的指标体系来衡量创业型教师的业绩就会存在问题,会降低相关教师的创业积极性,因而需要在 SCI 指标和应用成果指标之间建立一个平衡点。那就是对转化型教师和科研型教师进行分类,分别给予评聘指标,互不影响,方能让他们安心创业。

另外一个就是在对教师进行科研项目考核时,要注重成果而不是重视项目本身。当前的评价体制给项目本身赋予了较大的权重,而不是项目产生的结果。可以把对课题、经费的考核转化为对成果的考核,比如发表的论文、产生的经济效益以及社会服务等。近年来,随着转化型教授单列评审的推进,一些横向项目申请过程中面临着类似的问题,一些教师通过各种关系获得横向项目,但合作结果往往不了了之。说白了就是为了上职称的权宜之计。因此对教师科研业绩等的考核不应当聚焦于课题级别、类别和经费来源,而是看取得了什么效果。关注教师工作的绩效而不是项目的数量和层次,就可以使教师专注于取得更多的实绩,而不是投机取巧去获得各类项目。如此做法也不会削弱教师申请各类项目的积极性,而是会激励教师通过产学合作的方式来获得科研经费,而获取经费的目的也不再是沽名钓誉。教师们今后在职称评审过程中也不必受"国家级课题""出国访学""博士学历"等形式要件的束缚,而是专注于教学、科研和为社会创造财富和效益。

而对于那些有条件从事创业活动的教师,到一定程度上也不会再在乎教授的职称,而是专注于创业,不仅给高校和国家、给个人带来财富和自我实现,也为其他教师节省了紧俏的教授指标,为更多教师创造创业机会。

2. 在学校的管理构架上进一步完善服务教师创业的机制平台

美国高校普遍设立支持产学研结合的"技术转让办公室",专门负责学校教师的产业活动,对产学研结合进行专门化管理的优势在于,原先分散在其他部门的与产学合作相关的职能统一纳入到产学合作办公室管理范围内进行专业化管理。有了这样一个平台之后,高校教师和企业界就建立了固定的联系通道和平台,而且简化了教师的办事流程。教师只要到一个部门就能完成校内产学合作的办事程序,而不必遭遇不同部门互相推诿、互相扯皮,且可以避免政策规定时间不统一、内容相矛盾的问题。目前,我国高校行政部门产学合作服务普遍存在着服务机构分散、服务业务范围小、专业化能力弱等问题。不过,近来高等学校在科研部门普遍设立了"成果转化科"或者"科研成果转化办公室",但是其主要职能是服务各类"横向项目"相关事宜,并没有直接指向教师创业活动,仍然没有专门负责教师创业的部门。应当说,教师创业活动是与科研成果转化有一定相关性,但毕竟是完全不同的业务。

目前，按照国家教育部的要求，各高校都成立了促进大学生创业的服务部门，而且要求创业教育示范单位成立"创业学院"，然而对于教师创业活动则缺乏专门的负责机构。在具体的机制构架改进过程中，高等学校可以统筹教师创业活动和学生创业活动管理，建立起两者联动机制，成立教师创业服务机构与学生创业服务机构互相协调，或者干脆成立师生创业综合服务机构，进行统筹管理。而且在管理人员的遴选上要坚持专业化的道路，选那些有一定经验、业务熟练的人负责教师创业活动，而不是将这些机构作为安排关系户、安排冗余人员的地方。如此才能把既掌握技术的科学价值又熟悉技术的市场价值，能够代表创业学校（教师）利益的人员选拔出来，切实推动和服务教师的创业活动。还有就是聘请专门的法律从业人员兼任相关机构的法律顾问或者成为专职法律咨询人员，为教师参与创业活动提供各类法律服务，保护教师的知识产权和创办企业的合法收益。同时为了激励教师创业服务部门，可将教师创业收益分成的一部分分配给相应服务办公室，以促进他们更积极主动为教师创业服务。

3. 出台激发教师个人创业积极性的具体政策措施

第一，出台高校教师创业的奖励措施。教师创业的动机具有特殊性，教师创业主要是教师学术生命的延伸和表现形式，内在的动机是创新，外在的动机主要是学术声誉，因此，在教师创业激励的具体措施上，主要是荣誉动机的激发，比如在校内设立"学术创业奖""科研社会效益奖"等，并将该获奖作为业绩考核和职称晋升的参考，以及激发教师的社会责任动机。而只注重物质激励的激励措施，不仅不符合教师创业最主要的动机，而且会危及教师职业的道德根基，从而造成教师职业身份的危机。

第二，开展针对教师的创业教育。美国等发达国家创业教育的成功经验表明，教师在学生时代的学习经历和生活体验对此后教师生涯阶段参与创业活动有显著积极影响。因此，为了促进未来的教师积极参与创业活动，就要从基础教育阶段抓起，在基础教育阶段纳入创业教育的内容。但我们在学习国外基础阶段创业教育的同时一定要研究中国问题，根据中国的实际来进行。其次，在教师师范教育阶段，或者在教师准入过程中加入创业教育的必要内容，把创业素质作为教师准入的基本条件。再次，在教师继续教育体系中，纳入创业教育的内容，不断更新教师创业的观念，使他们了解经济发展形势、产业的兴衰，以及创业机会的把握、创业资源的整合等知识。这样既可以满足教师创业素质构建的需要，也能够适应创业时代学生教育的特点。

第三，为教师构建平台拓展他们的社会资本。关于"社会资本"，虽然没有为人们普遍认同的定义，但从其基本内涵看，社会资本是相对于经济资本和人力资本的概念，它是指社会主体（包括个人、群体、社会甚至国家）间紧密联系的状态及其特征，其表现形式有社会网络、规范、信任、权威、行动的共识以及社会道德等方面。社会资本存在于社会结构之中，是无形的，它通过人与人之间的合作进而提高社会的效率和社会整合度。社会资本是教师创业先期积累的重要资本条件，是凝结在社会资本中的社会网络、互惠性规范和由此产生的信任，是人们在社会结构中所处的位置给他们带来的资源。而学校可以利用校友资源，建立校友企业家联合会，定期召集举办校友与不同学科教师的校企技术交流与合作洽谈会，一方面促成现有技术的转移，另一方面帮助教师和企业之间建立起社会网络，为以后的交流和合作建立基础。

第五节 教师如何成为创业者——个人的因素

即便是在大众创业、万众创新的时代，也不是要求每一个教师都去创业，创业有很多影响因素，除了外在的客观条件之外，还与个体的素质和准备状况有关。

一 自我认知与评估

成功的创业者身上往往有一些特质，而对这些特质的自我分析是高校教师从事创业活动的重要一步。至于成功的创业者身上究竟应当具备何种特质并没有统一的说法，不过一般认为创业者应当具备下列四个方面素质：

心理素质：包括自我意识、性格、气质、情感等心理构成要素。作为创业者的自我意识特征应为自信和自主；性格刚强、坚持、果断和开朗；理性色彩，不以物喜，不以己悲。

身体素质：指身体健康、体力充沛、精力旺盛、思路敏捷。创业是"激情的犯罪"，创业的过程是艰苦而复杂的，创业者工作繁忙、时间长、压力大，如果身体不好，必然力不从心、难以承受创业重任。

知识素质：创业者的知识素质对创业起着举足轻重的作用。创业者要进行创造性思维，要做出正确决策，必须掌握广博知识，具有一专多能的知识结构。具体来说，创业者应该具有以下几方面的知识：政策法律方面的知识，做到用足、用活政策，依法行事，用法律维护自己的合法权益；了解科学的经营管理知识和方法，提高管理水平；掌握与本行业本企业相关的科学技术知识，依靠科技进步增强竞争能力；具备市场经济方面的知识，如财务会计、市场营销、国际贸易、国际金融等等。

能力素质：创业者至少应具有如下能力：创新能力、分析决策能力、预见能力、应变能力、用人能力、组织协调能力、社交能力、激励能力等。

因此，教师在决定要不要创业、能不能创业、怎么去创业之前，首先要对自我进行评估，正确地了解自己，为自己的角色定位。首先，教师在参与创业的过程中必须要认识清楚自身的优势和长处，在创业过程中如何分工合作。比如，教师要根据自己的特点和长处，确定具体创业形式，如果创业形式为技术入股、联合创办企业，教师作为科技人员应该将自己定位为首席科学家或总工程师，负责技术研发和产品改进，尽量少参与公司的日常管理。对不熟悉领域的干预，一方面会浪费精力，另一方面也会造成公司运作上的混乱。其次，教师可以只做技术产品的原始创新，将技术产品的具体开发交给工业技术负责部门，从而保持教师的核心竞争力。

如果教师要独立注册公司，那么教师还需要具有对市场的了解等方面的知识。但教师往往缺乏对市场和产品的了解，认为技术的先进性肯定会保证产品的市场占有，对技术的估值和期望普遍过高。而且创业是一个系统化工程，技术只是其中的一环，还需要对市场、公司管理等诸多方面的了解。因而教师在决定创业之前，要根据拟采取的具体创业形式对自己进行全方位的创业适合性评估，比如 SWOT 评估①。

  SWOT 分析代表分析企业优势（strengths）、劣势（weakness）、机会（opportunity）和威胁（threats）。因此，SWOT 分析实际上是将对企业内外部条件各方面内容进行综合和概括，进而分析组织的优劣势、面临的机会和威胁的一种方法。其中 OT 分析（机会和威胁分析）主要是着眼于企业自身的实力及其与竞争对手的比较，而机会和威胁分析将注意力放在外部环境的变化及对企业的可能影响上。在分析时，应把所有的内部因素（即优劣势）集中在一起，然后用外部的力量（环境趋势）来对这些因素进行评估。环境发展趋势分为两大类：一类表示环境威胁，另一类表示环境机会。环境威胁指的是环境中一种不利的发展趋势所形成的挑战，如果不采取果断的战略行为，这种不利趋势将导致公司的竞争地位受到削弱。环境机会就是对公司行为富有吸引力的领域，在这一领域中，该公司将拥有竞争优势。对环境的分析也可以有不同的角度。比如，一种简明扼要的方法就是 PEST 分析，另外一种比较常见的方法就是波特的五力分析。SW（优势和劣势）分析识别环境中有吸引力的机会是一回事，拥有在机会中成功所必需的竞争能力是另一回事。另外，每个企业也都要定期检查自己的优势与劣势，这可通过"企业经营管理检核表"的方式进行。企业或企业外的咨询机构都可利用这一格式检查企业的营销、财务、制造和组织能力。每一要素都要按照特

---

  ① 《SWOT 分析模型》（https：//baike.baidu.com/item/SWOT% E5% 88% 86% E6% 9E% 90% E6% A8% A1% E5% 9E% 8B/8086110? fr = aladdin）。

强、稍强、中等、稍弱或特弱划分等级。当两个企业处在同一市场或者说它们都有能力向同一顾客群体提供产品和服务时，如果其中一个企业有更高的盈利率或盈利潜力，那么，我们就认为这个企业比另外一个企业更具有竞争优势。换句话说，所谓竞争优势是指一个企业超越其竞争对手的能力，这种能力有助于实现企业的主要目标——盈利。

二　选择适合教师自己的创业方式

高等学校的教师各有各的具体条件，比如技术资源、社会资本和自身的具体准备情况等，而每类创业合作的具体形式也都有自身特点，并会带来不同的收益，因此，每位教师要根据实际情况选择适当的自身的创业方式。范惠明[1]通过相关研究提出，"如果教师时间充裕，可以选择参加学术商业化、新技术研发等产学合作活动，反之，可选择参与技术服务和人才流动的方式"。而从收益大小看，"如果教师希望获得较多的收益，也可以选择参加学术商业化、新技术研发方式，反之，如果希望更快获取收益，则可参与技术服务和人才流动以及学术交流方式"。还有就是"从希望获取的不同收益看，如果教师希望获取研究收益，则可以参与技术服务和人才流动方式；如果教师希望获取资金收益，则可以更多参与新技术研发方式；如果教师想提升荣誉，则可以参与技术服务和人才流动方式"。

教师创业，跟一般的普通人创业相比，有很多优势：教师有专业知识支撑，可以开发丰富的校友资源，有些人做过管理工作，具有良好的管理能力，还积累了良好的人脉，或是学科的带头人，积累了一定的影响力。但同时也有一定的劣势，一些人专于科研，对社会文化、地方性知识并不太了解，往往创业前的想法过于理想，而创业一旦有些挫折又容易退缩。因此，教师在创业之前选择适合自己的创业方式力求发挥自己的专业优势尤其重要。比如，先结合自己的专业来

---

[1] 范惠明：《高校教师参与产学合作的机理研究》，博士学位论文，浙江大学，2014年，第161页。

做，先采用人事交流的方式到企业里挂职锻炼或者进行项目合作，在积累了一定的经验之后再独立进行创业。在结合自己专业特长方面，比如一些教师凭借自己在科学研究方面的丰富经验和沉淀，做相关方面的讲座，并通过自媒体客户端，经营学术交流学习的公众号，也取得了有声有色的成果。而且他们积极参与企业界的交流，即通过参与自媒体领域运营的企业家交流会来扩大自己媒体的影响力，并为自己的创业项目绘就未来发展的蓝图。

但无论如何，高校教师（包括任何人）总能找到适合自己的创业方式，他们必须先以某种方式体验创业活动才能逐渐积累创业的初始资本。高校是人力资本的聚集区，教师只要善于发现自己的优势并积极进行各种资源的整合，不但能在产学研结合的过程中找到自己合适的角色，也一定能在合适的时候独立创业。研究发现，教师参与产学研结合活动的层次从高到低依次为学术商业化、新技术研发、技术服务和人才流动、学术交流[1]，一般情况下，教师可以遵从由低到高的阶段从事不同形式的创业活动，但教师也完全可以在对自己进行充分评估的基础上，从其中的任何一个阶段直接开始。

---

[1] 范惠明：《高校教师参与产学合作的机理研究》，博士学位论文，浙江大学，2014年，第162页。

第三部分
创业教育学学科发展框架与认识基础

第九章　创业教育学作为未来学校创业教育的总指导

全校性创业教育的开启和创业教育的大众化、终身化趋势是创业教育学及其基本理论问题研究提出的重要背景。通过对创业教育过程中关键要素及其间的关系分析，可以把创业教育学的基本理论问题界定为五个方面：以基本概念研究为起点，构建创业教育学本体论、价值论与方法论体系；以创业者素质结构为逻辑起点，阐述创业教育课程理论；以创业教师素质结构为逻辑起点，阐述创业教师的专业标准和专业化发展理论；以创业教育实践结构构建为目标，进行创业教育实践模式构建理论研究；以创业教育体系结构建设为目标，进行大中小学创业教育的连贯性、衔接性理论研究。其中：基本概念及相关问题的澄清是创业教育学研究的基本支点，创业者素质结构是创业教育学探索的根本核心，而创业教师素质结构、创业教育实践结构、创业教育体系结构的设计均指向创业者素质结构的实现。

我国学校创业教育自20世纪90年代开始以来，已经走过了20余年。20年来的创业教育理论与实践从"弱势群体创业教育"到"精英群体创业教育"，再到"全校性创业教育"，创业教育正在朝着"大中小学一体化的生态教育模式"前进。创业教育已经成为国民教育的重要组成部分：它不仅仅是"企业家教育"，它也承担着培养新一代具有开拓创新精神的国民的重任，普及化的和通识化的创业教育将为我国经济的转型升级提供新型的人才支持。由于众所周知的原因，创业教育起始于企业管理教育，人们在研究创业教育的时候有着某种"企业管理视角的偏向"。加之创业教育日益普及、日益渗透到教育系统的方方面面，从教育学的角度对创业教育现象进行理论表达就成了一个迫切的课题。

第一节 全校性创业教育的开启与"创业教育学"基本理论问题研究的凸显

我国最早的创业教育研究与实验始于1990年，该项目受联合国教科文组织委托、由国家教委基础教育司劳动技术教育处牵头，在北京、江苏等地开展，实验对象为五个相对贫困县区的农村中小学生（包括辍学儿童、普通中小学生和职业中学学生）[1]。该项研究旨在对落后地区的儿童群体进行创业相关教育，以解决他们的就业生计能力问题，这一创业教育实验带有浓厚的"弱势群体创业教育"特色。"弱势群体创业教育"可以被认为我国创业教育的一个时代特色，也可以被看作是我国创业教育认识和实践领域的一个派别，2004年河北省曲周县的教育改革实验区也带有类似的特色[2]。1999年1月，教育部《面向21世纪教育振兴行动计划》中提出"加强对教师和学生的创业教育，鼓励他们创业"，这是国家以政府文件的形式推动创业教育发展的重大举措。同年，团中央推出全国大学生创业计划大赛，从全国高校范围内筛选和培育优秀大学生创业项目。2002年，教育部确定清华大学等9所高校为创业教育试点高校。总的来说，国家在该阶段的创业教育探索带有明显的试点性和大赛性，参与对象具有精英化特点，该阶段可以被认为是"精英群体创业教育"阶段。2012年8月，教育部颁布《普通本科学校创业教育教学基本要求（试行）》，旨在"推动高等学校创业教育科学化、制度化、规范化建设"，要求全国各高校开设"创业基础"必修课，对全体学生进行创业知识、创业能力和创业精神教育。以此为标志，我国创业教育进入

---

[1] 毛家瑞、彭钢：《创业教育的理论与实验研究报告》，《教育研究》1996年第5期。
[2] 张淑清：《关于农村中小学创业教育的思考》，《中国教育学刊》2007年第6期。

了"全校性创业教育"阶段。全校性创业教育是覆盖全校学生,依托全校资源,以培养学生创造能力和创业能力为目标的创业教育[①]。全校性创业教育是国家对创业教育大众化、全民化的认可与确定。随着"全校性创业教育"阶段的开启,"创业教育学"的构建无论从理论诉求还是实践诉求来看都成了一个迫切的课题。

从创业教育学的发展来看,90年代初创业教育研究与实验课题组曾出版了国内第一套创业教育系列丛书,但该书基本的构架偏重于"创业学"而不是"创业教育学"。第一部采用教育学体系的创业教育类著作是1995年出版的彭钢著《创业教育学》,该书从创业教育学的基本概念与范畴、框架与模型、微观过程与内部规律、宏观运行等对创业教育的基本理论问题进行过论述。此后,尚未发现教育学体系的"创业教育学"。自彭钢《创业教育学》以来,创业教育理论和实践研究已经进展将近20年,"创业教育学"从内容和体系上都应被重新审视。"创业教育学"也有一些尚未解决的基本理论问题,包括:创业教育学的学科定位问题,创业教育学、创业学、创业教育、企业家教育等若干学科范畴的关系问题,创业教师专业发展问题、大中小学创业教育衔接问题以及我国创业教育实践模式理论提炼问题等。

第二节 溯源与梳理:国内外创业教育基本理论研究素描

一 我国创业教育学基本理论问题研究溯源

我国研究者最早在1990年的创业教育研究与实验中,就对创业教育学的概念体系、理论框架、目标构成、课程模式、评价模式等进行过探索,并提出了基础教育领域、职业教育领域和成人教育领域的三种教育模式,依次为渗透模式、辐射模式和融合模式。基础教育领域的创业教育培养受教育者初步的创业意识、心理品质、独立的学习

[①] 梅伟惠:《创业人才培养新视域:全校性创业教育理论与实践》,《教育研究》2010年第6期。

生活意识和良好的社会适应性，职业领域的教育着重进行职业技能准备教育、形成完整的创业基本素质，成人教育领域以进修提高和职业转移为目的[①]。1995年，彭钢出版《创业教育学》，对创业教育的"框架与模型、微观过程与内部规律、宏观运行与基本性质"等内容进行了探讨，形成了体系完整的创业教育学著作。此后，创业教育理论的发展和分歧可以从研究者对创业教育本体论的不同界定来归纳：一是就业说，"创业教育包括求职（为自己创造就业机会）和创造新的就业岗位"两方面的内容[②]。二是素质说，"创业教育是素质教育最高层次的目标"[③]。三是筛选说，这类观点支持创业教育的宽厚基础和普及性，但是最终的目的是优秀创业项目的筛选和孵化[④]。四是变革说，"创业教育不仅意味着高等教育从'守成教育'到'创业教育'模式的转变，更新学习理念、变革教学方法，也涉及整个大学课程、实践与管理的变革"[⑤]。

　　从文献分析看，我国创业教育学基本理论研究涉及创业教育的目标与功能、创业者素质模型与培养、大学生创业支持体系、创业教育课程体系、创业教育模式等方面，但也存在不足之处：第一，创业教育模式研究基于理论分析的研究多（从中国知网通过关键词检索到620篇），基于实践提炼的研究偏少（只有40余篇，而且大多数没有典型代表性）。第二，关于创业教师专业发展的研究偏少（用以上方法只检索到30篇文献），而且缺乏高质量的研究。第三，近年来的创业教育研究主要指向了高等教育领域和职业教育领域，关于中小学创业教育的研究成果，比例不到1%。

[①] 毛家瑞、彭钢：《创业教育的理论与实验研究报告》，《教育研究》1996年第5期。
[②] 欧阳山尧：《实现从就业教育到创业教育的转变》，《中国高等教育研究》2004年第6期。
[③] 唐德海：《从就业教育走向创业教育的历程》，《教育研究》2001年第1期。
[④] 李秀娟：《"两平台、三层次"创业型人才培养模式研究》，《黑龙江高教》2007年第11期。
[⑤] 欧阳山尧：《实现从就业教育到创业教育的转变》，《中国高等教育研究》2004年第6期。

二 国外创业教育学基本理论问题研究梳理

在国外,创业教育开始较早,总体来看走了一条从"精英"到"全体"的演进路线。在美国,对创业教育的认识经历了聚焦理论→磁石理论→辐射理论的路线,在这一过程中,创业教育的对象由商学院精英走向了全校,创业教育的教师来源也从商学院教师扩展到了所有的院系。但在实践领域,美国的创业教育仍然保持着"聚焦模式""磁石模式"和"辐射模式"共存的实践生态,体现了精英与大众互为依存的创业教育理念:哈佛商学院依然强调创业者的创业特质,百步森商学院则一如既往地为年轻一代设定"创业遗传代码",康奈尔大学的创业教育"不仅要面向所有学生,而且要求所有院系老师的参与"。另外,欧盟各国、日本等国的创业教育也遵循类似的普及化发展路线。

从教育学的视角来看,国外相关理论研究在创业教育的概念、支持网络、课程开发、师资培养、教学方法、教学评价等方面的进展值得关注。比如关于创业教育的概念,Jamieson(1994)认为创业教育包括培养创业意识的教育、帮助学生创业的教育和帮助学生成功创业的教育三个层面的含义。在创业教育的支持网络上,主要研究学校和企业界、社会组织、政府职能机构的整合机制。课程研究涉及课程的系统化和各类课程的整合,并着重开发实践课程(工作坊等)来学习商业技能、风险管理能力和发展批判思维(Jeff Kee,2012)。在创业教师培养上,主张改变教师的思考和行为方式,教师要"以创业的方式来教学""主动与同行合作"(Marja Laurikainen,2012)。在创业教育的方法论上,主张避免纯粹的讲授,理论学习也要通过"以理论为基础的实践活动培养能力"(Jameso Fiet,2000)。有研究者则阐述了发现理论和创造理论两种不同的创业教学模式(Ava Amini,2009)。在创业教育的评价上,有学者主张创业教育应包括微观评价(创业者运营公司的质量)和宏观评价(创业学生的比例)两个层面,并阐述了该评价策略的缺陷(Sameeksha Desai,2009)。总之,国外创业教育理论研究偏重于教学论研究,通过文献分析,可以清晰地看到西方创业教育的价值取向，比如强调"主动""协同""全身参与"和"开放"的教育理念，在具体学习方法上强调参与性学习、能力基础、批判思维的培养等，反对创业教育中的理论传授偏向："知识教学的方式会适得其反"，"必须使教育过程变得创业化"。

总的来看，西方创业教育始于商学院，并发展为全校性的创业教育。创业教育理论被认为肇始于迈尔斯·梅斯的"新创企业管理"和杰弗里·蒂蒙的"新创企业"等，也可说是源自"企业管理学"，因而西方创业教育理论也缺乏教育学专著式的表达。但有关创业教育的研究文献并不缺乏教育学元素，通过关键词"Entrepreneurship Pedagogy"可以在外文期刊网和谷歌搜索到大量相关文献。

第三节 "创业教育学"基本理论问题研究的维度分析

创业教育学首要的、基本的理论问题当属创业教育的概念内涵问题，从前面的分析可以看出，研究者对创业教育的本体论含义阐释尚存在较大分歧，因此，创业教育学的概念研究是创业教育学首要的基本理论问题。另外，从创业教育过程的要素分析来看，学生和教师是创业教育过程中最主要的人的要素，创业教育模式和创业教育体系是创业教育过程中最基本的"实践要素"。根据以上分析框架可以把创业教育学的基本理论问题界定为五个层面，即创业教育学基本理论问题的五重构建：以基本概念研究为起点，构建创业教育学本体论、价值论与方法论体系；以创业者素质结构为逻辑起点，阐述创业教育课程理论；以创业教师素质结构为逻辑起点，阐述创业教师的专业标准和专业化发展理论；以创业教育实践结构构建为目标，进行创业教育实践模式研究；以创业教育体系结构建设为目标，进行大中小学创业教育的连贯性、衔接性理论研究。其中：基本概念及相关问题的澄清是创业教育学研究的基本支点，创业者素质结构是创业教育学探索的根本核心，而创业教师素质结构、创业教育实践结构、创业教育体系结构的设计均指向创业者素质结构的生成和实现。

一 概念维度——创业教育学本体论、价值论、方法论的审视与澄清

概念研究包括创业教育的概念发展以及创业教育学与创业学、企业管理学等学科范畴的区分与联系。在我国，创业教育的发展大致经历了三个不同的历史发展阶段：弱势群体创业教育阶段，精英群体创业教育阶段和现在的全校性创业教育阶段。从教育学的角度分析，"创业教育学"以"创业教育"为研究对象而不是以"创业活动"为研究对象；"创业学"和"企业管理学"是"创业教育"的专业基础性课程，"创业教育学"应为创业教师的理论修养课程。从创业教育概念的变迁也可以看出创业教育在不同发展阶段的不同本质规定性：起初是生存就业教育，后来是精英教育，现在是素质教育；西方的创业教育则经历了从"精英教育"到"国民教育""人格教育"的转变。创业教育的价值也体现出不同的层面：从个体的角度看，有就业说、生存说、素质说、自我实现说；从国家和社会的角度看则体现出就业说、孵化说、创富说、创新经济说等不同的层面。从国内外对创业教育理解的发展趋势来看，素质教育说日益成为创业教育的本体论含义。不能把创业教育等同于"职业指导""科技孵化""财富创造""企业管理"等，创业教育与人的"人格发展""心理历练""能力提升""精神升华""自我实现"等密切相关。在创业教育的实践过程中要处理好"素质培养"和"职业指导""创业指导"的关系，也要平衡好创业教育的通识性和专业性关系、创业教育的基础性和系统性关系，以及创业教育的大众性和精英性关系。

创业教育的方法论涉及两个方面的问题：一是创业教育如何体现学校特色、专业特色、地方特色以及个人特色；二是解决理论教学和实践教学的矛盾问题。学校特色表现为不同的学校应该采用不同的创业教育策略。我国的高等学校种类繁多，层次参差不齐。研究型大学或者创业型大学应当依靠自己雄厚的科技实力以科技孵化带动创业教育，普通大学应当依靠自身的办学特色和现有的资源开展适合的创业

教育活动，在大学群体中处于不利地位的末流本科院校和专科学院的创业教育活动则主要是"生存型创业"驱动的。专业特色则是创业活动成功的必备条件，是指创业者在自己熟知的领域进行创业才有更高的成功可能性。地方特色指大学的创业教育要密切结合当地的经济发展，利用当地的经济环境和市场平台进行实际的创业活动。例如，温州大学创业学院、中山大学创业学院、义乌工商学院创业学院都充分利用了当地的经济发展平台，形成了颇具特色的创业教育模式。个人特色是创业教育过程中对受教育者进行职业规划的教育，主要解决以下问题：要不要创业？适合不适合创业？在创业团队中承担什么角色？等等。关于理论教学和实践教学的关系问题，要坚持强化教育过程的实践性，"必须使创业教育过程变得创业化"，即便是理论的教学也要通过创业来教。该观点基于"理论学习无法学会创业"这一认识，但是作为创业准备的系统的理论讲授和学习也是不可缺的，否则同样会陷入"进步教育"的误区。

二 创业者素质维度——创业者素质结构描述与创业教育课程体系设计

　　创业者素质模型的研究构建与创业课程设置理论研究互为依存。关于创业者素质的研究主要涉及几个问题：创业者素质的构成是什么？创业者素质是否可教？如何教？根据罗伯特·加涅对人的素质结构的划分，人的素质被分为三个方面：先天的素质、发展中形成的素质和后天形成的素质。素质的先天成分主要指一个人的神经解剖学基础，比如与之相关的每个人对信息的输入、加工和提取的速度存在先天性差异。发展中形成的素质包括个体的智力和人格特质。智力是个体的处理抽象观念、处理新情境和进行学习以适应新环境的能力；人格特质则表现为个体在焦虑、性格、谨慎、冲动、自我满足等方面的差异。智力和人格特质是先天和后天相互作用而长期稳定，不易受教学影响。而个体的言语信息、智慧技能、认知策略、态度和动作技能等作为后天习得的素质是最容易通过教学获得的素质。彭钢在其《创业教育学》中对创业者素质的概括可以归结为创业精神、创业知识、

第九章 创业教育学作为未来学校创业教育的总指导

技能和创业心理品质①。教育部印发《普通本科学校创业教育教学基本要求（试行）》，要求创业教育要着重培养学生创业意识，提高学生的社会责任感、创新精神和创业能力，促进学生创业就业和全面发展，等等。总的来看，创业教育要培养学生的创业综合素质，包括：创业意识、创业精神、创业知识技能、创业思维和良好的创业心理品质等。根据加涅的观点，我们要对这些素质进行区分，采用不同的教育策略进行创业素质教育：对学生的创业意识、创业精神、创业心理品质等发展中形成的素质要从小抓起，并把这些素质的培养延伸到终身教育领域。

  课程研究历来是创业教育研究的主线之一，创业教育课程设置的发展趋势表现出了明显的实践化、系统化特征。课程中理论知识与实践知识的关系、知识模块以及课程的影响途径成为创业课程设计中的焦点问题。比如，国外研究者十分强调创业课的实践化："创业教育必须以创业的方式来教"，即使理论教学也要"以理论为基础的实践活动培养能力"②。国内也有学者提出：创业课程体系要实现理论课与实践课、显性课程与隐性课程、基础型课程与专业型课程的有机整合③。结合国内外的理论研究和实践经验，今后的创业课程研究和实践当在理论与实践的关系、知识模块、课程的影响途径以及学校的办学层次和类型四个维度上分析展开。根据理论与实践的关系，可以把创业课程设计为创业理论课、创业案例课、创业设计与模拟体验课、创业实战体验课等。从知识模块的组合分析，创业教育课程应包括创业精神修养课（包括创业意识、创业兴趣、创业心理、创业态度等内容）、创业基础知识课（包括经济学知识、与创办企业相关的法律、财税、金融等知识）以及创业专业技能课（包括企业管理技能等创办企业的具体技能）。从课程影响途径的角度，创业课程设计不仅包

---

① 彭钢：《创业教育学》，江苏教育出版社 1998 年版，第 1—10 页。
② J. O. Fiet, "The Pedagogical Side of Entrepreneurship Theory", *Journal of Business Venturing*, No. 6, 2001.
③ 黄兆信、郭丽莹：《高校创业教育课程体系构建的核心问题》，《教育发展研究》2012 年第 10 期。

括学校显性课程和隐性课程的设计，还包括社会课程（社会就业创业中心的各种教学活动）的设计。最后，创业课程设置还要考虑学校的办学层次和特点合理取舍。比如，中小学创业类课程知识模块应当以上述"创业精神修养类课程"为主，主要培养学生的创业意识、兴趣、养成良好的生活习惯、培养初步的理财能力和尝试简单的创业相关活动。

三 创业教师素质维度——创业教师专业素质结构描述与专业化路径

我国目前创业课教师的主要来源有大学工商管理学院的教学科研人员、大学内部各类就业创业管理人员和社会各类企业界相关人员。因此，我国创业教师也可为学院型、兴趣型和公益型三类[1]。他们的来源复杂，知识结构差别大，职业发展目标迥异，不利于建设一支专业化的创业教师队伍。2012年8月，教育部《普通本科学校创业教育教学基本要求（试行）》要求全国各高校开设"创业基础"必修课，创业教师专业发展问题已经成为最紧迫的课题。创业教师专业化发展理论应包括创业教师的素质结构、创业教师的专业准入标准建设和创业教师专业化发展路径三个方面的内容。

创业教师的素质结构从大的方面说应包括三部分：宽广的现代文化知识基础、系统的创业相关学科知识和教育学心理学知识。创业教师首先应能够拥有和整理足够的经济社会信息，并能够敏锐地捕捉和整理这些信息，从中发现经济走势和创业机会。系统的创业相关学科知识是指与创业活动密切相关的经济学、工商管理学、金融、税收、创业流程和技巧以及相关的法律法规知识。创业教师最好是工商管理相关专业的毕业生。教育学（创业教育学）和心理学知识是创业课教师必备的条件性知识。著名心理学家林崇德认为，当教师的专业知识达到一定程度后，其对教学质量的影响作用就会减小，条件性知识的增加会进一步推动教学质量的提高。创业教育学可以帮助教师更新

---

[1] 柴旭东：《论高校创业教育教师队伍建设》，《大学》（学术版）2010年第4期。

教育理念以及具备相关的教育教学能力和技能。比如，对于创业教育来说，没有绝对通用的教材，对教材的创造性使用和开发校本教材的能力均来自于创业教师教育学的修养。不过，关于创业教师的素质结构还要从另一个维度来考虑，那就是理论知识和实践性知识的关系。创业教师最好是创过业的教师，具有创业相关的实践性知识。

  创业教师的专业化标准建设包括专业标准的制定、专业化的指标体系和专业化的创业教师准入制度。标准建设应当从创业教师的创业学相关专业知识、教育学心理学知识和创业实践经历三方面达到的水平来界定。创业教师必须修完一定的创业学相关课程，达到相当的创业教育学心理学理论修养并经历一定期限的创业经历或者体验。创业教师的专业化的路径包括创业教师教育的专业化和创业教师的专业化。据我国目前创业教师队伍发展现状，学院型的创业教师应加强教育学、心理学的素养，兴趣型的创业教师要加强创业学专业知识和创业教育理论修养，最后要通过政策鼓励和争取社会企业家、各类创业者通过创业教师资格认证走专业化和半专业化教师的发展路子。在制度建设上，第一，应吸收国外发达国家经验，为培养创业教师设置专门的创业教育学学位，使教师具备扎实的专业基础；第二，要设置专门的创业教育导师专职，给以配套的薪酬激励政策和职业发展政策，稳定教师队伍；第三，要尽快建立科学合理的创业教师评价指标体系，建立完备的创业教师专业准入考试制度；第四，要建立一体化的校企联合培养创业教师机制，搭建创业教师专业发展实践平台；第五，要成立与其他学科一样的创业教育学术研究会、办好创业教育专业杂志、建立创业教育交流研讨机制，为教师专业发展搭好理论平台。

四 创业教育实践模式研究维度——创业教育实践结构的探索

  成熟的创业教育模式是成熟的创业教育实践的标志。根据有关学者对教育模式的界定，可以认为创业教育模式是对某种相对稳定的创业教育实践体系的抽象描述和概括，它反映了创业教育实践过程中各种关键要素之间稳定的关系，也是一定创业教育理论在创业教育实践程序上的体现。在较早开展创业教育并取得很大成功的美国，高校创业教育形成了著名的聚焦模式、辐射模式、磁石模式。这三种创业教育模式不仅成了美国创业教育的典范，甚至成了我们分析各种创业教育活动的范型。这三种创业教育模式也是美国高校解决创业教育大众化和精英化矛盾的策略：聚焦模式的创业教育是一个封闭的圈子，仅限于研究型大学商学院师生的创业教育活动；磁石模式把高校的创业中心作为平台（磁石），试图用创业教育的理念和行动影响更多的人去从事创业活动；辐射模式要求全校所有的师生参与创业教育活动，把创业课嵌入到各专业学习之中。英国创业教育过程中的所谓"植入模型、大学领导的中介模型、利益相关者推动的外部支持模型"也起到了异曲同工的作用。其中，植入模型是一种大众化的创业教育模型，就是要把创业教育融入专业学习中去；大学领导的中介模型是在大学的主导下建立与学校设置专业相关的创业中心，筛选创业者并培育相关的创业项目；利益相关者推动的外部支持模型体现了一种利益相关企业推动的创业教育模式，本质上也是一种精英创业教育模式。法国高校的创业教育模式可以概括为大学区+大学模式，前者重态度和创新精神培养以及在非商学科发展创业教育，是一种推广性的创业教育，后者重科技创业，重产、学、研的结合，是精英群体创业教育。总之，创业教育比较成熟国家的创业教育模式基本可以分为两种类型：聚焦模式和全校模式。需要指出的是，这里只分析了成熟国家高等学校的全校性创业教育，目前，西方国家全校性创业教育理念早已经渗透到了基础教育领域和终身教育领域。

根据国际上的经验和我国的教育实践情况，我国创业教育模型的构建要从以下维度进行：一是从教育阶段的维度考虑，要构建基础阶段创业教育模式、高等教育创业教育模式、创业阶段教育模式。二是从高等教育机构的类别来考虑，高等教育阶段创业教育模型还要根据学校的等级和类别分别设计。三是要从创业教育模式的适切性来考虑，创业教育模式要考虑当地的创业环境等因素。目前，我国基础教育阶段的创业教育没有受到足够重视，尚未形成代表性的创业教育模式。在高等教育领域，中国的精英大学（主要包括"985"高校和实力雄厚的工科院校）通过类似西方国家的"聚焦和辐射"途径基本实现了创业教育的全校性模式，比如：清华大学"创新环"模式、北航创业教育模式、武汉大学三创教育模式等。普通高等学校由于科研实力一般，没有强大的科技孵化中心和创业园区，因此创业教育主要是政策推动和就业推动形成的"植入模式"，创业教育面向所有专业的学生开展。专科学院在就业方面处于不利地位，创业教育成了学校教育的重要使命，甚至更名为创业学院。例如温州科技职业技术学院把创业型校园作为自己的发展目标，其创业教育模式整合了专业特色、导师、基地、项目、团队、农户等资源①。与之类似，义乌工商学院创业学院则更进一步，把创业活动作为教学活动的主要组成部分并纳入教学评价体系②。总之，今后我国各级各类学校创业教育模式的选择和运用要坚持多样性和适切性的统一，从内部完善、外部支持、综合激励三个方面发展和完善创业教育模式，通过借鉴（借鉴国内外原有的模型并通过验证、改进和创新）和实践提炼形成适合的创业教育模式。

五 创业教育体系研究维度——大中小学一体化创业教育生态模式研究

近年来的创业教育研究主要指向了高等教育领域和职业教育领域，关于中小学创业教育的研究成果，比例不到1%。从教育系统论的角度来看，创业教育是一个系统工程。大中小学校以及成人创业教育的连贯性、衔接性问题也是"创业教育学"拟解决的基本理论问题之一。

美国早在进步教育运动肇始的时候，就开始对中小学生进行创业意识教育。1919年，美国教育家华虚朋在芝加哥文纳特卡镇公立中学进行教育实验，实行二部制教学：一部分按照学科进行，学习各学科的知识、技能；另一部分通过各种社会活动包括开办商店、组织自治

---

① 袁益：《高校创业教育模式研究》，博士学位论文，上海师范大学，2012年。
② 《大学生小老板》（http://news.cntv.cn/china/201209 08/104238.shtml）。

会等来培养和发展学生的"社会意识"。美国也是较早在小学、初中、高中乃至研究生阶段普遍开设就业与创业教育课程的国家,美国的经济腾飞和创业型经济的蓬勃发展得益于这种源远流长的"系统化创业教育"。比尔·盖茨和他所创办的微软的成功就与他在中学时代与人合作开办过软件公司的经历密切相关①。近年来,日本、法国、印度等世界主要国家都制订了中小学生的"创业教育计划"。从国际的经验来看,美国中小学的创业教育着重培养学生的"社会意识",日本1988年开始的创业计划则强调中小学生的创业准备和体验以及养成创业相关的心理品质,法国的中学创业教育鼓励学生进行创业探索并培养相关的兴趣和能力,印度政府1986年的《国家教育政策》中明确要求培养学生"自我就业所需的态度、知识和技能"②。

我国早在1991年开始的"创业教育研究与实验"项目中就包括基础教育领域,但是实验的背景和指导思想决定了该项目是针对"弱势群体"的创业教育,基本目的是解决这些弱势群体的生存能力问题,导致该项目未能上升到国民素质提升的高度,也未能推广和坚持下去。我国也有研究者主张对中小学生进行创业文化(精神文化、行为文化、制度文化、物质文化)教育③,等等。中外研究者和实践者探索的共通之处是:中小学创业教育主要是一种创业准备教育,包括创业意识、创业认知、创业体验、创业兴趣培养以及创业精神和创业心理品质的培养。其中,高中阶段的学生可以进行开办企业的尝试,但目的仍然是创业准备。大学和研究生阶段的学生需要对自己的职业生涯进行更为明确的规划并决定是否进行真实的创业活动。

总之,由于我国创业教育发展动因的特殊性,推动力量的复杂性,以及人们对创业教育理解的多面性,导致对创业教育基本概念的理解呈现出诸多分歧。但把创业教育融入各个阶段的普通教育,使创业教育从整个教育体系的边缘走向主流已经逐渐成为共识。必然的逻

---

① 蔡克勇:《教育发展的新趋势:加强创业教育》,《求是》2001年第18期。
② 叶之红、罗汉书:《国外创业教育经验对我国基础教育改革的启示》,《基础教育参考》2003年第3期。
③ 张国宏:《浅论中小学创业文化教育》,《教育探索》2008年第11期。

辑结果就是：从理论上把创业素质嵌入各级各类学校培养人才的理想素质模型，并在实践中去逐步实现。这不仅涉及学校课程体系的重构——将创业教育目标嵌入到各级各类学校的教学目标体系之中，也涉及创业教育师资的稳定供给和专业化发展。此外，在创业教育实践结构上，不仅实践类型会异彩纷呈，学校与企业界的共同努力也会常态化。最重要的一点，大中小学一体化创业教育生态模式也会逐步形成和完善。

第十章 大职业教育观作为未来创业教育的认识基础

第一节 大职业教育：历史语境中的演变及提出

20世纪20年代，国家山河破碎，封建经济受到国内外因素的巨大冲击，日渐式微，而资本主义实业艰难兴起。当时我国教育面临三方面的问题：一是教育基础极其薄弱，大量毕业生无法进入高一级学校学习："我国所有之高等学校，决不能尽容一切之中学毕业生；所有之中等学校，又不能尽容一切之小学毕业生。凡毕业生之不能入较高学校者，既屡投考而无效，势不得不别觅职业以自赡"①；二是学非所用，无法进入高一级学校学习的毕业生缺乏必要的生存技能，失业现象严重："我国大多数的人，都是想求职业的，或者是已经取得了职业，而没有本领去做；另一方面，是有事而找不到适当的人去做"②；三是人们思想观念陈旧，"劳心者治人，劳力者治于人"的错误观念根深蒂固，不愿意接受职业教育："吾国自古以来，职业观念错误，以致埋没人才。"③ 面对教育发展的困境和社会发展的困境，

---

① 蔡元培：《在直隶省定县中学的演说》，《蔡元培全集》第三卷，中华书局1984年版，第54—56页。
② 蔡元培：《中华职业教育社第十一届社员大会开会词》，《蔡元培全集》第六卷，中华书局1984年版，第526页。
③ 蔡元培：《在苏州中学演说词》，《蔡元培全集》第七卷，中华书局1984年版，第243页。

第十章 大职业教育观作为未来创业教育的认识基础

当时的一些著名教育家提出了教育救国的思想,将解决问题的焦点指向了"职业教育"。

我国"职业教育"的前身则是"实业教育",也可以说是起源于清末民初的"实业救国"思潮。在这一演变过程中,经历了从清末的实业教育到民国时期的职业教育,再从职业学校教育到职业指导、职业补习教育等多种形式交叉并存的职业教育格局[①]。至于当时教育界对于"职业教育"的理解,由于出发点的不同,并无统一的认识。比如,教育家王克仁从职业教育的功能来界定职业教育:从个人方面看,是教人得着普通知识的基础和专门的技能,以求得事业上的成功;从社会方面看,是增加社会经济的实效[②]。潘文安则认为,职业教育之目的在使儿童理解职业之重要,以涵养其职业上之知识道德且与以农工商初步之基础以为实际职业之准备[③]。但总的来看,对职业教育的认识形成了基本的共识:职业教育对于个人来讲,就是使受教育者获得必要的知识和技能,为生活做准备,并涉及了职业道德培养等问题;对于社会来讲则是要促进社会经济发展。

而"大职业教育"无疑是"职业教育"这一概念泛化的结果,这一泛化过程受到了国内外教育思想的推动。首先,从国外的影响来看,西方近代各教育流派的思想在中国均有所表现[④]。以杜威为代表的实用主义教育思想的影响为例:杜威在《民主主义与教育》一书中对狭隘的职业教育观进行了批判,他认为职业是和文化修养紧密相连的活动,不应过分强调专门化,教育不能"注重技能或技术方法,而牺牲所包含的意义"。教育应该"培养青少年的心理和性格","影响他们的智力和兴趣",激起他们"社会管理的愿望和能力"以及"提高他们的社会责任感"等[⑤]。与此同时,由于受国外教育思潮的影响,国内各种教育

[①] 杨智:《近代职业教育概念的辨析》,《职教论坛》2009年第1期。
[②] 王克仁:《文雅教育和职业教育》,《中华教育界》1925年第10卷1号。
[③] 潘文安:《军国民教育与道德教育》,《中华教育界》1912年第7卷5号。
[④] 孙培青:《中国教育史》,华东师范大学出版社2000年版,第234—235页。
[⑤] [美]约翰·杜威:《民主主义与教育》,王承绪译,人民教育出版社2001年版,第325—330页。

思潮粉墨登场：工读主义提倡做工和做学问相结合；平民教育思潮和生产教育思潮则直接推动了职业教育概念的泛化。1926年1月，黄炎培提出了"大职业教育主义"的概念，标志着大职业教育思想的形成。黄炎培认为所谓的大职业教育即是广义的职业教育："凡教育皆含职业之意味。盖教育云者，固授人以学识、技能而使之能生存于世界也"；"不要说师范教育、医学教育等等都是广义的职业教育，就是大学、中学、小学和职业教育何尝没有一部分关系？"

"职业教育"转向"大职业教育主义"，反映了人们对职业教育认识的加深，同时也反映了社会对职业教育的需要。第一，大职业教育的目标从人的发展维度来看，不仅包括"生计问题"，还包括"个性发展问题""乐业问题"，甚至包括"职业道德问题"；从社会发展维度来看，则不仅包括经济发展问题，还包括社会发展问题（特别是农村发展问题），甚至包括民族问题。第二，从办学的主体来看，仅仅靠教育界不能兴职业教育，职业教育要倾全社会之力兴办，尤其要结合实业界和工商界来办职业教育。第三，从办职业教育的地域重点来看，应该把重心转移到社会问题更加严重的农村地区，全国一盘棋，并且突出重点。第四，在办学的形式上，除了举办各种正规的职业学校，还要举办多种层次、多种形式的职业教育，包括各种特殊人群的职业教育。第五，在职业教育与其他各级各类教育的关系上，职业教育必须加强和其他各级各类教育的联系，彼此融通，重视在其他各级各类教育中开展职业教育，为学生踏入社会做好准备。第六，在职业教育的年龄阶段上，明确提出了小学生也要加强职业陶冶，黄炎培曾说："职业训练，职业学校所有事也，职业陶冶则非仅职业学校所有事，而一般小学校所有事也。"第七，在教学方法上，强调"手脑并用，做学合一"，"理论与实际并重，知识与技能并重"。第八，在教育对象上他提倡开放性办学，认为职业教育要面向全部社会职业，着眼于广大社会下层群众。

第二节 大职业教育：认识螺旋中的两次突破

在我国教育史上，对职业教育的认识至少经历了两次突破。其一是认识从"实业教育"到"职业教育"的突破。"实业教育"源自于清末的"实业救国"思潮,其基本目的是为国家开办各种实业服务,实业教育的内容则是以"农、工、商"为代表的"西学"。因此,"实业教育"并非真正的"职业教育",实为现代意义上的"普通教育"。实业教育最终成了面向少数人的升学教育,"以养成实业界中坚人物为主,其研究之学科多属于专业学理方面"[1]。由于实业教育没有突出职业教育的特点,导致实业教育成了"失业教育"。然而,对于教育"失效"的反思导致了对"职业教育"认识的突破:1911年黄炎培在为《教育杂志》增刊作序时提出"国民教育、人才教育、职业教育"并重的观点;1915年,陈独秀也在《新青年》中呼吁"职业主义"的教育方针。"实业教育"向"职业教育"转化的一个方面就是扩大教育对象,对"家贫无力升学""年长不愿升学""智力太低不能升学"的学生授以相当的职业知识和职业技能,走教育平民化道路。另一个方面就是改革教育内容:1923年5月全国职业学校联合会第二次代表大会确定职业学校的科目分为3种:非职业学科(公民、体育、艺术等)、职业基础学科(生物、化学、数学、物理等)和职业学科(农、工、商家事等专科)[2]。第三个方面则是对学生进行职业指导。

其二是从"职业教育"到"大职业教育"的突破。这一认识的突破,不仅意味着对职业教育外延认识的扩大,也意味着对职业教育内涵认识的深化。所谓的"大"职业教育,意味着办学主体的扩大、教育目标的扩大、教育体系的扩大、教育内容的扩大等等。同时,还包括以下几层意思:第一,要理解大职业教育,不仅就要站在人生哲学的高度理解"职业"的意义(职业不仅有生计的意义还有人生的意义),使"无业者有业,有业者乐业",还要站在社会经济发展的角度把握"职业"的内涵,发挥教育的经济发展功能。第二,要办好大职业教育,不仅要了解生产部门的职业门类、技术状况以及工人

---

[1] 潘文安:《职业教育概说》,《教育杂志》1925年第17卷1号。
[2] 张珍珍:《民国职业教育研究》,硕士学位论文,河北师范大学,2005年,第42页。

和技术人员的训练标准,还要研究经济地理,研究职业教育如何因地制宜。第三,要搞好大职业教育,不仅要立足国内、借鉴国外,批判地吸收外国的教育成果,同时也要从多学科的角度理解职业教育,尤其是从心理学的角度谋个性之发展,从一般教育学理论的基础上研究职业教育理论。第四,要发展职业教育,就要树立"职业神圣""劳工神圣""职业平等"的理念,同时发展学生的"自治能力""职业道德"和"为社会服务的精神人格"①。

第三节 大职业教育：概念界定的困境与重构

"大职业教育主义"几乎包含了所有现代职业教育思想的萌芽：比如职业指导理论,比如职业教育要贯穿大、中、小学的思想,比如职业教育要研究学生的心理,等等。然而,在职业教育概念泛化的过程中,职业教育的本质属性是什么？既然"凡教育皆含职业之意味","师范教育、医学教育等等都是广义的职业教育",那么是不是所有的教育都是职业教育？这样的话,职业教育的属性就在概念泛化的过程中消失于无形,成了"教育"的代名词。从历史的考察中可以发现,职业教育中"职业"的初始含义只是指"劳力"的职业,"劳心"的职业并不在其列。逻辑的结果就是"职业教育"就是培养蓝领劳动力的教育。这样的"职业"显然不符合现代"职业"的概念。如果取广义的"职业"概念,"职业教育"的概念就会等同于"教育"的概念。问题就在于对"职业教育"的理解,没有提取其本质属性,而是包含了一般意义上"教育"的属性。解决的办法就是剥离一般意义上"教育"的属性,提取"职业教育"的本质属性。基于这样的认识,现代意义上的职业教育不应该包括传统意义上的公共基础知识、专业基础知识和专业知识的教学；现在的所谓"职业教育"概念只具有特定历史阶段的意义而不具有逻辑上的意义。现代教育体系中的职业学校只是普通教育体系中的一种学校而已,与其他类

---

① 张珍珍:《民国职业教育研究》,硕士学位论文,河北师范大学,2005年,第47页。

第十章 大职业教育观作为未来创业教育的认识基础

型学校无本质差异。现代意义上的"职业教育"应该是关于"职业"的教育,是让受教育者了解"职业"相关知识,能够选择职业并为自己理想的职业做准备,进而获得职业生涯成功的教育;职业教育在整个现代教育体系中是具有相对独立性的教育,但又渗透在各级各类教育之中,因此也是一种"大职业教育"。这种现代意义上的"大职业教育观"具体包括以下几方面的内涵:

一 大职业教育是一种"生涯"教育

职业教育应该是贯穿人的一生的教育,是贯穿小、中、大学的一项重要教育任务。职业管理家舒伯将人的职业生涯分为成长期、探索期、建立期、维持期和衰退期五个阶段,每个阶段都有不同的职业探索和活动内容。他的研究结果表明:0—10岁的儿童就开始通过"经验"的方式了解工作世界,通过"角色扮演"的方式进行职业探索;15—24岁之间是形成职业概念的阶段,受教育者通过学校中的职业活动、休闲活动或者社会兼职工作进行职业探索;25—44岁之间则是职业定性阶段[①]。可见,在人生的24岁以前都是人生职业探索的阶段,都是职业发展教育的关键期。因此,在整个教育体系的小学阶段就要开始职业教育的启蒙,引导儿童职业意识的发展;在中学阶段则要适当激发学生的工作抱负,初步培养学生工作意识、兴趣、价值观和发展初步工作能力;在大学阶段则要着重培养学生的工作兴趣、价值观,并提供必要的实践平台,为学生迈入工作世界做好充足准备。职业教育也不会随着学生生涯的结束而结束,而是延伸进成人的世界,伴随人的整个职业生涯。

二 大职业教育是一种"通识"教育

大职业教育不是某一类别的教育而应是存在于各类学校教育之中的通识教育。在现代社会分工的背景下,哪种教育与职业没有关系?

---

① 高桥、王辉:《大学生职业发展与就业指导》,现代教育出版社2008年版,第47页。

哪种教育不是职业教育？现代职业的定义为：职业是具备劳动能力的个体，运用自身的知识、技能、态度，从事社会生产服务，为社会创造物质财富和精神财富，并获得合理报酬，以满足自身物质与精神需求的持续性活动①。《中华人民共和国职业分类大典》将我国职业归为 8 个大类，66 个中类，413 个小类，1838 个细类（职业）。8 个大类分别是：国家机关、党群组织、企业、事业单位负责人；专业技术人员；办事人员和有关人员；商业、服务业人员；农、林、牧、渔、水利业生产人员；生产、运输设备操作人员及有关人员；军人；不便分类的其他从业人员。因此，为了帮助受教育者获得职业成功，各类学校都要进行"职业教育"。区别在于：现在的中等职业学校只不过是更早地对学生进行了职业方向定位；高等职业学校只不过更鲜明地对学生进行了职业方向定位。但无论何种类别的学校终究要对学生进行职业定位，终究要为学生的职业发展负责。"职业教育"应为"通识教育"，它不仅应该涵盖本专科教育，还应该涵盖研究生教育、成人教育。职业教育作为一种"通识教育"，应该包括职业陶冶—职业指导—职业规划等方面的内容；职业教育作为一种"通识教育"，又必须与专业做结合，突出专业特色，发挥专业优势，使"职业"与"专业"互相促进。

三 大职业教育是一种"规划"教育

剥离了一般意义上"教育"的属性，提取"职业教育"的本质属性，并成为各类学校"通识教育"的"大职业教育"，究竟应该是一种什么样的教育？答案便是：职业"规划"教育。"规划"是职业发展和成功的前提。《学记》中有云："一年视离经辨志，三年视敬业乐群，五年视博习亲师，七年视论学取友，谓之小成。九年知类通达，强立而不反，谓之大成。"《论语》中言道："吾十有五，而志于学。三十而立，四十而不惑，五十而知天命，六十而耳顺，七十而从

---

① 高桥、王辉：《大学生职业发展与就业指导》，现代教育出版社 2008 年版，第 184 页。

第十章　大职业教育观作为未来创业教育的认识基础

心所欲，不逾矩。"古人对"学业"和"生涯"的规划已经相当重视，并将其视为人生成功的前提。现代社会竞争激烈，对自己的职业进行规划，是生存和成功的第一要务。哈佛大学曾对一群智力、学历、环境等客观条件都类似的年轻人，做过一个长达25年的跟踪调查，结果发现：3%的有清晰且长远目标规划的人，他们几乎都成了社会各界顶尖的成功人士；10%的有清晰短期目标者，大都生活在社会的中上层；60%的目标模糊的人，几乎都生活在社会的中下层面；余下27%的那些没有目标的人，几乎都生活在社会的最底层①。因此，教育学生学会自我认知、探索工作世界、进行时间管理、整合各种资源进行职业生涯规划，是各类学校的共同任务，是当代"大职业教育"的应有之义。

四 大职业教育是一种"幸福"教育

根据职业发展理论，人的职业生涯分为外职业生涯和内职业生涯。外职业生涯指从事职业时的工作单位、工作内容、工作职务、工作环境、工资待遇等因素的组合及其变化过程；内职业生涯则指从事一项职业时所具备的知识、观念、心理素质、能力、内心感受等因素的组合及其变化过程。在两者的关系中，内职业生涯在人生职业发展中具有更根本性的作用②。也可以说外职业生涯是"身外之物"，是别人给予的也是可以被别人剥夺的东西；而内职业生涯一旦获得具有不可被剥夺的特性。职业生活的幸福感源自于内外职业生涯的协调，其最终的源泉来自于内职业生涯。内外职业生涯的协调即是一个"人""职"匹配的过程，人职匹配涉及一个人的人格、职业性格、能力、兴趣、价值观等因素与外部职业环境相匹配等问题。因此，职业教育就是引导学生探索自己的人格、职业性格、职业能力、职业兴趣、职业价值观等内部世界的过程，以及探索职业环境的过程，目标

---

① 王大庆：《35岁以前成功的12条黄金法则》，新华出版社2004年版，第26页。
② 程社明、冯燕：《职业生涯的成功秘诀——处理好内外职业生涯的关系》，《中国大学生就业》2005年第23期。

的指向就是"幸福"的职业人生。

五 大职业教育是一种"协同"教育

黄炎培在提出"大职业教育主义"这一理想的时候就说：只从职业学校做工夫，不能发达职业教育；只从教育界做工夫，不能发达职业教育；只从农、工、商职业界做工夫，不能发达职业教育。这种"协同"办职业教育的思想仍然具有重要的现实意义：职业教育必然要和普通教育（不仅指专业基础知识和专业技能的教学，也包括专业基础知识和公共基础知识的教学）协同起来，成为所有学校教育的目标之一，这是第一步；第二步则是要把教育界与职业界协同起来，建立起专业教育与职业实践的桥梁，实现师资互补、交流，为学生提供更多的真实职业体验机会；第三步则是要建立学校教育、社会教育和家庭教育沟通的桥梁，在职业教育获得更多支持渠道的同时，使职业教育回归到社会和生活中去。另外，大职业教育的"协同"还要从管理的高度出发，出台相关政策推动行业企业参与职业教育，实施对职业教育的跨部门统筹管理，形成多部门齐抓共管的沟通协调机制。

参 考 文 献

[美]伯顿·R.克拉克:《高等教育系统——学术组织的跨国研究》,王承绪等译,杭州大学出版社1994年版。

[美]伯顿·克拉克:《探究的场所》,王承绪译,浙江教育出版社2001年版。

蔡克勇:《教育发展的新趋势:加强创业教育》,《求是》2001年第18期。

蔡元培:《在直隶省定县中学的演说》,《蔡元培全集》第三卷,中华书局1984年版。

蔡元培:《中华职业教育社第十一届社员大会开会词》,《蔡元培全集》第六卷,中华书局1984年版。

蔡元培:《在苏州中学演说词》,《蔡元培全集》第七卷,中华书局1984年版。

柴旭东:《论高校创业教育教师队伍建设》,《大学》(学术版)2010年第4期。

柴旭东:《基于隐性知识的大学创业教育研究》,博士学位论文,华东师范大学,2010年。

柴旭东:《论大学创业教育的精英化误区》,《宁波大学学报》(教育科学版)2009年第10期。

陈民:《有关大学目标观念的哲学渊源》,《比较教育研究》1992年第2期。

陈学军、周益发、邓卫权:《高校创新创业教师队伍建设现状及建设体系建构》,《职教论坛》2017年第11期。

陈玉琨:《教学与科研相统一的原则——历史与现状的比较研究》,《教师教育研究》2003年第2期。

呈念、谢志远、徐丹彤等:《高校科技人员离岗创业的问题研究》,《高等工程教育研究》2015年第3期。

程社明、冯燕:《职业生涯的成功秘诀——处理好内外职业生涯的关系》,《中国大学生就业》2005年第23期。

崔冰子:《关于胜任力的研究》,《社会心理科学》2009年第2期。

戴维奇:《创业型大学是如何组织创业教育的?——以荷兰特温特大学为例》,《比较教育研究》2014年第2期。

邓光平:《如何识读现代大学组织特性——罗伯特·伯恩鲍姆的大学组织结构观》,《复旦教育论坛》2005年第2期。

杜军、冯志军:《企业自主创新支持系统脆性结构模型的构建研究——基于系统失效的危机视角》,《科技进步与对策》2010年第12期。

范桂萍:《也谈大学生素质的内涵》,《中国高等教育》2002年第2期。

范跃进:《全球化时代我国高校创新创业教育的目标与实现路径》,《山东高等教育》2017年第1期。

付八军:《学术资本转化:创业型大学的组织特性》,《教育研究》2016年第2期。

高桥、王辉:《大学生职业发展与就业指导》,现代教育出版社2008年版。

顾明远:《区分职业教育与技术教育异同推动中专教育发展》,《中国高等教育》1986年第11期。

何淳宽:《基于学术属性的现代大学组织结构》,《清华大学教育研究》2010年第2期。

何克抗:《论创客教育与创新教育》,《教育研究》2016年第4期。

何郁冰、丁佳敏:《创业型大学如何构建创业教育生态系统?》,《科学学研究》2015年第7期。

侯定凯：《创业教育：大学致力于培养企业家精神》，《高等教育研究》2001年第9期。

侯慧君、林光彬：《中国大学生创业教育蓝皮书》，经济科学出版社2011年版。

[英]胡伯特·埃特尔、喻恺：《欧盟的教育与培训政策：五十年发展综述》，《教育学报》2009年第1期。

黄进、胡甲刚：《三创教育论纲》，《武汉大学学报》（社科版）2003年第7期。

胡宝华、唐绍祥：《高校创业教育课程设计探讨——来自美国百森商学院创业教育课程设计的启示》，《中国高教研究》2010年第7期。

胡瑞：《新工党执政时期英国高校创业教育研究》，高等教育出版社2013年版。

胡四能：《发达国家政府促进产学合作的政策与措施研究》，《五邑大学学报》（社会科学版）2000年第1期。

黄荣怀、刘晓琳：《创客教育与学生创新能力培养》，《现代教育技术》2016年第4期。

黄艳霞：《美国高校教师创业能力提升策略研究》，《国家教育行政学院学报》2016年第12期。

黄扬杰、黄蕾蕾、李立国：《高校创业教育教师的创业能力：内涵、特征与提升机制》，《教育研究》2017年第2期。

黄攸立、薛婷、周宏：《学术创业背景下学者角色认同演变模式研究》，《管理学报》2013年第10期。

黄兆信：《美国高校创业教育中的合作理念、模式及其启示》，《高等教育研究》2010年第4期。

黄兆信、郭丽莹：《高校创业教育课程体系构建的核心问题》，《教育发展研究》2012年第10期。

黄兆信、赵国靖：《中美高校创业教育课程体系比较研究》，《中国高教研究》2015年第1期。

纪秩尚：《创业素质教育与第三种学业证书》，《教育科学研究》1992年第3期。

孔垂谦：《制度环境与大学组织的现代性——制度环境变迁与中国现代大学的曲折发展》，《清华大学教育研究》2004年第2期。

李春琴：《创业教育的兴起与中小学教师素质的再提高》，《通化师范学院学报》2007年第3期。

李家华：《把高校创新创业教育融入高校人才培养体系》，《中国高等教育》2010年第12期。

李家华：《创业基础》，北京师范大学出版社2013年版。

李建法、沈红卫：《产学研结合——地方高校创建特色之路》，《中国大学教学》2007年第2期。

李敏：《美国教育政策问题研究——以20世纪80年代以来基础教育政策为例》，博士学位论文，华东师范大学，2006年。

李世超、苏竣：《大学变革的趋势——从研究型大学到创业型大学》，《科学学研究》2006年第24期。

李寿德、李垣：《研究型大学的特征分析》，《比较教育研究》1999年第1期。

李腾：《知识分子的兴衰——评雅克·勒高夫〈中世纪的知识分子〉》，《社会科学论坛》2011年第1期。

李新男：《创新"产学研结合"组织模式构建产业技术创新战略联盟》，《中国软科学》2007年第5期。

李秀娟：《"两平台、三层次"创业型人才培养模式研究》，《黑龙江高教》2007年第11期。

李志强、李凌己：《国内产学研结合发展的新趋势》，《清华大学教育研究》2005年第4期。

李志永：《日本大学创业教育发展特点》，《比较教育研究》2009年第3期。

李志永：《日本高校创业教育》，浙江教育出版社2010年版。

梁焱、韩忠军：《产学研合作教育发展的新趋势》，《中国高教研究》1998年第6期。

林伟连、邹晓东：《我国产学研合作转型升级趋势分析》，《教育发展研究》2010年第17期。

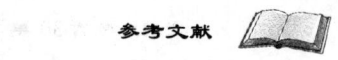

廖连生、曾明生：《创业教育要从小抓起》，《江西教育》2005年第10期。

刘东菊：《创业教育与大学生就业》，《东北大学学报》（社会科学版）2006年第7期。

刘馨：《发达国家高校创业教育的经验借鉴与启示》，《教育与职业》2011年第4期。

刘献君、张俊超、吴洪富：《大学教师对于教学与科研关系的认识和处理调查研究》，《高等工程教育研究》2010年第2期。

刘艳、闫国栋、孟威等：《创新创业教育与专业教育的深度融合》，《中国大学教学》2014年第11期。

刘赞英、郑浩、刘兴国：《现代大学制度建设的学术困境及其超越——基于学术自由双重属性的分析》，《重庆高教研究》2013年第1期。

龙勇、常青华：《创业能力、突变创新与风险资本融资关系——基于中国高新技术企业的实证研究》，《南开管理评论》2008年第3期。

罗志敏：《新时期公立院校财政的抉择与转型——从大学的"世纪难题"谈起》，《中国高教研究》2017年第10期。

马俊如：《核心技术与核心竞争力——探讨企业为核心的产学研结合》，《中国软科学》2005年第7期。

马万华：《研究型大学知识生产模式的变革与学术研究的多元发展机制》，《北京大学教育评论》2009年第1期。

毛家瑞：《从创业教育研究到创业教育工程》，《教育评论》1995年第2期。

毛家瑞、彭钢：《创业教育的理论与实验研究报告》，《教育研究》1996年第5期。

梅伟惠：《美国高校创业教育模式研究》，《比较教育研究》2008年第5期。

梅伟惠：《欧盟高校创业教育政策分析》，《教育发展研究》2012年第10期。

梅伟惠：《创业人才培养新视域：全校性创业教育理论与实践》，《教育研究》2010年第6期。

梅伟惠：《美国高校创业教育》，浙江教育出版社2010年版。

孟景舟：《职业教育基础概念的历史渊源》，博士学位论文，河北大学，2012年。

米银俊、许泽浩：《全过程融合，构建创客教育生态系统》，《中国高等教育》2016年第11期。

欧阳山尧：《实现从就业教育到创业教育的转变》，《中国高等教育研究》2004年第6期。

潘懋元：《高等教育大众化面临的困难》，《光明日报》2014年9月23日第3版。

潘红、杨松青、曾慧君：《高校创新创业教师队伍建设现状和心理特点研究》，《劳动保障世界》2017年第11期。

潘文安：《军国民教育与道德教育》，《中华教育界》1912年第7卷5号。

潘文安：《职业教育概说》，《教育杂志》1925年第17卷1号。

彭钢：《创业教育学》，江苏教育出版社1998年版。

覃睿、吕嘉炜、樊茗玥：《面向国家创业系统的创新创业教育基本框架与实现路径》，《教育发展研究》2016年第3期。

任静、田友谊：《创客教育支持生态的协同构建》，《教育导刊》2016年第10期。

山红红：《产学研结合的理念、模式与机制探索》，《中国高等教育》2008年第9期。

邵力：《我国文化传统与职业技术教育》，硕士学位论文，河北大学，2004年。

石火学：《产学研结合的典型模式述评》，《高等教育研究》2000年第3期。

时明德：《中国教学型大学的特征》，《信阳师范学院学报》（哲学社会科学版）2006年第2期。

宋晔：《生产性知识力及其教育实现》，《现代教育论丛》2003年第1期。

苏明：《高校创业教育存在的问题及对策分析》，《高教研究》2011 年第 1 期。

孙冬梅、梅红娟：《从"学者"到"创业者"——论学术资本主义背景下高校教师角色的转变》，《江苏高教》2010 年第 2 期。

孙丽娜：《"资源依赖"理论视角下的美国创业型大学发展模式研究》，博士学位论文，东北师范大学，2016 年。

孙培青：《中国教育史》，华东师范大学出版社 2000 年版。

唐德海：《从就业教育走向创业教育的历程》，《教育研究》2001 年第 1 期。

唐靖、姜彦福：《创业能力的概念发展及实证检验》，《经济管理》2008 年第 9 期。

王长乐：《对一种权宜性现代大学制度理论的分析》，《大学教育科学》2012 年第 1 期。

王大庆：《35 岁以前成功的 12 条黄金法则》，新华出版社 2004 年版。

王海英：《"互联网+"背景下高校创客教育现状与对策研究》，《管理观察》2016 年第 23 期。

王怀明：《组织行为学：理论与应用》，清华大学出版社 2014 年版。

王建华：《学术自由的缘起、变迁与挑战》，《清华大学教育研究》2008 年第 4 期。

王俊：《芬兰阿尔托大学创业教育实施路径与特点》，《世界教育信息》2016 年第 9 期。

王克仁：《文雅教育和职业教育》，《中华教育界》1925 年第 10 卷 1 号。

王鹏、王秋芳：《专业化的创业教育：现实困境与实践路径》，《河北师范大学学报》（教育科学版）2010 年第 2 期。

王雁：《创业型大学》，同济大学出版社 2011 年版。

王雁、孔寒冰、王沛民：《创业型大学：研究型大学的挑战和机遇》，《高等教育研究》2003 年第 3 期。

王雁、李晓强：《创业型大学的典型特征和基本标准》，《科学学研究》2011 年第 2 期。

王莹：《近年来国内大学评价指标体系比较研究》，《高教研究与评估》2008年第7期。

汪泳：《高校创新创业型教师队伍建设的制度分析》，《黑龙江教育》（高教研究与评估版）2009年第9期。

王佑镁、钱凯丽、华佳钰等：《触摸真实的学习：迈向一种新的创客教育文化——国内外创客教育研究述评》，《电化教育研究》2017年第2期。

王占仁、常飒飒：《欧盟"创业型教师"教育研究》，《比较教育研究》2017年第6期。

王珍珍：《关于高校教学与科研关系的调查分析：讲台是教师真正的舞台——对一位理工科教授的访谈及分析》，《大学》（学术版）2011年第8期。

王正青、徐辉：《论学术资本主义的生成逻辑与价值冲突》，《高等教育研究》2009年第8期。

王志强：《研究型大学知识生产与扩散方式的变革：基于国家创新系统的分析》，《全球教育展望》2014年第8期。

万力勇、康翠萍：《互联网+创客教育：构建高校创新创业教育新生态》，《教育发展研究》2016年第7期。

魏红梅：《高校教师创业制度环境分析——基于制度环境三维度框架的视角》，《教育发展研究》2015年第17期。

温正胞、谢芳芳：《学术资本主义：创业型大学的组织特性》，《教育发展研究》2009年第5期。

吴洪富：《理性大学·学术资本大学·民主大学》，《高等教育研究》2012年第12期。

吴洪富：《大学场域变迁中的教学与科研关系》，博士学位论文，华中科技大学，2011年。

吴薇：《中荷研究型大学教师教学科研关系观之比较——基于莱顿大学与厦门大学的调查》，《高等教育研究》2010年第5期。

武学超：《美国研究型大学技术转移政策研究》，博士学位论文，西南大学，2009年。

［美］希拉·斯劳特、［美］拉里·莱斯利：《学术资本主义》，梁骁、黎丽译，北京大学出版社2008年版。

席升阳：《构建中国创业学学科体系》，《创新科技》2009年第11期。

夏人青、罗志敏：《论高校人才培养框架下的创业教育目标——兼论高校创业教育课程的设置》，《复旦教育论坛》2010年第6期。

肖龙海：《创业教育的价值取向与实践路径——兼论企业家精神教育》，《教育研究》2011年第3期。

肖云龙：《创新教育论》，中南大学出版社2000年版。

萧鸣政：《大学生就业观念、就业趋势的新发展》，《中国大学生就业》2010年第9期。

谢志远等：《大学生创业教育转型发展研究》，浙江大学出版社2012年版。

徐小洲：《国外中学创业教育》，浙江教育出版社2012年版。

徐小洲：《创业教育的观念变革与战略选择》，《教育研究》2012年第5期。

［法］雅克·勒戈夫：《中世纪的知识分子》，商务印书馆1996年版。

燕凌、洪成文：《新加坡南洋理工大学的成功崛起——"创业型大学"战略的实施》，《高等教育研究》2007年第2期。

严燕、徐莉：《中国大学评价指标体系的演变历程及问题研究》，《江苏高教》2009年第1期。

杨刚：《创客教育双螺旋模型构建》，《现代远程教育研究》2016年第1期。

杨冠英：《高等教育大众化与大学创业教育问题研究》，《河南师范大学学报》（哲社版）2004年第4期。

杨剑：《高等教育大众化背景下的创业教育》，《中国成人教育》2007年第11期。

杨晓慧：《大学生创业能力培养的瓶颈问题与策略选择》，《中国高等教育》2010年第9期。

杨信海：《创业教育师资评价体系研究》，《中国成人教育》2010年第9期。

杨智：《近代职业教育概念的辨析》，《职教论坛》2009年第1期。

叶之红、罗汉书：《国外创业教育经验对我国基础教育改革的启示》，《基础教育参考》2003年第3期。

易高峰：《崛起中的创业型大学——基于研究型大学模式变革的视角》，上海交通大学出版社2011年版。

易高峰、赵文华：《创业型大学：研究型大学模式的变革与创新》，《复旦教育论坛》2009年第1期。

俞键：《全息课堂教学评价技术研究》，博士学位论文，华中师范大学，2007年。

袁盎：《高校创业教育模式研究》，博士学位论文，上海师范大学，2012年。

［美］约翰·杜威著：《民主主义与教育》，王承绪译，人民教育出版社2001年版。

张呈念、谢志远、徐丹彤等：《高校科技人员离岗创业的问题研究》，《高等工程教育研究》2015年第3期。

张凤娟：《二十世纪后期美国综合高中职业课程选修状况研究》，《比较教育研究》2006年第8期。

张国宏：《浅论中小学创业文化教育》，《教育探索》2008年第11期。

张昊民、马君：《高校创业教育研究——全球视野与本土实践》，中国人民大学出版社2012年版。

张会亮：《牛津大学塞得商学院创业教育探析》，《外国教育研究》2008年第11期。

张菊、吴道友、张巧巧：《高校教师创业现状及其管理机制研究》，《兰州教育学院学报》2016年第3期。

张俊、李忠云：《高校产学研结合的运行机制探讨》，《中国高等教育》2001年第22期。

张淑清：《关于农村中小学创业教育的思考》，《中国教育学刊》2007年第6期。

张务农：《大中小学创业教育衔接问题研究》，《教育发展研究》2012年第13期。

张文兰:《中小学创客教育的实施框架及路径研究》,《教育信息技术》2017年第1期。

张务农:《从经济学命题到教育学命题——供给侧改革之于高等教育发展意义审思》,《江苏高教》2017年第3期。

张彦通、刘文杰:《创业型大学发展模式比较研究——以阿尔托大学和奥克兰大学为例》,《高校教育管理》2017年第5期。

张洋磊:《研究型大学科研组织模式危机与创新——知识生产模式转型视角的研究》,《科技进步与对策》2016年第11期。

张玉新:《苏格兰中小学创业教育研究与启示》,硕士学位论文,河北师范大学,2012年。

张珍珍:《民国职业教育研究》,硕士学位论文,河北师范大学,2005年。

中华人民共和国教育部高等教育司组编:《创业在中国:试点与实践》,高等教育出版社2006年版。

中华人民共和国教育部高等教育司组编:《世界主要国家创业教育情况》,高等教育出版社2012年版。

中华职业教育社编:《黄炎培教育文选》,上海教育出版社1985年版。

赵沁平:《精英教育:高水平研究型大学的人才培养理念》,《中国高等教育》2004年第8期。

赵清福:《关于在农村实施创业教育的思考》,《教育探索》2005年第7期。

赵淑梅:《斯坦福大学的创业教育及其启示》,《现代教育科学》2004年第11期。

赵文华、易高峰:《创业型大学发展模式研究——基于研究型大学模式创新的视角》,《高教探索》2011年第2期。

曾明星、宁小浩:《"四场一中心"创客学习空间模型及构建——基于企业创新过程的视角》,《远程教育杂志》2016年第4期。

郑燕林:《美国高校实施创客教育的路径分析》,《开放教育研究》2015年第3期。

郑燕林、李卢一:《技术支持的基于创造的学习——美国中小学创客教育的内涵、特征与实施路径》,《开放教育研究》2014年第6期。

周光礼:《学术自由与社会干预——学术自由的制度分析》,华中科技大学出版社2003年版。

朱连虹:《美国高校青年教师教学发展策略研究》,硕士学位论文,辽宁师范大学,2016年。

祝智庭、雏亮:《从创客运动到创客教育:培植众创文化》,《电化教育研究》2015年第7期。

邹晓东、陈汉聪:《创业型大学:概念内涵、组织特征与实践路径》,《高等工程教育研究》2011年第3期。

邹小伟:《产学研结合技术转移模式与机制研究》,博士学位论文,华中师范大学,2013年。

A. A. Gibb, "Enterprise Culture and Education Understanding Enterprise Education and Its Links with Small Business, Entrepreneurship and Wider Educational Goals", *International Small Business Journal*, Vol. 11, No. 11, 1993.

A. Lam, "What Motivates Academic Scientists to Engage in Research Commercialization: 'Gold', 'Ribbon' or 'Puzzle'?" *Research Policy*, No. 10, 2011.

Alex Mcewen, Matt Salters, "Values and Management: The Role of the Primary School Headteacher", *School Leadership & Management*, Vol. 17, No. 1, 1997.

Andreas Kuckertz, Marcus Wagner, "The Influence of Sustainability Orientation on Entrepreneurialintentions—Investigating the Role of Business Experience", *Journal of Business Venturing*, Vol. 25, No. 1, 2010.

B. Jones, N. Iredale, "Enterprise Education As Pedagogy", *Education & Training*, Vol. 52, No. 1, 2010.

D. Czarnitzki, "Is There a Trade-off between Academic Research and Faculty Entrepreneurship? Evidence from US NIHSupported Biomedical Researchers", *Economics of Innovation and New Technology*, Vol. 19,

No. 5, 2010.

D. Deakins, K. Glancey and I. Menter, "Enterprise Education: The Role of Head Teachers", *International Entrepreneurship & Management Journal*, Vol. 1, No. 2, 2005.

D. Elmuti, G. Khoury and O. Omran, "Does Entrepreneurship Education Have a Role in Developing Entrepreneurial Skills and Ventures'effectiveness?" *Journal of Entrepreneurship Education*, No. 15, 2012.

DEST. *Findings from the Project: Action Research to Identify Innovative Approaches to, and Best Practice in Enterprise Education in Australian Schools*, http://www.dest.gov.au/NR/rdonlyres/594D2C1D-F832-4A96-B30F-99D052D6EFAF/2601/enterprise_ education-report.pdf, 2004.

D. Luketić, *Importance of Gaining Enterpreneuership Competencies at Compulsory Education*, 2007.

D. Rae, "Universities and Enterprise Education: Responding to the Challenges of the New Era", *Journal of Small Business & Enterprise Development*, Vol. 17, No. 4, 2010.

E. G. Carayannis, D. F. J. Campbell, *Mode 3 Knowledge Production in Quadruple Helix Innovation Systems, Quintuple Helix and Social Ecology*, New York: Springer, 2012.

İlhan Ertuna Zeliha, E. Gurel, "The Moderating Role of Higher Education on Entrepreneurship", *Education & Training*, Vol. 53, No. 5, 2011.

E. Schröder, E. Schmitt-Rodermund, "Crystallizing Enterprising Interests among Adolescents Through a Career Development Program: The Role of Personality and Family Background", *Journal of Vocational Behavior*, Vol. 69, No. 3, 2006.

European Commission. *Green Paper Entrepreneurship in Europe*, http://ec.europa.eu/enterprise/ Entrepreneurship/green_ paper/index.html, 2003.

European Commission. *Report on the Implementation of the Entrepreneurship Action Plan*, http://ec. europa. eu/enterprise/ Entrepreneurship/action_plan/doc/sec2006_ 1132_ en. pdf, 2006.

Fiet Jameso, "The Pedagogy Side of Entrepreneurship, Theory", *Journal of Business Venturing*, 16, 2008, 101 – 117.

F. Lourenço, D. Jayawarna, "Enterprise Education: the Effect of Creativity on Training Outcomes", *International Journal of Entrepreneurial Behavior & Research*, Vol. 17, No. 3, 2011.

G. Gorman, D. Hanlon and W. King, "Some Research Perspectives on Entrepreneurship Education, Enterprise Education and Education for Small Business Management: A Ten-Year Literature Review", *International Small Business Journal*, Vol. 15, No. 3, 1997.

G. Solomon, "An Examination of Entrepreneurship Education in the United States", *Journal of Small Business & Enterprise Development*, Vol. 14, No. 2, 2007.

H. Nowotny, P. Scott and M. Gibbons, *Introduction: "Mode 2" Revisited: The New Production of Knowledge*, Minerva, 2003.

Hsiu-Fen Lin, Gwo-Guang Lee, "Perceptions of Senior Managers Toward Knowledge-sharing Behaviour", *Management Decision*, Vol. 42, No. 1, 2012.

J. H. Jung, "A Re-analysis of the Effects of Individual Personality and Idea Stimulation on Idea Generation", *Performance*, Vol. 24, No. 3, 2015.

J. O. Fiet, "The Pedagogical Side of Entrepreneurship Theory", *Journal of Business Venturing*, No. 6, 2001.

K. A. Feldman, "Research Productivity and Scholarly Accomplishment of College Teachers as Related to Their Instructional Effectiveness: A Review and Exploration", *Research in Higher Education*, Vol. 26, No. 3, 1987.

K. Soufani, A. B. Ibrahim, "Entrepreneurship Education and Training in Canada: A Critical Assessment", *Education & Training*, Vol. 44,

No. 8/9, 2002.

K. Y. Leung, C. T. Lo and H. Sun, "Factors Influencing Engineering Students' Intention to Participate in on-campus Entrepreneurial Activities", *Journal of Entrepreneurship Education*, No. 15, 2012.

L. A. Zampetakis, V. Moustakis, "Linking Creativity with Entrepreneurial Intentions: A Structural Approach", *International Entrepreneurship & Management Journal*, Vol. 2, No. 3, 2006.

L. Pittaway, P. Hannon and A. Gibb, "Assessment Practice in Enterprise Education", *International Journal of Entrepreneurial Behaviour & Research*, Vol. 15, No. 1, 2009.

L. Sharma, "Impact of Family Capital & Social Capital on Youth Entrepreneurship-A Study of Uttarakhand State, India", *Journal of Global Entrepreneurship Research*, No. 4, 2014.

L. Stoddart, "Managing Intranets to Encourage Knowledge Sharing: Opportunities and Constraints", *Online Information Review*, Vol. 25, No. 25, 2001.

M. C. Pérez-López, M. J. González-López and L. Rodríguez-Ariza, "Competencies for Entrepreneurship as A Career Option in A Challenging Employment Environment", *Career Development International*, Vol. 21, No. 3, 2016.

M. Draycott, D. Rae, "Enterprise Education in Schools and the Role of Competency Frameworks", *International Journal of Entrepreneurial Behaviour & Research*, Vol. 17, No. 2, 2011.

M. Entrialgo, V. Iglesias, "The Moderating Role of Entrepreneurship Education on the Antecedents of Entrepreneurial Intention", *International Entrepreneurship & Management Journal*, Vol. 12, No. 4, 2016.

M. Klofsten, J. Scheele, "Academic Entrepreneurship: University Spin-offs and Wealth Creation", *International Small Business Journal*, No. 2, 2005.

M. L. Kourilsky, *Entrepreneurship Education: Opportunity in Search of Curric-

ulum, http://www.entreworld.org/bookstore/pdfs/re-008.pdf, 1995.

M. Obschonka, R. K. Silbereisen and E. Schmitt-Rodermund, "Explaining Entrepreneurial Behavior: Dispositional Personality Traits, Growth of Personal Entrepreneurial Resources, and Business Idea Generation", *Career Development Quarterly*, Vol. 60, No. 2, 2012.

N. E. Peterman, J. Kennedy, "Enterprise Education: Influencing Students' Perception of Entrepreneurship", *Entrepreneurship Theory & Practice*, Vol. 28, No. 2, 2003.

P. Appelbaum, N. Gough, "Enterprise Education", *Australian Educational Researcher*, Vol. 29, No. 2, 2002.

P. Kandlbinder, "Signature Concepts of Key Researchers in North American Higher Education Teaching and Learning", *Higher Education*, Vol. 69, No. 2, 2015.

P. Ramsden, I. Moses, "Associations between Research and Teaching in Australian Higher Education", *Higher Education*, Vol. 23, No. 3, 1992.

P. S. Sherman, T. Sebora and L. A. Digman, "Experiential Entrepreneurship in the Classroom: Effects of Teaching Methods on Entrepreneurial Career Choice Intentions", *Journal of Entrepreneurship Education*, No. 11, 2008.

R. L. L. Rovere, P. M. Vilarinhos and T. A. B. D. Souza, *Entrepreneurship and Venture Creation in Brazil: Key Policy Issues, Entrepreneurship in BRICS*, Springer International Publishing, 2015.

Rosemary Deen, "Globalization, New Managerialism, Academic Capitalism and Entrepreneurialism in Universities: Is the local Dimention Still Important?" *Comparative Education*, Vol. 37, No. 1, June 2001.

Ross Deuchar, "Changing Paradigms—the Potential of Enterprise Education as an Adequate Vehicle for Promoting and Enhancing Education for Active and Responsible Citizenship: Illustrations from a Scottish Perspective", *Oxford Review of Education*, Vol. 30, No. 2, 2004.

R. S. Shinnar, K. H. Dan and B. C. Powell, "Self-efficacy, Entrepreneurial

Intentions, and Gender: Assessing the Impact of Entrepreneurship Education longitudinally", *International Journal of Management Education*, Vol. 12, No. 3, 2014.

R. Zhang, *Enterprise Education Research In The Context of Moral Training In Chinese Colleges*, Balkan Region Conference on Engineering & Business Education, De Gruyter Open, 2014.

The Education Systems of England & Wales, Scotland and Northern Ireland, http://www.britishcouncil.org/flasonline_uk_education_system.pdf, 2004.

T. Hyclak, S. Barakat, "Entrepreneurship Education in an Entrepreneurial Community", *Industry & Higher Education*, Vol. 24, No. 24, 2010.

U. Hytti, C. O'Gorman, "What is 'Enterprise Education'? An Analysis of the Objectives and Methods of Enterprise Education Programmes in Four European Countries", *Education + Training*, Vol. 46, No. 1, 2004.

后　记

从我国整个教育供给系统的发展来看，我国教育已经摆脱了"供给短缺"的发展阶段，进入了"供给过剩"的发展阶段。整个学校系统在不断地"膨胀"，这种膨胀类似于经济领域的"滞涨"现象。一方面，都在追求高学历，学历成了职场准入竞争的"制胜法宝"；另一方面，整个教育系统教学内容相对封闭，教学方法改进滞后。学历的膨胀并没有显著提升教育系统人才培养的产出效率，学制的变相延长还有可能造成人力资源的浪费。不断膨胀的研究生教育正在将大量不打算做科研的学生卷入其中，学术性的研究生教育正在被不断地功利化。因此，单纯学历层次的竞争正在走入困境。而教育改进的方向不是将学历教育的泡沫推向更高，而是进行创新创业教育，提高教育的效率。

站在教育供给侧改革的高度来看，创新创业教育也即对整个教育系统进行供给端的管理，培养有社会竞争力和市场竞争力的人才。这是由我国教育发展在新时代的新特点决定的。而教育供给端管理，从教育的精神层面来看，就是培养学生的创新精神、创业能力，而不是鼓励学生将应试竞争延续到研究生教育阶段。而要实现这一目标，教育理论研究要担负必要使命，创业教育的基本理论问题应当成为教育基本理论研究的重要内容和组成部分。然而，我国创业教育理论研究与实践研究已经近30年，创业教育仍然被作为"职业指导教育"游离于传统大学分科体系的边缘，"创业教育学"也缺乏独立的学科地位。这与当前推进创新创业教育的大背景是不相适应的。

后 记

  本书主要回顾了近 30 年来我国创业教育发展的理论线索和实践脉络，并结合国外创业教育发展的理论与实践，探讨了我国学校创业教育基本理论问题构建的若干方面。本研究力求萃取近些年来相关领域的理论精华，为下一步推出"创业教育学"奠定基础，并为"创业教育"的学科地位和"创业教育学"研究的进展尽一份微薄之力。同时，希望通过"创新创业教育"实质性改进我国教育供给管理的目标早日实现。

2018 年 5 月 9 日于汴